貓頭鷹書房

有些書套著嚴肅的學術外衣，但內容平易近人，非常好讀；有些書討論近乎冷僻的主題，其實意蘊深遠，充滿閱讀的樂趣；還有些書大家時時掛在嘴邊，但我們卻從未看過……

如果沒有人推薦、提醒、出版，這些散發著智慧光芒的傑作，就會在我們的生命中錯失——因此我們有了**貓頭鷹書房**，作為這些書安身立命的家，也作為我們智性活動的主題樂園。

貓頭鷹書房——智者在此垂釣

1917列寧
在火車上

世界陷入紅色風暴的前八天

LENIN ON THE TRAIN

梅里杜爾
CATHERINE MERRIDALE

梁永安——譯

1917 列寧在火車上：世界陷入紅色風暴的前八天
（初版書名：1917 列寧在火車上：載著蘇聯創建者的列車正駛入歷史之中，準備掀起翻轉世界的紅色革命）

作　　者　梅里杜爾（Catherine Merridale）
譯　　者　梁永安
選 書 人　張瑞芳
審　　定　周雪舫
責任主編　張瑞芳、李季鴻（二版）
編輯協力　劉慧麗
專業校對　魏秋綢、張瑞芳
版面構成　張靜怡
封面設計　児日設計
行銷統籌　張瑞芳
行銷專員　段人涵
出版協力　劉衿妤
總 編 輯　謝宜英
出 版 者　貓頭鷹出版

發 行 人　凃玉雲
發　　行　英屬蓋曼群島商家庭傳媒股份有限公司城邦分公司
104 台北市中山區民生東路二段 141 號 11 樓
畫撥帳號：19863813；戶名：書虫股份有限公司
城邦讀書花園：www.cite.com.tw　購書服務信箱：service@readingclub.com.tw
購書服務專線：02-2500-7718~9（週一至週五 09:30-12:30；13:30-18:00）
24 小時傳真專線：02-25001990~1
香港發行所　城邦（香港）出版集團／電話：852-2877-8606 ／傳真：852-2578-9337
馬新發行所　城邦（馬新）出版集團／電話：603-9056-3833 ／傳真：603-9057-6622
印 製 廠　中原造像股份有限公司
初　　版　2019 年 1 月／二版 2022 年 10 月
定　　價　新台幣 580 元／港幣 193 元（紙本書）
新台幣 406 元（電子書）
I S B N　978-986-262-575-0（紙本平裝）／ 978-986-262-576-7（電子書 EPUB）

讀者意見信箱　owl@cph.com.tw
投稿信箱　owl.book@gmail.com
貓頭鷹臉書　facebook.com/owlpublishing/

國家圖書館出版品預行編目資料

1917 列寧在火車上：世界陷入紅色風暴的前八天／梅里杜爾（Catherine Merridale）著；梁永安譯. -- 二版. -- 臺北市：貓頭鷹出版：英屬蓋曼群島商家庭傳媒股份有限公司城邦分公司發行, 2022.10
面；　公分
譯自：Lenin on the Train.
ISBN 978-986-262-575-0（平裝）

1. CST：俄國史

748.282　　111013389

國際好評

梅里杜爾是最重要的俄國史研究者……本書結合了外交權謀、間諜技術、大人物、官僚失誤、軍事史與各種意識形態。

——《經濟學人》

梅里杜爾的敘事得力於她的透澈研究，也提醒我們，一九一七年命運般的變化，如何始於一個看似不重要的事件。

——《紐約時報書評》

梅里杜爾是研究俄羅斯和蘇聯的傑出史學家……她以列寧的回國之旅為主軸，講述沙皇的垮台和布爾什維克對政府逐漸施加的壓力。

——《華爾街日報》

這本卓越著作敘述了布爾什維克領袖和其繼承人所否認、規避和掩蓋的複雜歷史。

——《達拉斯晨報》

梅里杜爾講述了列寧改變歷史之旅的精采故事。她的敘述氣氛十足，包含間諜驚悚小說各種元素。

——《新聞日報》

作者偷偷把讀者帶上了一九一七年四月離開蘇黎世的一列火車。車上載著爆炸性的貨物：將會在俄羅斯點燃一場革命大火的煽動家列寧。

——《書單》

優秀、有趣、迷人的故事，展示了列寧如何搭乘穿越歐洲的火車，邁向權力高峰，進而震撼世界。

——蒙蒂菲奧里，《倫敦旗幟晚報》

這本書好看到讓我兩次在地鐵坐過了站……。本書是歷史書中的瑰寶，從大戰倒數第二年截取一段時光，以此闡明一個大洲、一場革命、與一個動盪時刻中，一連串心理狀態的變化。梅里杜爾行文風趣、有判斷力、著眼於講述細節……她是那種可以讓我們更了解所居世界的歷史學家。

——阿羅諾維奇，《泰晤士報》

作者是經驗豐富而充滿熱忱的俄國史學家，她選擇列寧緩慢而蹣跚的歸國之旅這個關鍵時刻，道出這個不擇手段的狂熱分子如何劫走一場革命的成果。

——《觀察家報》

梅里杜爾把學者的深湛知識和活潑的敘事風格帶入她的題材。這是一部兼具啟發性和娛樂性的作品。

——《文學評論》

一位小個子、禿頭、蓄山羊鬍的俄國人，在妻子與三十名同伴的陪同下，登上蘇黎世的一列火車。以流亡人士身分住在瑞士的列寧將被載入歷史。梅里杜爾以小說的文筆和豐富的想像力，追蹤了列寧從德國經過瑞典和芬蘭，前往俄羅斯，歷時約一週的旅程。

——鍾斯，《觀察家報》

導讀

一列火車，改變俄羅斯與世界的局勢

周雪舫／輔仁大學歷史學系教授

一九一七年四月九日（俄曆三月二十七日），列寧等一行三十二人從蘇黎世乘坐火車，其後穿越交戰國德國和中立國瑞典，經由芬蘭轉到目的地俄國首都彼得格勒（今聖彼得堡），前後共計八天八夜、三千多公里的旅程。這一列火車與普通火車無異，沿途停靠站有乘客上上下下，列寧乘坐的車廂也並非傳說中遭到封閉，只是在和其餘車廂分隔開的地板畫上一條粉筆線，示意他們不能跨越到其他車廂。列寧下車過數次，也在德國柏林的旅館住了一夜，以便第二天搭船前往瑞典。就像是數百萬人曾渡過盧比孔河（Rubicone），不過，在公元前四十九年冬天當凱撒越過這條河流，「一個時代結束了」；列寧搭上這列火車可說是：「開啟一個新時代」。

大戰爆發後，列寧譴責戰爭，視其為資產階級的戰爭，對無產階級毫無益處。其後在一九一六年二月，列寧自伯恩搬遷到蘇黎世，每天埋首於中央圖書館，同年六月完稿而於次年九月出版《帝國主義：資本主義的最高階段》一書，指稱大戰的雙方都是帝國主義，為了瓜分世界而戰；

帝國主義具不可改良性，是垂死的資本主義；呼籲各國無產階級將帝國主義戰爭轉為內戰，推翻資產階級政權。

一九一七年二月發生在彼得格勒由工廠女工上街爭取麵包與和平的示威遊行，卻意外演變成革命，從而結束了羅曼諾夫王朝的統治，政權暫時交給「臨時政府」，這是國際上承認的新政府，待年底舉行立憲會議後決定新政府的形式。不過掌握實權的是「工人和士兵代表蘇維埃」，形成雙元政權並存的現象。臨時政府畢竟帶來新氣象，被流放到西伯利亞的革命份子可以回到首都，流亡在國外的革命份子亦紛紛回國。

問題是長期流亡在國外的列寧如何回國？臨時政府不歡迎極端份子，英國不願意幫助他們取道北海回國，又拿不到假護照，急著回國的列寧只能接受德國助其穿越該國領土，這是要冒著叛國者的罪名，臨時政府宣告以這種方式回國的流亡人士會在邊界被捕。無論如何，四月十六日（俄曆四月三日）晚間，列寧歷經艱辛但安全返抵國門且有一場群眾熱烈歡迎的場面。其後，引起反對者一連串的猜測：列寧接受德國提供鉅款的資助，是德國的間諜，德國的目的在於加速俄軍癱瘓，使德軍儘快撤離東線戰場而全力在西線戰場對付英、法軍隊。

列寧在回國的第二天便前往塔夫利宮向蘇維埃提出著名的〈四月提綱〉，對列寧來說，回到國內不是要支持資產階級的臨時政府，而是宣傳當時連布爾什維克黨同袍都覺得是天方夜譚的主張：一切權力歸蘇維埃、不再與臨時政府合作、要進行社會主義革命、沒收地主土地、土地國有化、所有銀行收為國有，以及退出戰爭。這一切還要等待半年才會實現。

「十月革命」是由列寧領導布爾什維克有計畫的奪權行動，成功地推翻臨時政府，逐一實現〈四月提綱〉，也與德國簽訂停戰條約而退出戰爭。新成立的蘇維埃政府立即面對內戰：白軍的反抗，協約國不滿俄國退出戰爭，英、美、法三國軍隊分別進入俄國。內戰期間，列寧實行嚴苛的「戰時共產主義」（一九一八至一九二一年），人民過著比沙皇政府時期還要艱困的生活，還出現一九二一年饑荒，造成數百萬人死亡，內戰結束後改行較開放的「新經濟政策」（一九二一至一九二八年）。列寧於一九二四年一月二十一日去世後，黨內鬥爭的結果是史達林獲勝，在一九二九年開始實行全面農業集體化，「富農」被剝奪財產或流放至遠方，受到影響的富農家庭約五百萬人；一九三二年大饑荒更是造成數百萬農民死亡。

史達林排除異己的恐怖統治始終沒有結束，從黨內反對派擴大到知識份子，至一九三二年年底，約有兩百多萬人被驅逐或被迫逃亡國外。其後在一九三〇年代進行「大整肅」，反對者不是入獄，就是遭受處決或被遣送到遠方的勞改營，多半也不得好死，造成一千多萬人犧牲。這一切的一切是當年的革命份子和廣大民眾始料未及。實行獨裁恐怖統治的史達林，成功地建立起人類歷史上第一個社會主義社會，又在二戰中抵抗納粹德軍獲得勝利，戰後，東歐諸國成為蘇聯的附庸國，世界分成資本主義和社會主義二大陣營，進入由美、蘇二大強權對峙的冷戰時期。到了一九八〇年代末，東歐劇變，紛紛脫離蘇聯的統治，不久之後的一九九一年年底蘇聯解體，蘇聯體制走入歷史。令人關心的是自二〇〇〇年以來由普丁執政的俄羅斯聯邦能否走上自由、民主之途？

二〇一七年適逢十月革命一百週年紀念，相關著作紛紛出爐。本書作者梅里杜爾教授自二〇一四年從倫敦瑪麗王后大學退休後成為自由作家。她鑽研俄國史，著有多本俄國史專書，獲獎多次，本書以二〇一六年十月在英國的版本入選《泰晤士報》、《金融時報》和《經濟學家》雜誌的年度圖書。梅里杜爾教授親自體驗列寧乘坐那列火車的始發日期與路徑，當然，歷經百年之後，作者所看到的沿途景觀不同，更不用擔心會遭受盤查。

本書不僅描述列寧在火車行駛的八日旅程，作者先把時間拉回到大戰期間：俄國參戰、二月革命和臨時政府等相關背景，更敘述德、英、法、美等國在戰爭期間進行情報蒐集與各懷鬼胎的活動。今日有許多的「假新聞」，實則百年前出現的假新聞（當時叫做謠言）不但眾多且不遑多讓，書中多處著墨，如「《早晨郵報》宣稱：『列寧的真名是齊德布魯暗』……《每日電訊報》也插嘴說：『據說列寧的真名是米頓布拉達姆』」。（見第二三五頁）

列寧拿德國黃金之說甚囂塵上，作者細心考證的結果是沒有，但毫無疑問的是德國在俄國投入了大量的金錢。在梅里杜爾筆下的列寧栩栩如生，其他出現的人物超過百位，個個描述深刻入微，他們都活靈活現地躍然紙上。這不僅是一部俄國歷史的著作，也涉及國際政治與外交事務，是一部非常值得讀者細細品味與引人入勝的好書。

一九一七列寧在火車上：世界陷入紅色風暴的前八天　目次

內文小識

有兩項複雜之事是任何一位作者想用英語寫作一九一七年的俄羅斯需要應付的。第一個是俄羅斯字母，它們抗拒一貫的翻譯。在本書的正文中，只要可能，我都是選擇採用最簡單和看似最熟悉的名字拼法（所以我會使用 Trotsky 而不是 Trotskii 或 Trockij）。但在尾注裡，我都是根據國會圖書館的拼法，它仍然是網上搜尋俄羅斯材料的最佳系統。

另一個問題和日期有關。在一九一七年，俄國仍然使用儒略曆，所以日期幾乎總是晚歐美十三天。由於我必須處理往返於這兩個世界的電報和人物，故常常被迫同時給出兩個日期。

當然，本書還涉及兩個復活節：列寧是在天主教歐洲的復活節星期一下午離開蘇黎世（在蘇黎世的日期是四月九日），一星期後在東正教俄羅斯的復活節星期一晚上抵達彼得格勒（對等著接他的支持者來說，當天是四月三日）。（編注：復活節是星期日，復活節星期一指復活節的後一天，即復活節週的第二天，在有些國家為全國假期。）

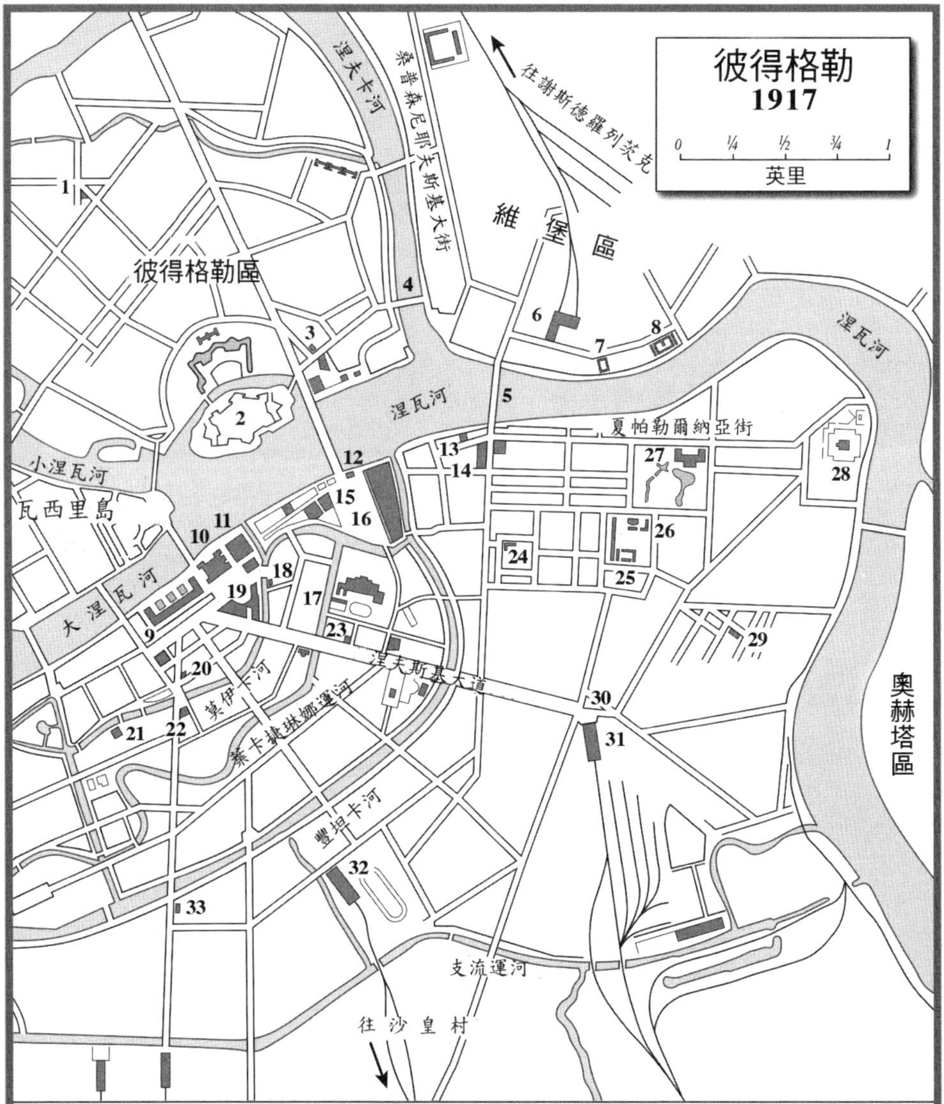

1. 葉利扎羅夫公寓
2. 彼得與保羅要塞
3. 克謝辛斯卡婭府邸
4. 桑普森橋
5. 里特尼橋
6. 芬蘭車站
7. 克列斯特監獄
8. 軍火庫
9. 海軍部大樓
10. 冬宮
11. 艾爾米塔什宮
12. 英國大使館
13. 法國大使館
14. 大砲部
15. 帕夫洛夫斯基兵團營房
16. 戰神廣場
17. 邁克爾劇院
18. 《真理報》辦公室
19. 總參謀部大樓
20. 明星飯店
21. 尤蘇波夫宮
22. 馬林斯基宮
23. 歐洲飯店
24. 利多夫斯基兵團營房
25. 沃連斯基兵團營房
26. 普列奧布拉任斯基兵團營房
27. 塔夫利宮
28. 斯莫爾尼宮
29. 阿利盧耶公寓
30. 茲納曼斯卡亞廣場
31. 尼古拉車站
32. 沙皇夏宮車站
33. 伊茲邁洛夫維奇兵團營房

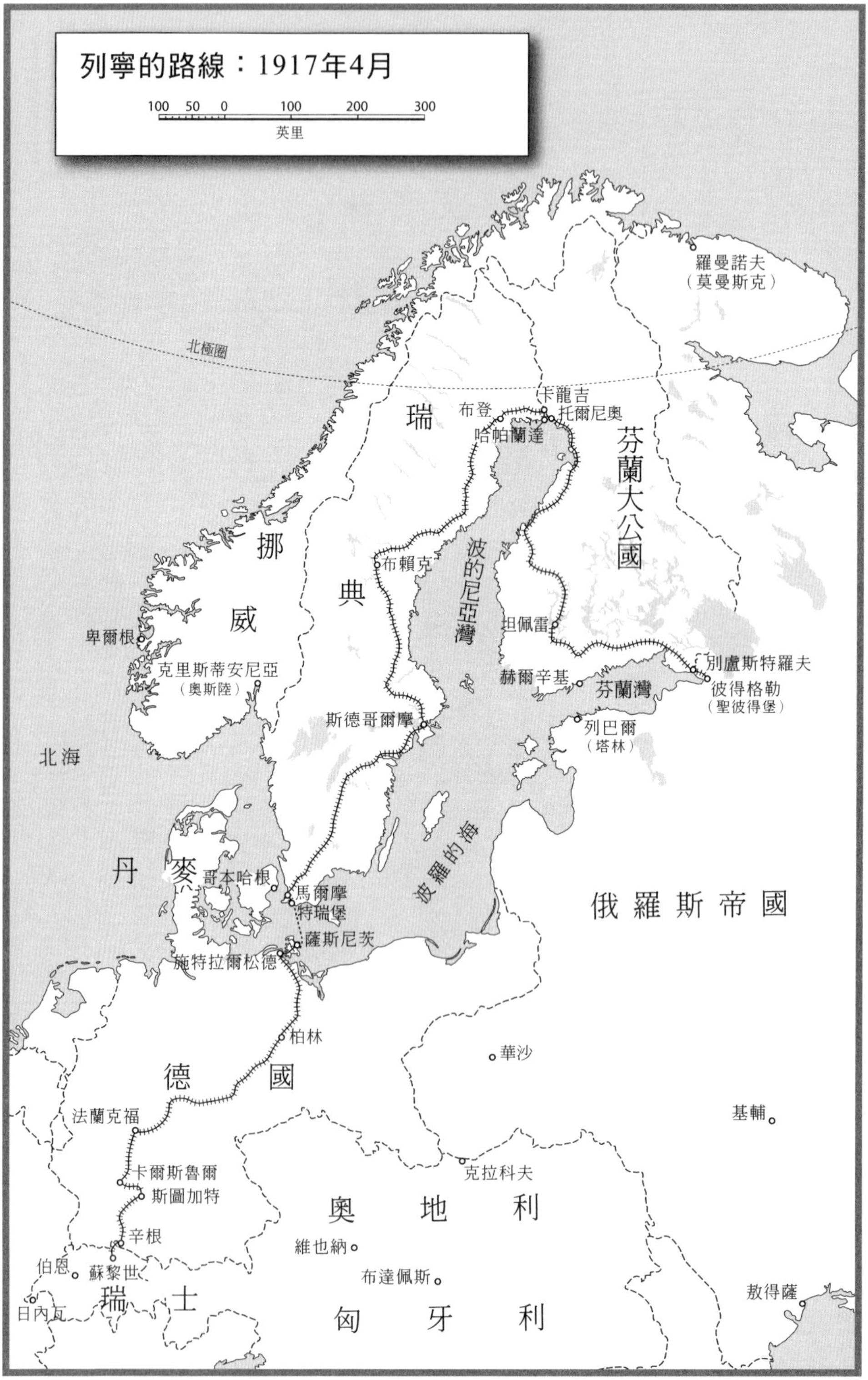

列寧的路線：1917年4月
100 50 0 100 200 300
英里
羅曼諾夫
（莫曼斯克）
北極圈
卡龍吉
布登
托爾尼奧
哈帕蘭達
瑞
芬蘭大公國
挪
波的尼亞灣
布賴克
典
威
坦佩雷
卑爾根
克里斯蒂安尼亞
（奧斯陸）
別盧斯特羅夫
赫爾辛基
芬蘭灣
彼得格勒
（聖彼得堡）
斯德哥爾摩
列巴爾
（塔林）
北海
丹
麥
哥本哈根
馬爾摩
特瑞堡
波羅的海
俄羅斯帝國
薩斯尼茨
施特拉爾松德
柏林
華沙
德
國
法蘭克福
基輔
卡爾斯魯爾
克拉科夫
斯圖加特
奧
地
利
辛根
維也納
伯恩
蘇黎世
布達佩斯
日內瓦
瑞
士
敖得薩
匈
牙
利

列寧的火車日程表

星期一　4/9（3/27）
　蘇黎世（出發）、辛根（過夜）
星期二　4/10（3/28）
　斯圖加特、卡爾斯魯爾、法蘭克福
星期三　4/11（3/29）
　柏林（過夜）
星期四　4/12（3/30）
　施特拉爾松德、薩斯尼茨（渡海）
　特瑞堡、馬爾摩
星期五　4/13（3/31）
　斯德哥爾摩
星期六　4/14（4/1）
　布賴克、布登
星期日　4/15（4/2）
　哈帕蘭達（過境）、托爾尼奧
星期一　4/16（4/3）
　坦佩雷、別盧斯特羅夫
　彼得格勒（終點）

*括弧內日期為俄曆

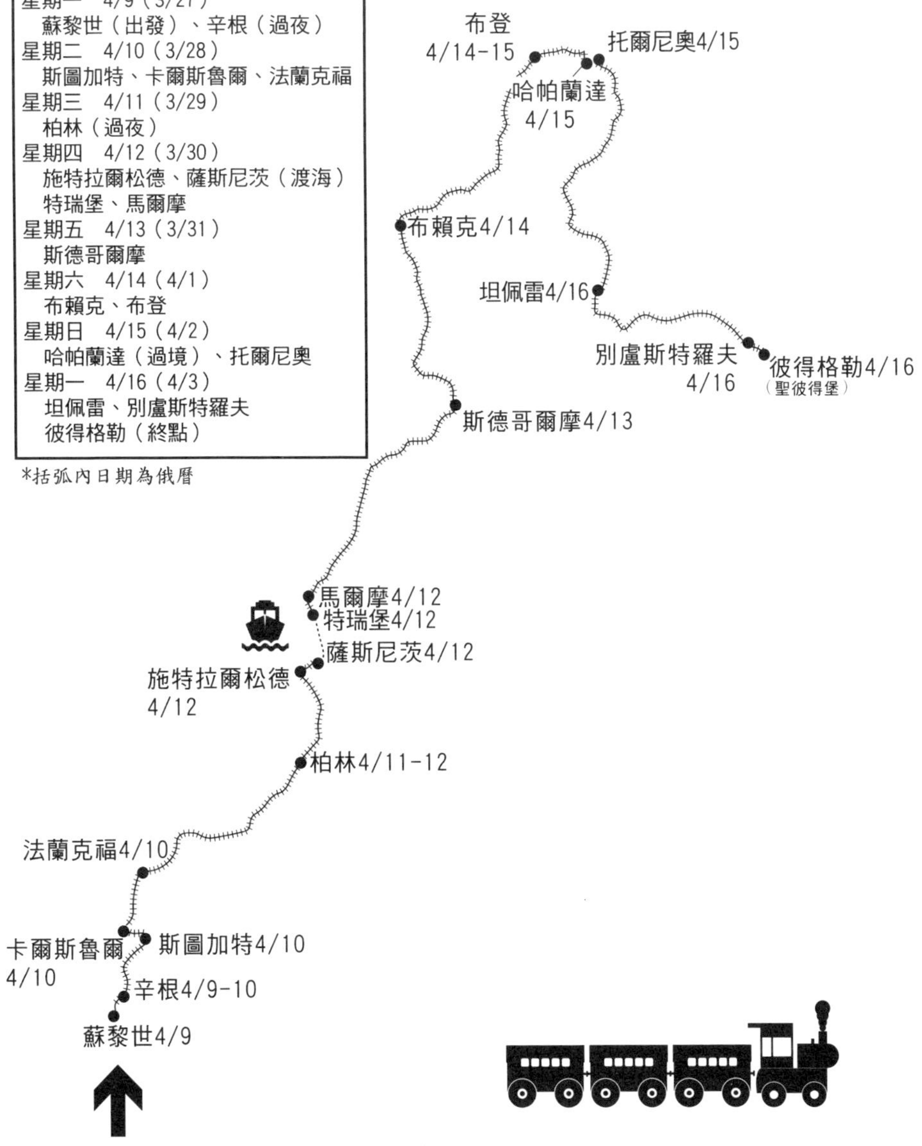

重要人物簡介

在一九一七年二月革命沙皇退位後，俄國是否繼續參戰，是臨時政府、彼得格勒蘇維埃，以及各派人馬關心爭論的焦點。對英法等協約國和德奧同盟國來說，俄國的決定將影響第一次世界大戰交戰雙方的勢力消長。由於書中人物眾多且立場不同，以下將主要登場人物粗略分為主戰派與主和派，以供讀者掌握內容脈絡。

主戰派

李沃夫（Georgy Lvov，一八六一～一九二五）：立憲民主黨。一九一七年二月帝俄結束後首位臨時政府總理。

米留科夫（Paul Miliukov，一八五九～一九四三）：立憲民主黨領袖之一，希望俄羅斯實行君主立憲制。擔任臨時政府的外交部長。採護國主義立場，即擁護繼續參與第一次世界大戰。

克倫斯基（Alexander Kerensky，一八八一～一九七〇）：社會革命黨。參與二月革命推翻沙皇的統治，擔任臨時政府的司法部長，繼李沃夫後任臨時政府總理（一九一七年七月十七日至十月二十五日〔俄曆〕）。在布爾什維克發起的十月革命推翻臨時政府後，逃到法國。

采列捷利（Irakli Tseretel，一八八一～一九五九）：社會民主黨孟什維克派。早年曾選入杜馬，遭沙皇流放西伯利亞。二月革命後先為彼得格勒蘇維埃的一員，後進入臨時政府擔任郵政部長，俄國革命期間為社會民主黨的發言人。十月革命後逃到法國。

尼基京（Boris Nikitin）：社會民主工黨孟什維克派。臨時政府反情報小組頭子。

齊赫澤（Nikolai Chkheidze，一八六四～一九二六）：喬治亞社會民主黨。彼得格勒蘇維埃主席。一九二一年流亡法國。

卡米涅夫（Lev Kamenev，一八八三～一九三六）：布爾什維克黨。列寧的助手。但在列寧回俄國之前和史達林在《真理報》上鼓吹護國主義。在史達林大清洗中被逐出黨。

史達林（Joseph Stalin，一八七八～一九五三）：布爾什維克黨。蘇聯最高領導人，執政達三十年。在列寧回俄國之前於《真理報》上鼓吹護國主義。

喬治．布坎南爵士（Sir George Buchanan，一八五四～一九二四）：英國外交官，一九一〇年出任駐俄大使。

毛姆（Somerset Maugham，一八七四～一九六五）：知名小說家，十月革命前為英國軍情六處工作，潛伏於瑞士與俄羅斯。

羅江科（Mikhail Rodzianko，一八五九～一九二〇）：俄羅斯帝國杜馬國會議長，為一九一七年二月革命重要角色。

普列漢諾夫（Georgy Plekhanov，一八五六～一九一八）：俄國第一位馬克思主義者，被稱為「俄國馬克思主義之父」，是列寧的導師。一八八二年，他所翻譯並由馬克思、恩格斯共同作序的《共產黨宣言》出版。一九一四年成了護國主義者，支持戰爭，英國將他送回俄羅斯，以推行繼續參戰的愛國思想。

主和派

列寧（Vladimir Ilyich Lenin，一八七〇～一九二四）：布爾什維克黨領袖。一九一七年十月推翻臨時政府，成立蘇維埃政府，是全蘇聯時代的精神領袖。

托洛茨基（Leon Trotsk，一八七九～一九四〇）：布爾什維克黨重要領導人，十月革命指揮者。原先在俄國社會民主工黨中的布爾什維克（多數派）和孟什維克（少數派）之間搖擺不定。在一九一七年十月革命之前，他最終決定加入布爾什維克。一九二七年十月，因為極力反對史達林的獨裁政策，主張世界革命而被開除黨籍，一九二八年遭史達林驅逐，流亡國外至死。

拉迪克（Karl Radek，一八八五～一九三九）：布爾什維克黨。一九〇五年參加俄國革命，一九一五年出席齊美爾瓦爾德會議結識列寧。後以俄共中央代表，參與德國共產黨活動。一九三六年在史達林大清洗中被指控參與托洛茨基的投敵叛國陰謀活動，一九三九年死於獄中。

季諾維也夫（Grigory Zinoviev，一八八三～一九三六）：布爾什維克黨。在十月革命時為列寧的助手。一九三六年在史達林大清洗中遭槍決。

什利亞普尼科夫（Alexander Shlyapnikov，一八八五～一九三七）：布爾什維克黨。因撰寫十月革命回憶錄而知名。一九〇五年參加俄國革命，二月革命後擔任彼得格勒蘇維埃委員，一九三七年在史達林大清洗中遭槍決。

伊涅薩・阿曼德（Inessa Armand，一八七四～一九二〇），布爾什維克黨。女權主義者，列寧的情人。

龍伯格（Gisbert von Romberg，一八六六～一九三九）：德國駐瑞士伯恩公使。在沙皇退位前鼓吹烏克蘭革命，希望藉此讓俄羅斯停戰。

凱斯庫拉（Alexander Kesküla，一八八二～一九六三年）：愛沙尼亞政治家、間諜。建議德國政府支援列寧計畫。

帕爾烏斯／格爾方德（Parvus，一八六七～一九二四）：馬克思主義者、間諜。曾因一九〇五年俄國革命而被捕。為德國與列寧計畫的中間人。

菲爾斯滕貝格（Yakov Fürstenberg，一八七九～一九三七）：立陶宛－波蘭流亡人士，負責管理帕爾烏斯的地下生意。也是列寧最親密的助手之一。一九三七年被槍決。

普拉滕（Fritz Platten，一八八三～一九四二）：瑞士共產主義者，出席過一九一五年的齊美爾瓦爾德會議。在列寧火車行中充當列寧與德國守衛的中間人。

其他

蘇哈諾夫（Nikolai Sukhanov，一八八二～一九四〇）：孟什維克黨。寫了七大卷俄羅斯革命的回憶錄。

引言

永遠要告訴大眾全部的真相，未經粉飾的真相，別害怕因此會嚇跑他們。

——克魯普斯卡婭

湯瑪斯．庫克（編注：一八〇八至一八九二年，近代旅遊業之父）說過，世界上有三處地方是自稱為全球旅行家的人不可不去。第一處是廷巴克圖的沙漠城堡，另一處是古城撒馬爾罕。第三處是瑞典一個小鎮。一百五十年前，也許是北極光把庫克吸引到哈帕蘭達。當地人也吹噓此地有海盜出沒，但幾乎該海岸區的每座海港都有類似傳聞。比較特別的大概是一個傳說：有個外套翻飛的男人——他是一個精於使用藥草的魔法治療師——會像大鳥一樣飛過北極的夜空。

這個小鎮的特別之處不只是遙遠。它還驚心動魄，危險，就在已知世界的盡頭。哈帕蘭達位於波的尼亞灣的頂點，而波的尼亞灣分隔開瑞典北部領土和芬蘭。這地區是河流匯聚的三角洲，一度包含一連串低矮島嶼，以及往西面去有一些堅實土地。其他聚落沿著水濱興起，包括一個比較大的城鎮，稱作托爾尼奧。但這裡的生活對每個人來說意味著分享：狩獵區域內的冬季獵物，帶牛群到附近丘陵放牧，以及在短暫的融冰期涉水捕捉蘆葦叢中的鰻魚。

這裡的人口和斯德哥爾摩沒有多少相似之處（大部分人都是操一種本地方言），直到十九世紀初期，整個地區都是屬於瑞典。不過，在一八〇九年與俄國簽訂的一項和約規定，河流的東岸（包括最繁忙的中心島嶼）都要轉移給芬蘭大公國——該大公國是剛剛才被俄羅斯人納入他們的帝國。坐落在瑞典河岸的哈帕蘭達和它較大的姊妹托爾尼奧隔河相望，從此成了陌路。

從邊界被創造出來的這一刻開始，就不再有什麼安全感可言。瑞典政府無法忘記俄羅斯的擴張野心。當大量鐵礦在基律納（位於此處西北方不到四百八十公里）被發現之後，斯德哥爾摩的投資人被迫放棄建築一條新鐵路的計畫，唯恐它會成為俄羅斯新的入侵大道。當時正值瑞典蒸汽時代的頂峰，鐵路像神經通路一樣推進，但就是沒有通向哈帕蘭達的鐵軌。在夏天，當河面沒有結冰，獵人的雪橇無法通行時，唯一與芬蘭的堅固連結只有一座木橋。

第一次世界大戰改變了這種狀態。歐洲大西洋沿岸的強權英國和法國現在和俄羅斯帝國結成盟友。他們需要派遣人員往返以及提供俄國人重要的戰爭物資，但西方和東方的直接接觸卻被阻斷。穿過德國的路線當然都被關閉，而北海和波羅的海的海道雖然沒有布雷，卻有潛水艇巡邏。只有穿過瑞典北部的陸路路線可以通行，哪怕這條路遙遠且讓人筋疲力竭。湯瑪士・庫克死於一八九二年，如果他曾經把哈帕蘭達看成一個充滿異國情調的地方，那他真該在一九一七年回去看一次。

鐵路在一九一五年連接完成。那只是一條支線，單軌，火車頭要從往北一點的卡龍吉調來。

雖然這條路線如今已經成為戰時貿易的大動脈，但是它到不了芬蘭。而且芬蘭的鐵路（就像任何俄羅斯控制的地方一樣）採取不同的軌距。由於雙方仍然不信任彼此，因此所有的一切（包括乘客）必須在哈帕蘭達火車站卸下，用渡輪載過河，到彼岸後重新裝上俄羅斯火車。在冬天，由馴鹿或結實小馬拉的雪橇絡繹於途；在夏天，每一艘找得到的船都在河上忙碌著。

這個交通瓶頸儘管不便、費時而惱人，但哈帕蘭達卻注定繁榮。連同它位於芬蘭一邊的姊妹城鎮，它很快便成了歐洲最繁忙的過境站。小鎮上的酒吧本來只有本地的牧人光顧，如今卻坐滿皮條客、閒人和祕密警察。哈帕蘭達唯一一間旅館的房間都是被外交官和政治人物訂走，主要是些突然開始通行此地的英國人、法國人和俄國人。他們都不喜歡這裡的氣候和慢吞吞的火車，但沒有別的選擇。

這個不便利的事實同時帶來了最不可能的造訪者。大戰爆發時，俄羅斯皇太后瑪麗亞・費奧多羅芙娜人在歐洲。她急於返國，但她的專屬列車被困在丹麥：德國政府拒絕讓她取道德國返回俄羅斯。情況很棘手，但得到一九一七年一月的破紀錄嚴寒所解救。當哈帕蘭達和托爾尼奧火車站之間的托爾訥河結冰至最厚之際，一隊工人在河面鋪設臨時鐵軌。然後太后的專列（包含閨廳、御座室、廚房和一個移動式發電機）被拉過河面（每次拉兩節車廂），到彼岸後再與一個芬蘭火車頭連接。為配合較寬的軌距，專列被裝上特殊的小腳輪。火車才一開出，工人就回頭用鐵棍把鋪在結冰河面的鐵軌拆除。[1]

地方博物館看得見一些第一次世界大戰期間人物的照片，他們的古怪制服、金飾帶和羽毛帽讓他們看似來自另一個世界。今日再也看不見任何這一類鬼魂的痕跡。托爾訥河兩邊的姊妹城市已經結合，旅遊指南稱之為「哈多」。你可以從購物商場外的廣場往返瑞典和芬蘭兩邊。[2]芬蘭那頭永遠比瑞典早一小時，這讓公車時刻表變得很複雜，但一般常見的邊界問題——護照、海關、人龍——卻像新簇簇的歐元紙鈔一樣被整平。那裡唯一算得上宏偉的建築是一個巨大的深藍色盒子——世界最大的「宜家」家具店。在四月，它會被油膩膩的水坑和髒雪堆成的荒原圍繞，但雪融化後，停車場便停滿車子。就像來自拉普蘭（編注：芬蘭最北部的區域）的芬蘭人和馴鹿牧人一樣，俄國人持續前來。我將要講述其故事的那個男人當然明白箇中道理。他就世界貿易寫過不少著作。他也曾在托爾訥河的冰面經過。那是一趟改變世界的旅程。

一九一七年四月第一次世界大戰到達高峰之際，布爾什維克的流亡領袖列寧乘坐火車返回俄羅斯。在該年結束以前，他將會成為一個革命新國家的主人。列寧的最大成就是把馬克思四十年前勾勒在紙張上的觀念落實為一個政府的意識形態。他創建一個蘇維埃系統，奉勞動人民的名義統治，下令對財富進行再分配，又推行了同樣極端的文化和社會關係轉化。列寧的綱領把希望和尊嚴帶給他國家許多窮人，還推出了一些讓婦女獲得空前未有的平權措施。為此付出的代價是無數的人命：開始於列寧生前的成千上萬謀殺。有些死者所犯的罪不過是擁有一副眼鏡。在蘇聯存在的七十年間，無辜受害者的人數多達幾百萬。與此同時，列寧主義對無產者的堅定擁護也讓它成為從中國到越南、從印度次大陸到加勒比海的革命黨的藍圖。這一切——從初生的蘇維埃國家到世界冷戰——都肇始於列寧的戰時火車之旅。

故事一開始，列寧人在瑞士。遭沙皇的法院放逐，這位布爾什維克領袖在他的新家相當安全，但他卻等不及要看一看那場他已經預言了二十多年的革命。就像許多社會主義者那樣，他本來預期這場革命會在西歐其他地方開始，但一九一七年最初幾個月，卻傳來俄國首都彼得格勒發生大規模抗議活動的消息。得知沙皇退位，全世界都感到震驚不已。就在西方準備好在西線發動大攻勢的前夕，俄羅斯帝國的未來突然變得不確定。在彼得格勒，人民歡呼雀躍。他們的國家已經變成一個共和國——至少在一部憲法獲得批准之後會是如此。

就像大多數俄國流亡人士一樣，列寧對於他聽到的消息感到高興。作為俄羅斯最好戰革命政黨的領袖，他的優先選項是回家。問題是他被困住了。不管是英國或法國都拒絕協助他的旅行計畫。它們知道列寧是大戰的激烈反對者，而它們的全部外交努力卻是放在勸說俄羅斯繼續戰鬥，以獲得勝利。在這種情況下，列寧能夠取道的便只有一條路線：乘坐火車穿過德國，坐渡輪進入瑞典，然後繼續向北朝哈帕蘭達的邊界區邁進。問題在於，自一九一四年以來，德國的軍隊就在東線屠殺了數十萬計的俄國士兵。列寧面對的兩難看似無法解決：穿過德國將會是叛國行為，留在瑞士則是把他等待了一輩子的召喚不予理會。

列寧自然會選擇前者。讓這個選項成為可能的是德國最高司令部出其不意的自動配合。壕溝戰的僵局迫使歐洲所有強權探頭到戰場之外，另覓搶占優勢的機會。到了一九一七年，德國外交部一小群官員已經青睞以叛亂份子動搖敵人的構想。他們在法國支持軍事政變、武裝愛爾蘭民族主義者，又夢想在印度邊界點燃叛亂。當列寧的名字被推薦到他們面前時，他們迅速看出他打亂俄國戰爭努力的潛力。如果一切順利，又如果德軍找到機會給予英國和法國致命一擊，他們將用不著列寧幫忙太久。

打著這個如意算盤，德國官員樂於安排布爾什維克領袖安全通過他們的國家，甚至答應給予搭載列寧一行人的火車治外法權，不讓他們和火車之外的世界接觸，好讓他們免於背負和敵國人民接觸的罪名。更有爭議的是，他們還資助他的一些革命行動——此即為惡名昭彰的「德國黃金」。法國和英國都知道列寧的行程，而雖然他們分不清哪些是謠言哪些是事實，但列寧的名聲還是讓他們有充分理由提高警覺。他們有些人甚至主張，應該中途把列寧幹掉——適當地點大概在瑞典的北極圈森林。不過，當時機來到，卻沒有人願意扛責任和開槍。

這是一個輕易就可以是出自布肯筆下的故事。事實上，幾個月前他才出版了一部間諜驚悚小說《格林曼特》，書中壞蛋格林曼特專門幹不利於戰時英國及其盟友的事。格林曼特的故鄉不是俄羅斯，而是中東，但全書情節有賴一個特工願意穿過整個德國把他逮住。主角漢納這樣說：「我本來預期會看見一座圍有壕溝和設有倒鉤鐵絲網的大營房，但在德國的一邊，我們只看到黑色田野中的六個崗哨。我們全被帶進一個空蕩蕩的大等候室，裡面燒著個大炭爐。他們把我們帶進內室檢查，每次兩個人……他們讓我們把衣服脫到一絲不掛……負責檢查我們的人相當有禮貌，但檢查得極徹底。」[3]列寧本人在真實生活中經歷了同樣的磨難，地點是托爾尼奧的海關：在一群俄羅斯邊界警衛的疑心注視下，一位英國軍官對他進行了極度徹底的檢查。

列寧的火車之旅以彼得格勒的芬蘭車站為終點。雖然旅途勞頓了八天，但他毫無倦容，神采奕奕地走過仰慕者的行列，準備好永遠改變俄羅斯的歷史軌道。布爾什維克根據這個故事創造出一個讓人敬畏的神話，但最讓人難忘的斷言卻是來自邱吉爾。他在回顧時評論說：「完全可以想像德國戰時的領袖有多麼狗急跳牆。不過，讓人生畏的是，他們對俄羅斯動用了最令人毛骨悚然的武器。他們像運送鼠疫桿菌那樣，用一輛密封的貨車把列寧從瑞士運到了俄羅斯。」4

那「貨車」事實上不是密封。火車門很少上鎖，途中也有人上下車。這趟火車之旅也比邱吉爾的話所暗示的要艱辛。穿越德國需要花上整整三天，期間不能買餐點，更不可能下車伸伸腿。如果他們能睡著，也是睡在擁擠的硬鋪，頭枕在同伴胸上，聞著發酸的麵包味和臭襪味做夢。不過，邱吉爾以鼠疫桿菌為喻卻讓我馬上能心領神會。就像第一次世界大戰讓一些巨大陰謀因而浮現，在我自己的時代，我也見識過很多全球賽局——外交賽局、經濟賽局和軍事賽局。

今日，全世界幾乎就像列寧的時代一樣不穩定，一小群陣容略有不同的強權仍然埋頭苦幹，努力確保自己留在頂端。由於直接的軍事介入通常耗費太大，它們用於地區性衝突的其中一個技巧，是幫助和資助地方的叛亂份子——這些叛亂份子有些就在現場，有些則必須像列寧一樣投放進去。我想到的是一九八〇年代的南美洲，還有那之後發生在中亞的所有骯髒戰爭。阿拉伯世界的當前衝突亦涵蓋其中。所以，列寧火車之旅的歷史，並不是蘇聯的專屬財產。它有一部分是關於強權陰謀的一個寓言。有關強權的一條定律是：它們幾乎總是會把事情搞砸。

我知道我必須親自走一趟列寧走過的路線。除了要搞清楚地點、距離和時間，還有很多東西是我必須親自看看。我第一件要確定的事情是路線。在這方面，歷史學家已經提供過大量說明，但我迄今還沒有看過列寧實際走過的路線地圖。大部分專家都讓他坐一條偏北的鐵路，而該鐵路在一九一七年甚至還沒有建造。至少有一本書（一本重印過很多次的經典）把列寧的路線搞錯了超過一千六百公里。[5]路線不只是一個細節問題。坐船渡過波羅的海和在拉普蘭的雪地上長途跋涉自是大相逕庭。一條穿過沒光和沒路的荒涼森林的鐵軌，要比穿越一連串海邊城鎮陰森恐怖太多。

厚歸厚，也儘管它的彩色書衣很璀璨，但布雷蕭出版於一九一三年的《歐洲大陸鐵路指南》對我並沒有太大幫助。戰爭時期的火車班次每星期不同，而且晚至一九一六年，繼續有新的火車鐵軌鋪設。我把布雷蕭的指南放回書架，讓自己配備一些一九一七年的火車時間表、我對五十五冊《列寧全集》所做的筆記和一張非常大的地圖。除了一本筆記簿和鋼筆，我的袋子裡還放著一個小型的數位錄音機。現在，把錄音放出來聽，我聽見的是一首移動中的歐洲之歌：各種語言的聲音、附近街道的車流聲，然後是引擎聲、擴音器聲、煞車聲和公車門開關聲。如果我有把數位錄音機一直開著，那它錄下的將會是無數小時的談話聲：有聲音低沉沉的、有無聊乏味的、有推心置腹的、有倉卒無禮的，但極少高於柔順的鐵軌摩擦聲。

我除了緊貼列寧的行進路線，也緊貼他的日程。我在四月九日離開蘇黎世，八天後到達兩千多英里外的聖彼得堡。就連坐歐洲最快的火車，這趟旅程仍然給人非常趕的感覺，但當時列寧顯得很沒耐性，所以我也儘量貼近他的心緒。雖然每個環節都必須以飛快速度連接，我也享受了看似無數小時的優閒，像列寧一樣觀察沿途風景的變化。自他走過這條道路後，時間已經過去一百年。他看過的德國市鎮當年像擠成一團的木頭玩具，如今卻是商業大樓林立，高速公路貫穿其間。城市景觀向舊市郊延伸出幾公里。不過，最讓人矚目的今昔之別卻是感受不到任何威脅。當我搭乘的火車從瑞士進入德國時，甚至沒有停下來，但在列寧的時代，這條邊界卻是布滿槍砲，再過去的地點更是殺氣騰騰。我的旅程平順、快速而安全，反觀列寧的旅程因為有歐洲戰爭的圍繞，顯得險峻和讓人擔驚受怕。

列寧對我停留過的小鎮和城市想必也得花上一番工夫才能認得。在蘇黎世等待出發時，我去他一度住過的那條窄街閒逛。向湖邊走去的時候，我經過了幾間以前俄國流亡人士經常碰面的咖啡廳。這區以前是個貧民窟，但現在就連列寧以前前往圖書館的那條短徑，兩旁也是商店林立，唯一讓人咋舌的只有手工鞋的價錢標示。工人階級消失了，工廠不見了。蘇黎世最豪華的飯店包爾拉克是少數留傳至今的地標之一，還多少保持原樣——一九一五年，作為德國人和列寧之間謎樣中間人的帕爾烏斯曾在這裡住過。經過一個世紀之後，有錢人總算可以完全按照自己的期望得到想要的東西。

有鑑於此，得知有一種「家庭工業」在事隔那麼多年之後仍然存活，不禁讓人耳目一新。受到超現代的德國火車的催眠，我一度忘記其存在，但薩斯尼茨和瑞典港口特瑞堡之間的水路幾百年來都是一條走私路線。到我把行李箱推過金屬門，渡輪的飛機式座椅（椅背直得就像長老教會禮拜堂的長凳）已經全被一家子和帶著筆電的男人占滿，但交誼廳（由塑膠棕櫚樹和藍色長沙發構成）讓人感覺更像阿爾巴尼亞首都地拉那或羅馬尼亞首都布加勒斯特——特別是罵聲四起的時候。當咒罵聲開始時，我們還在薩斯尼茨港內，只見好幾個男人設法把貨盤上用收縮膜包裹的啤酒（有一個餐廳冰箱那麼笨重）抬上一級樓梯。因為坐火車坐得口渴（更不用說已經筋疲力竭了），我很自然就把啤酒和最近的一家乘客酒吧聯想在一起，然而隨著第十、第十一和第十二貨盤的貨物被抬進來（全都是罐裝德國啤酒），我明白了我是在一條酒類免稅的重要幹道上旅行。這些走私貨用防潮布包裹，以繩索綁緊，在一群群打牌和察看手機的貿易商四周形成一堵牆。

這些走私客——當然都是生意人——有著相當顯赫的祖輩。他們的先祖在第一次世界大戰時靠著這條路線討生活，有時候是運送藥物供應，有時候是偷運用隱形墨水寫就的加密信件。不過，讓當前的行當顯得那麼特別的卻是一種歷史的反諷，因為所有這些兼職的啤酒大亨都是來自共產政權一度認定私人貿易為非法的社會。這種迅速轉變有助於解釋為什麼列寧的國人同胞近年來對他顯得冷淡。他們把他像個橡皮娃娃一樣防腐起來，鉅細靡遺研究他的大腦，但現在沒有人真正愛他：他被保存起來的遺體裡也沒有心臟。他的名聲在蘇維埃政權強力統治的所有地方中，最是惡名昭彰。在西烏克蘭，他是如此遭到憎恨，以致一個新詞 *Leninapad*〔拉倒列寧〕被創造了出來，以表示親歐盟示威者在二〇一四年一次就拉倒幾十尊列寧雕像的現象。

我的一個同路旅人原來是來自索菲亞（保加利亞首都）。當我們在兩旁是一箱箱啤酒的通道上聊天時，她回憶起保加利亞的共產主義，還用舌頭舔她赤裸裸的牙齦。當她知道我沒有走私啤酒時，表情相當驚訝。如果我告訴她我正在追尋列寧，她八成會把我當成傻瓜。這個死人在像保加利亞那樣的國家裡象徵著腐敗、貧困、說謊和濫權，一個爛得連被形容為化石都不夠格的體制。但我知道它曾經一度是活的。就像任何地方的化石獵人一樣，我夢想可以回到那個它曾經還有呼吸的世界。

我離開蘇黎世時還是春天，但是六天之後，在托爾尼奧的飄雪中，天氣卻冷得要命。這裡的火車站是第一次世界大戰的另一件遺物：一幢被遺棄在一段河床上的磚砌建築。在河的另一邊（但不是正對面，因為沒有人願意冒這個險），哈帕蘭達的車站要精緻一些，但兩個車站現在都是空空蕩蕩，因為兩條鐵路都已經關閉了好些年。事實上，要從小鎮上走到哈帕蘭達火車站，我必須路經本地的監獄。芬蘭的一邊比較漂亮（至少如今是這樣），當然也比較不那麼讓人生畏。車站裡同樣有一塊紀念列寧著名旅程的牌匾，是我在哈帕蘭達－托爾尼奧找到的唯一一塊。想必是蘇聯人要芬蘭人把它擺上去。在一九六〇年代慶祝無產階級專政五十週年時，駐歐洲各處的俄羅斯外交官勸說他們的東道主在列寧到過的每個地點放上一小塊這樣的金屬牌。

這些紀念物的問題是眾人不再停下腳步觀看它們。兩天前我到馬爾摩的薩伏伊飯店尋找一塊銅牌匾。列寧和他飢腸轆轆的同志從德國渡海到瑞典後曾在這裡用餐，而我讀到過，它的房間華麗，員工以有效率出名。櫃台女職員對我的問題大惑不解，最後問道：「列寧？你是說約翰・藍儂吧？」我後來發現，大廳確實有一塊紀念列寧的牌匾，但卻可以明白那女職員（讓人驚訝的是她是來自俄羅斯）為什麼對他的名字沒有印象。牌匾擦拭得閃閃發亮，但字體卻已經模糊，輕易就被茱蒂．嘉蘭、碧姬．芭杜、ＡＢＢＡ樂團和歐洲首席推理小說大師賀寧．曼凱爾的牌匾搶走鋒頭。

至少在斯德哥爾摩有個男人知道列寧是誰。為仿效列寧，我只在斯德哥爾摩逗留一日，所以好些人問我為什麼這麼快要離開。一個店東驚呼：「你要追蹤列寧？你不知道你已經晚了大約一百年！」我們兩人都笑了起來，不過他倒是說出了整件事情的重點。我此行的目的不是要把一個舊故事重講一遍。不管俄羅斯的檔案庫最近出土了多少新的細節，我想做的事情都不只是填補歷史的空隙。我坐火車是要模仿一段一個世紀以前的旅程，但我會寫這本書卻是因為我們全生活在一個不同的世界。

冷戰曾經扼殺每個人的想像力。它把一切安排在一條由兩極構成的線上（這兩極是正與反、左與右），最終抽乾了歷史的顏色。大部分人都轉而閱讀有關羅曼諾夫王朝和身著白禮服的漂亮公主的書籍。不過，當我思考一九一七年的歐洲和設法把列寧放入其中時，卻老是看到我們自己時代的反映。列寧的遺產常常被視為一種抽象的東西，是由一系列文本和演講構成，正經八百。書寫的重量讓人難以看見那些遺留至今的片段，而這些才是與我們當代的事件最為攸關。列出這樣的一張清單勢必很長，畢竟這包括世界強權的更改結盟、間諜和骯髒把戲、狂熱主義與複雜的多重起義。

老一輩的著作各以對自己時代最佳的方式講述列寧的故事。一九四〇年，埃德蒙．威爾遜將列寧的火車之旅當作一種談論社會主義的方式，一個花費幾十年努力建構出的希望落空的經典故事。[6]在一九五〇年代，摩拉希德在《生活》雜誌的部分資助下，寫出一篇更冷靜的報導，目的是調查列寧是不是真的收了德國人的錢。[7]彼爾森在一九七〇年代再次研究這個問題，下筆更有戲劇性。[8]他的作品長於德國火車和英國八卦，卻短於政治，甚至規避政治。要了解政治，你必須一讀社會主義者李布曼的著作：在他看來，列寧的故事就像列寧的全部作品一樣，是「可以幫助我們觀察今日政治現象的最燦爛火炬之一」。[9]雖然李布曼之類的觀點如今已經落伍，也幾乎不再會有人向列寧尋求開悟，但革命仍然繼續發生，領袖也繼續向易受擺布的群眾灌輸憤怒和武裝鬥爭思想。

馬克思和列寧的宇宙一度就是我自己的宇宙。我第一次造訪俄羅斯的時候，它的政府仍然是蘇聯，它的城市依舊灰濛濛、沒有咖啡、晚上幾乎不點燈。我去了列寧的陵墓朝聖，對於一些人向他表達的由衷尊敬感到驚訝。後來，隨著莫斯科變成北方的杜拜，我把時間花在過去的塵埃和遺物之中。感謝蘇聯人民的仁慈，我像研究自己家族史那樣探索了蘇聯時代的代價和艱苦。聆聽許多人對被逮捕和放逐到勞改營的回憶，或造訪一些史達林時代留存下來的萬人塚，我見證了共產主義加諸其人民的一些悲劇。我不是那些認為蘇聯一無是處的人之一，但它的後果仍然是一場災難。我明白為什麼蘇聯的垮台會讓歐洲、北美和任何地方的富裕國家歡慶。俄國人自己也一樣在某種方面感到欣喜。但是當柏林圍牆倒下時我們雖然全都流下了快樂的淚水，但局外人得意洋洋的自我慶祝肯定讓當事人不是滋味。

事實上，要過了一陣子才變得明顯，並不是每個人都對「西方」的價值觀入迷。任何有關西方勝利的談論都言之過早——「勝利」這個詞既誤導又不智。列寧時代的英國外交官犯下同樣錯誤，認定全世界每個人都想成為像他們一樣得體的人。他們從來不明白列寧不是某種被輸入的妖魔鬼怪，認定是他害俄國人偏離了本來可以成為某種溫順英國人的命運。正如我將發現，英國也支持一些它自己屬意的俄羅斯流亡人士，送他們到彼得格勒向等待著的群眾說教。他們之所以失敗而列寧之所以成功，是因為他承諾的事情比英式的寬容得體來得重要，儘管要動用更多的槍砲。

當我一九八〇年代在莫斯科國立大學讀書時，馬克思主義－列寧主義－史達林主義的教條已經只剩下空殼子（一個圓滑的領導階層也已丟棄了史達林主義那部分）。但我知道曾經有過一段時期，它給人的感覺是充滿活力。其最璀璨的時刻是一九一七年，該年的春天和夏天是列寧最有創造性的階段。不管他掌權之後發生了什麼事，他當初坐著密封火車回國後會受到歡迎，都是因為他帶來了一股清流與希望。他的訊息讓很大部分的俄羅斯人民受用，讓他們認為自己有權對人生要求更多。雖然我走過的路線是地理上的，但我也是在時間裡旅行，向北尋找一些被遺忘的可能性。

我的旅程結束於魔幻城市聖彼得堡——俄羅斯的第二首都，第一次世界大戰期間被稱為彼得格勒。共產主義結束三十年後，列寧的宿命之旅就連在此地亦幾乎不留痕跡。包裹在金葉片和粉彩色調裡，這城市決定要恢復它金碧輝煌的帝國階段。不過還是有少數地方，革命的火焰仍被允許在受控制的情況下燃燒。其中一處位於彼得格勒區一條安靜街道上，離契卡洛夫地鐵站不遠。就像很多這類公寓大樓一樣，它入口剝落的大廳迎面而來是一股狗味、煙臭味和啤酒味。靠在牆邊的嬰兒車都是全新且昂貴的品牌，但沒有人願意湊錢弄一部夠大的電梯讓這些嬰兒車可以上到樓上。就像外牆上的塗鴉一樣，這現象是這個國家對集體所有制的宣判。在樓上，每戶公寓的門都厚得像銀行保險箱。大樓的牆壁卻很薄，漫布大大的裂縫，就算整棟大樓倒塌，各扇門也一定會繼續佇立。

去到頂層之後，掛在辦公室牆壁上的普丁肖像告訴了我，我今天會遇到的是哪個版本的列寧。這裡的職員更樂於把列寧看成是偉大的領袖和導師，不是以全球內戰為目標的革命份子。那個和我握手的女人俐落、精準、無疵可尋。她為人慷慨，一旦清楚我想聽些什麼、看些什麼和理解些什麼，她便笑容滿面，成為我理想的嚮導。我像她一樣都曾生活在蘇維埃世界，顯然這對我有不少幫助。我們有著共同語言——一種年輕一代的俄國人甚至也不懂的語言。

她負責管理的這地方是葉利扎羅夫博物館，為列寧兩個妹妹和他妹夫所住的公寓。列寧的母親在人生最後幾年也在這裡住過一段短時間。一九一七年四月凌晨時分，列寧在芬蘭車站受到歡迎之後來到這間公寓。打量臥室時，我彷彿看見他把外套扔在床上，而與他結髮近二十年的克魯普斯卡婭則脫下帽子，穿著借來的拖鞋整理房間。這對夫妻接下來六星期都是住在這裡，讓兩個妹妹得要暫住他處。

說這地方保存良好顯然太過輕描淡寫。砧板仍然斜靠在流理台上，黃銅浴缸仍然等待人使用。列寧夫妻睡的兩張單人床猶掛著亞麻布（列寧妹妹瑪麗亞喜歡給它們刺上花稍的刺繡）。列寧母親的東西放在主臥室，其中包括一個手提箱。手提箱打開，讓人可以看見刷子、刮鬍用品和古龍水。它的磨損皮革在在提醒參觀者，列寧人生的大部分歲月都是帶著這樣的皮箱東奔西跑，他的家就是在外國城鎮租來的房間。雖然手提箱豪華漂亮，它在博物館裡的作用，是把作為蘇聯神話一部分的列寧，呈現為一個流浪者。

我沒有預期到的是一種拘謹的氣息，一種任何狄更斯筆下客廳都會瀰漫的窒息氣氛。有飾邊的枕頭和帶刺繡的墊子隨處皆是（但總以最井然有序的方式排列），每張鑲框照片都被拂拭得一塵不染。在一張床的上方，甚至有一個有蕾絲邊的掛鉤，供人懸掛手錶。書房比較陽剛味（書房屬於列寧的妹夫葉利扎羅夫所有，他靠商業船運賺錢），不過這只是表示牆壁被漆成淺棕色，蕾絲由象棋取代。房內的雜亂無章讓人失神了一會兒，但我的眼睛最後被一顆椰子吸引住。女主任解釋說：「葉利扎羅夫在海外有熟人，他把這個帶回家。這是一件寶貝。」我搖了一搖椰子，它變乾的內核發出沉悶的卡嗒聲。這玩意在這地方放了已超過一百年。如果不是因為輕浮的舉止和這地方明顯格格不入，我會忍不住笑出來。

我們從書房走入客廳。整棟公寓被設計成模仿船艄形狀，客廳正是船艄的尖端部分（見彩圖28）。如果所有窗簾被拉起，這個三角形空間會馬上被日光充滿。不過，客廳卻是用電燈泡照亮。列寧對電力有一種特別的尊崇，一度說道：「共產主義就是蘇維埃的權力加上整個國家的電力化。」他兩個妹妹看來不是那麼有把握，因為她們在每盞燈上面都罩上一個厚厚的燈罩。「是安娜弄的，」女主任解釋說，「因為她不想讓哥哥被不健康的電力光線傷害」。

列寧喜愛住在這裡。我們很容易會忘記他原是一個體面和相對富有的人，是二十世紀初期資產階級的一員——穿著馬甲背心，座椅會罩上罩子。他太太的素描簿放在餐桌上。我翻了翻，驚訝於她竟然有時間畫圖。列寧夫妻膝下無兒無女，克魯普斯卡婭把大部分精力奉獻給革命，但只要有些時間，就會在素描簿上畫上幾筆自娛。畫中人有捲髮上綁著絲帶的圓臉小孩，有帶著小狗的小男孩和帶著貓的女孩。看來，我們似乎遺漏了這位成功革命家世界裡的一些面向。這些煽動叛亂者來自幾個寧靜甚至令人窒息的家庭。他們沒有生活在自己的時代之外，反倒是幾乎被自己的時代所束縛。

當我還在思索這些事情的時候，女主任示意我坐下。她揭開鋼琴的蓋子，屈起她小學老師般的手臂。然後，就當我坐在列寧習慣坐的位子上，被各種小裝飾和兩個妹妹講究的刺繡品圍繞時，她彈奏起來。琴音已經走調，但我卻太過入神，沒想要提出抗議。當女主人巧妙地讓鋼琴奏出貝多芬《月亮奏鳴曲》著名的第一樂章時，聖彼得堡街道的嘈雜聲被隔絕在外。她彈得很好，只是有點甜膩，像被枕頭壓得透不過氣。

列寧喜愛音樂，尤其是鋼琴曲。過去所有教科書都會提到這點，連帶也會提到他有多麼喜歡小孩和貓。我在尋找的那個列寧卻不是這般可愛。我想找的是那個內心燃燒著無情冷火的男人。改變世界的並不是蕾絲和椰子。現在，我看見他正在房間裡踱步，對於帶撫慰性的音符感到不耐煩。就像下棋那樣（他也喜歡下棋），音樂會讓他分神，無法全神貫注於革命。他曾說：「我不知道還有什麼樂曲比《熱情奏鳴曲》（貝多芬第23號鋼琴奏鳴曲）更偉大。我樂於每天聽它一遍。但我不能聽太多音樂。它會影響你的神經，讓你想要說些蠢話和摸摸別人的頭。但你絕不可摸任何人的頭，否則你的手有可能會被咬。你必須毫不留情地揍他們的頭。」[10]

第一章　黑暗力量

今日是個部長，明日是個銀行家；今日是個銀行家，明日是個部長。一小撮銀行家把持著世界，正在靠大戰發財。

——列寧

一九一六年三月，一個叫霍爾的英國官員（見彩圖1）出發前往俄羅斯。他完全沒有料到會碰上社會主義革命。如果有人問他，他八成會喃喃自語回答，他最想做的是從軍：對德戰爭爆發時，他是第一批簽名加入諾福克義勇騎兵隊的人。不過，他的虛弱身體讓他被排除在實際戰鬥任務之外。但他在三十六歲那年被傳奇人物曼斯菲爾德·史密斯－康明爵士招募，為英國祕密情報局在俄羅斯首都彼得格勒工作。[1]所以，當他的同梯還待在壕溝的時候，他精通了監視和加密技巧。他八成也學會了易容偽裝。他的新老闆就很好此道，專門在蘇豪區瓦爾杜街的克拉克遜戲劇用品店訂製化裝道具。[2]

霍爾被指派的任務有點複雜。他必須查出，祖國的盟友俄羅斯是否仍維持對德國的戰時禁運。英國人對這一點特別關心，因為他們希望在大戰結束後打入俄羅斯市場。此外，他們也擔心俄羅斯和德國之間的任何商業關係，都有可能作為間諜活動甚至是破壞活動的掩護。在和俄羅斯的「對敵入口限制委員會」共事時，霍爾將會研究俄羅斯的進口貿易模式、商人模式、市場模式和對任何短缺的抱怨。[3]他在俄國首都的另一個任務是仔細檢討英國情報單位的運作。雖然這工作聽起來帶有軍事性質，但他也得從商業角度看待它。就像主管俄羅斯事務的斯塔格在霍爾出發前告訴他的：在俄國取得一個堅固的立足點和搜集到充分情報，除了有利英國政府，也許還符合英國「在這個城市的重大金融和商業利益」。[4]

這是一份需要機智的工作。理由之一是，法國人是真正的俄羅斯專家。有幾十年時間，法國人都是沙皇宮廷的貿易夥伴和投資夥伴，也是時尚的裁判者和香檳的供應者。法國官員在俄羅斯的情報圈有最好的人脈。某個意義下，這種情況對英國有利，因為英法乃是盟國，透過一個所謂的「三國協約」系統掛鉤在一起（也和俄國掛鉤在一起）。不過，在一九一六年，光是這個系統已不足夠。因為等到英國出口商要進入大戰後的沙俄帝國時，同一批法國人將會成為競爭者。

更近期，曼斯菲爾德・史密斯–康明爵士在俄羅斯碰到一連串問題。首先是他的特工和英國武官諾克斯上校（見彩圖2）之間關係緊張，而當初被他委以俄國情報重任的坎貝爾少校最近才因為受到一堆投訴被召回國。[5]雪上加霜的是，英國大使喬治・布坎南爵士（見彩圖3）是老派政治家，原則上不喜歡祕密行動。正如霍爾指出的，因為「情報單位在官方層級的確切地位引起了跨部門爭論，困難業已產生」。[6]這話是最標準的英國式輕描淡寫。身為國會議員和男爵，霍爾是最有資格解決問題的人。

這位新間諜必須自己想辦法赴任。他在停靠紐卡索的挪威蒸汽輪船《朱庇特號》訂了一個臥鋪。在其他乘客中，有一批是法國裁縫師和旗下的模特兒——他們在霧中就像異國鳥類那樣擠在一塊。他們從事的是有風險的生意，因為輪船已經成了德國潛艇最愛攻擊的對象。自《朱庇特號》開出泰恩河河口之後，每個人都隨時留意海面上的動靜。不過這一次的旅程平靜無事，霍爾安抵卑爾根，和一大群官員、生意人、走私客和模特兒一起下船。他會從這裡坐車到挪威首都克里斯蒂安尼亞（奧斯陸），再坐臥鋪前往斯德哥爾摩。

霍爾必須「穿著便服穿過斯堪地那維亞國家……把劍藏在一個傘套裡」。[7] 因為作為一個交戰國的官員，如果他被中立國瑞典的警察發現攜械，有可能會受到拘留。至少理論上是如此。事實上，他發現瑞典到處都是間諜——雖然看來只有德國間諜受到歡迎。在造訪過英國駐斯德哥爾摩大使霍華德爵士之後，他知道了瑞典人的情緒變得多麼反覆無常。被禁止與德國進行和戰爭有關的貿易讓瑞典備受打擊：隨著英國軍艦聲稱除了有權控制交戰國的貨物，還有權控制中立國的貨物，瑞典的食物和工作都處於高壓狀態下。兒童沒有藥物可用，貿易商失去了木材、穀物和鐵礦的市場。瑞典統治階層中有很大一部分人覺得應該和德國達成協議，甚至結盟。[8] 畢竟，波羅的海連結德國和瑞典的功用要大於分離二者。去到斯德哥爾摩的格蘭飯店，把自己的毛皮大衣掛在木釘上後，霍爾饒富興味地看著一個德國間諜直接從口袋掏出來福槍。

愈往北走，他對毛皮大衣的需要會愈殷切。從斯德哥爾摩，他朝瑞典偏遠的諾爾蘭而去——

那是薩米獵人跟麋鹿、北極狐和北極熊共享的一片荒原。正如走過相同路線的作家蘭塞姆指出的：「唯一美中不足的是天寒地凍。」[9]不過，霍爾身為切爾西地區選出的國會議員，全線都是坐火車頭等車廂。他寫道：「這趟旅程平靜而單調。一度，火車的速度每小時不超過八公里，讓我有大把時間可以在指定的火車站享用美味的熱食。」[10]其中一個停靠站呂勒奧位於斯德哥爾摩以北近一千公里處，它的碼頭負責運載來自基律納和耶利瓦勒的鐵礦石。正如霍爾知道的，去年秋天，英國潛水艇指揮官克羅米就在這個港口的外海擊沉了一大批瑞典船隻——它們全都是要把禁運的鐵礦石運給德國，每艘載運了數千噸。[11]

所以，這個地區對任何英國官員來說都是個棘手的地方，而霍爾又正往其最荒涼的城鎮前進。他搭乘的路線在戰前的火車時間表找不到，因為在一九一五年夏天之前，這裡還沒有任何鐵路。蘭塞姆前往俄國的時候，鐵路仍然止於基律納。他回憶說，在瑞典的最後幾公里旅程包含了「一趟在冬天短白晝的雪橇之旅，我躺平在雪橇上，讓一個拉普蘭人司機好心地坐在我的肚子上，幫我保暖。我們沿著一條雪路急速而行，經過一條結冰的河流前往位於托爾尼奧的芬蘭邊界」。[12]十五個月後，坐火車旅行的霍爾呼吸應該會變得相對順暢，他的火車穿過兩邊黑壓壓的雪牆，骷髏骨架似的樹木只在蒸汽後面隱約可見。在最後十幾公里，每個停靠站都堆高著無數的木頭板條箱。然後出現了馴鹿拉的雪橇和穿皮襖頭髮斑白的男人。霍爾此時已經抵達哈帕蘭達——控扼歐洲通往俄國的陸路途徑的邊界城鎮，由此最遠可以到達上海。

他並沒有停下來觀賞景色。他本來可以探索凍結的沼澤地，但在那裡，美國、英國、丹麥、法國和瑞典本身的貨物堆積如山，儼如另一個城鎮。他本來也可以到一家酒吧坐一坐，一次獲取來自三個大洲的消息。幾個月後，一個叫米留科夫的俄國政治家通過哈帕蘭達沿反方向往倫敦出差時，會用他的柯達相機拍下午夜的太陽。[13]一個叫什利亞普尼科夫的革命活動家也將會對冬天天空的北極光大感神奇，他往返邊界的次數是那麼頻繁，以致知道方圓幾公里內每一幢安全的房子。不過作為一個道地的英國人，霍爾非常受不了哈帕蘭達的天氣。他回憶說：「烈日讓一切成為刺眼的白色。雪地上沒有一絲陰影，瑞典駐軍的白羊皮帽在雪地的映照下看似黃色。」[14]

與哈帕蘭達對照，俄羅斯人位於托爾尼奧的邊界關卡顯得破落。大部分剛抵達的人都要花長時間坐在充當沙皇邊界守衛的崗哨小屋裡。霍爾去俄國是為了公務，而且關卡幾乎肯定有個英國情報局的臥底，但他不想要特權，以免惹人注目。蘭塞姆在經過好幾次跨越邊界的經驗之後，學會向警衛出示一份寫滿花體字的文件——雖然文件只是倫敦圖書館要求他按時還書的告知，但圖書館長萊特博士的簽名是那麼花稍，讓最嚴峻的邊界官員一樣敬畏有加，趕快給蘭塞姆放行。[15]因為缺乏他的機智，大部分其他旅人只能痴痴地等。霍爾等待了極久，最後，一群俄國士兵甚至跳起舞來，希望可以從觀眾獲得一些打賞。當通關文件最後蓋上印章，行李重新收拾好之後，霍爾登上向南而去的芬蘭火車，感覺人生像是過去了幾個寒暑。[16]

這條鐵路線又回復成單軌。行車緩慢而車廂骯髒，因為自大戰開始以後，行駛這條路線的火車頭便從燒煤改為燒木頭。一團團煙灰會從任何打開的車窗吹入。灰色的煙霧和蒸氣遮蔽了芬蘭著名湖泊的景觀。白晝很快變得愈來愈長，但到霍爾最終抵達位於別盧斯特羅夫的邊界車站時，天色已經入黑。從芬蘭進入俄國本土讓他得面對另一回的文件檢查和不清不楚的命令。就像一個疲累又困惑的農民那樣，他在午夜抵達彼得格勒北面的大站芬蘭車站。月台和大廳之間照明幽暗，幾乎空無一人。[17]霍爾有片刻感到筋疲力竭又恐慌，但旋即看到一件熟悉的英國制服：接他的司機來了。幾分鐘之後，他便放好行李，坐定在一輛汽車內。

要開出車站後面的工人階級區不需費多少時間。過河之後（這條河寬闊且仍然半結著冰），霍爾朝皇宮區一家飯店而去。一個外交官最明智的做法是避開那些一般人生活和工作的街道。這將會是他即將學到的一課，而他同時學到的還有宮廷禮節的規定和怎麼找到一個可靠的女傭。這位國會議員已經到達彼得格勒，即將要展開他為「又新又祕密又非常不確定的」英國情報部門的工作。

自大戰爆發後，彼得格勒便湧入大量勞工和難民，到一九一六年人口已經超過兩百萬。[18]建築在涅瓦河三角洲，這城市自然地按社會階層分區。在大型金屬工廠和軍火工廠四周，如雨後春筍般冒出的工廠區，是窮人主要聚居的區域。芬蘭車站背後的街道會通向一些狹窄的院子和盲窗，因為這裡是維堡區，坐落著埃里克森金屬和機器工廠、諾貝爾和新萊斯納工廠（兩者專精於製造武器和炸藥）、老桑普森紡織廠和幾家大型鋼鐵廠。在河的南面，東邊的奧赫塔區有一家國營炸藥工廠，西南邊是巨大的普季洛夫工廠（僱用了數以萬計的員工生產鐵軌、鐵路機車和大砲）。製造業在戰前年代對投資者來說是金礦，但他們對於為工人蓋房子較不感興趣。[19]但不管工人生活有多麼艱辛，繼續有大量人口從農村湧入，謀求生計。

至於其他擁有一輛馬車和在劇院有一個包廂的聖彼得堡市民定居在瓦西里島的南緣、彼得格勒區的河濱和冬宮附近較好的街區。沿城市運河網絡而建的高聳房子為富有的客戶提供寬敞的一樓寓所，但它們的閣樓和地下室會以較低租金租給從店東到失志作家等任何人。不過，一般而言，有錢人與城市低下階層的接觸主要是透過他們的僕人、司機和門衛。金碧輝煌的涅夫斯基大道——彼得格勒的主大道——是窮人和無投票權者極少踏足的地方。在緊張時期（例如一九〇五年的革命時期），市長會下令把所有橋梁升起，讓涅瓦河成為一條巨大的護城河，阻止群眾從大部分惡名昭彰的郊區進入市區。只可惜涅夫斯基大道附近必須有個主線火車站，而皇宮背面又可見工廠。不過麻煩製造者總是可以被扔進彼得與保羅要塞和克列斯特監獄——兩者都是風光明媚水濱區的地標。

英國大使館占據了大部分的薩爾蒂科夫宮——該建築又被稱為皇宮堤岸街四號。它的坐落地點非常優越，沿著河邊走到冬宮只有一小段距離，可以從一水之隔的距離外俯視彼得與保羅要塞和它的金色尖頂。大使的女兒梅麗葉爾·布坎南日後回憶說：大使館「是一幢巨大建築，寬敞、堅實而舒適，只不過絕對談不上漂亮」。[20]它最突出的特徵是巨大的樓梯和舞廳，兩者都有面向河流的窗戶。但大使館裡的辦公室不便辦公，而一位老年的公主——薩爾蒂科娜——仍然和她的僕人及一隻饒舌的老鸚鵡住在建築物的後頭。[21]

霍爾很快就會和自己人見面，但他所肩負的外交任務——達成跨部門的和睦——驅使他早早拜見大使。喬治・布坎南爵士自一九一〇年起便是倫敦派駐俄國的人馬，為自己在彼得格勒建立起最可靠和最有經驗外交官的聲譽。霍爾很快就會被他的魅力所征服。這位間諜日後回憶說：「我被喬治・布坎南爵士吸引。他傑出、超然、非常靦腆，而且相當帥氣，是二十年前最受仰慕的類型。」[22]在莫斯科一間辦公室輔助喬治・布坎南爵士的洛克哈特同意此說，指出「他的單片眼鏡、細緻五官和一頭漂亮銀灰色頭髮，讓他具備了一個扮演外交官的演員外型」。[23]毛姆在根據自己戰時間諜經驗寫成的短篇小說集《阿興登》中，把喬治・布坎南爵士改寫成威瑟斯龐爵士，讓他在一間豪華的鄉村別墅裡主持晚宴。不過，一個不太友善的造訪者在回憶時卻說，喬治・布坎南爵士「為人冷淡，可以讓一隻北極熊直打哆嗦」。[24]

布坎南對間諜也許沒有好印象，卻堅決認為俄羅斯應該繼續作戰，好讓協約國可以在大戰中取得最後勝利。[25]為了確保這一點，他已經預備好忍受倫敦派來任何一個魔鬼，霍爾因此成為了大使館的常客。他受到大使夫人喬治娜、大使女兒梅麗葉爾和至少一隻壞脾氣的暹羅貓的招待。霍爾也因此有機會和一些歐洲的明星外交官一起用餐，包括法國大使帕萊奧洛格（見彩圖4）和義大利大使里帕雷拉。美國大使弗朗西斯喜歡打撲克多於布坎南的亞麻布餐巾和紅葡萄酒，但大使館仍然有各式各樣有趣的英國人員有待霍爾認識。[26]可以在大使館二樓的文書部找到他們，那裡的年輕人穿著絨線西裝，每天花大部分時間為報告打字、編寫密碼或解碼。沒有俄國祕書在場，因為即使是盟友之間，保密仍是最高原則。洛克哈特回憶說：「我的印象是，打字和發電報部門都是由伊頓公學畢業生執掌。」[27]

霍爾自己的辦公室位於皇宮堤岸街向西走一小段短路。你在冬宮向左轉，就會看到一棟有一千五百個房間的大樓，外牆的灰泥被漆成像牛血般的憂鬱深紅色。在它後面，越過冬宮廣場，是一系列一模一樣的建築，也是漆成像牛排一樣的顏色，內有包括軍事總參謀部在內的一些主要政府部門。英國軍事情報單位的辦公室位於高樓層，空間擁擠，是法國軍事情報單位（就在隔壁）的翻版。在這裡辦公也許方便，但它卻不是霍爾會愛上的地方。他抱怨說：「忠於俄羅斯的風格，外牆是這棟建築最好的部分。位於總參謀部的後方是一個由惡臭院子和泥濘通道構成的網絡，讓進入變得困難，也對健康有害。」[28]

但霍爾來這裡不是為了欣賞拉斯特雷利宮。當他開始在悶熱的房間裡工作，他必須學會忍耐俄羅斯極度令人陌生的異國情調。雖然有著古板的英國背景，但彼得格勒講究大量禮節仍然讓他反感。幸好瑞典人沒有發現他的劍，因為他現在該佩戴著它工作。另一個讓他感到不快的是他驚訝地發現俄國人沒有統一的情報部門可以和他合作。總參謀部、各軍團和海軍部各有自己的情報人員，而他們彼此之間競爭激烈，沒有人抽得出空應付霍爾。內政部和宗教事務管理總局都有一個更有效率的情報網絡，但兩者都不願意和一個外國人分享情報。這位失望的英國人指出：「沒有人打這場仗是像我們的打法。在倫敦的人……把白廳那一套直接搬到冬宮的廣場」，但事實上俄國對戰爭投注力氣的方式是既混亂又不受歡迎。[29]

如果他有對莫伊卡運河上方擁擠房間工作的人員投以更多注意，也許就會學到更多。當時情報單位的代理主管桑希爾少校是一個印度通，精於「來福槍、彈弓、鳥槍和管箭」。[30]不過，在一九一六年夏天，當霍爾接管了英國的祕密情報小組之後，桑希爾被調為助理武官。這個變化理論上讓霍爾有了一小批熱心奉獻的人員可以指揮。阿利和雷納中尉都俄語流利，在首都有良好人脈。史蒂文尼上尉負責蒐集包括德國海軍戰略在內的戰爭情報。[31]

與武官諾克斯上校的衝突從一開始就是不可避免。畢竟，在一個大使館官員看來，諾克斯建立起「英國和這個國家之間的實質關係」[32]。這個意見也得到諾克斯自己充分背書，因為他的行為舉止表現得就像他對俄國的了解比整個英國僑界加起來還要多。不過，因為是北愛爾蘭人，他被認為來自錯誤的階級，所以無法被分派到沙皇的「最高指揮部」——這份工作留給了一個叫約翰．漢伯里－威廉斯爵士的無能者擔任。[33]英國情報單位和諾克斯的緊張關係幾乎具體可觸，不過，在霍爾到任前，這一小群人還是能夠放下歧見，蒐集到大量重要情報。其中一項情報（如史蒂文尼後來證實的）讓英國海軍能夠於一九一五年的多格海灘外海攔截到部分的德國公海艦隊。[34]

正如霍爾將會發現的，彼得格勒的英國僑界就像一所搬到了俄國的牛津學院。他們包括一些學院人士和更多的作家，很多都為英國報紙寫專欄賺外快。蘭塞姆是他們其中之一，但資歷最多彩多姿的是威廉斯，他是語言學家、散文家和三份報紙的通訊員，娶了一個著名的自由派激進份子為妻。透過他的妻子泰爾科娃——布坎南形容她「是個擁有前衛觀點的女人」，威廉斯幾乎認識彼得格勒每一個政治人物。蘭塞姆回憶說：「他個性平和，我不認為他會樹立敵人。」[35]如果說諾克斯是大使館和這個國家（特別是軍隊）的聯繫人，那麼威廉斯則是把大使館聯接上彼得格勒新興的政治階級——渴望把現代的立憲政府引入俄羅斯的批評家和改革者當中。

用不了太久，首都的憂鬱氣氛就開始感染霍爾。當阿利和他的朋友繼續進行祕密工作時，一個東正教會的代表找上了霍爾，希望他幫忙解決蠟燭短缺的問題。在實施戰時貿易禁運前，一家名叫斯圖姆夫的德國公司每年會供應俄國教堂十三噸半的蠟燭。現在，當局固然切斷了蠟燭的供應，但信徒禱告時仍然需要點燃蠟燭。貿易禁運也該為俄羅斯日常生活中其他的黑暗情形負責，英國也因此間接得咎。假以時日，霍爾安排了蠟燭從阿爾漢格爾港入口，但他卻無法照亮整個社會。彼得格勒的劇院只坐了半滿，商店灰濛濛的，談話內容集中在壞消息和沒有希望的未來。霍爾指出：「在大戰前讓俄國首都那麼璀璨的男男女女，大部分都去了前線，而對於那些資財有限的人來說，娛樂變得近乎是不可能。」[36]

霍爾也有自己的問題要擔心，因為房租在最近幾個月飆漲。就連喬治．布坎南爵士都得為下屬擔心（包括結了婚和有小孩的那些）：他們再也租不起房子，得改住飯店。基本物價上升速度如此之快，讓這些外交人員的薪水變得稀薄。一九一六年九月，帕萊奧洛格在日記裡記載，木柴和蛋的價格比兩年前貴了三倍，牛油更是貴了四倍。[37]俄羅斯工人是怎麼應付這種情況始終是個謎。到了一九一六年，食物商店外大排長龍的情況已經成了固定景象。大家都對戰爭非常反感，以致有謠言說群眾的反戰情緒是德國間諜煽動。[38]每個人都必須將就。霍爾僱用的英國僕人備著兩套制服更換，因為他除了白天在霍爾家工作，晚上會輪流到英國和法國大使館幫忙。

每個國家當然都因為大戰吃盡苦頭，但看來俄羅斯受害最深。雖然倫敦方面以為這種困境可以透過提供更多槍砲和對俄國證交所資金加碼得到解決，但彼得格勒任何人不久都看出來，這種善意並不足夠。從交通到總參謀部，從警力到煤炭的供應，沒有一件事情是按應有的樣子運作。政治機器已經因為沙皇和皇后的搞破壞而完全停擺，還有些人認為這是德國想要動搖俄羅斯的複雜陰謀的一部分。當時一位政界領袖指出：「看不到領導的意志，沒有計畫，沒有制度，不存在任何類似的東西……最高當局遭受有害影響所禁錮。」39

霍爾是從俄國政治階級中善交際的自由派人士和富有實業家那兒了解局勢。當他的大使因為太有潔癖而懶得干涉時，他透過威廉斯的引介會見了這些人。威廉斯認識每一個人：從俄羅斯議會（即「杜馬」〔Duma〕）議長羅江科到米留科夫和古契科夫之流的改革派。40他們說的都是一樣的故事：俄羅斯正邁向災難，就像一輛高速向著懸崖飛馳的汽車。也許需要兩瓶白蘭地才能夠讓任何一位俄羅斯人公開地說出這一點：根本的問題在於沙皇。

由於自一九一五年八月親自指揮軍隊之後，尼古拉二世待在近前線的陸軍總部的時間愈來愈多，已失去了作為領導人的一切感染力。他忽略或積極踐踏杜馬，又在被稱為上議院的部長會議中大量安插讓人笑話的無能人物。41霍爾對部長會議有第一手的認識，因為他最近才在馬林斯基宮參加過一場餐會。那地方聞起來盡是蠟丸和絕望的氣味，而他自己則被一個官員拉住，說個不停：對方誤以為他是德國人，對他大肆譴責英國的背信棄義和民主政治。42

尼古拉犯錯的總數迅速增加。一九一六年一月，這位沙皇罷黜七十六歲的總理戈列梅金。但取而代之的施蒂默爾卻幾乎就像戈列梅金一樣反動，甚至更加沒有效率。包括威廉斯在內，沒有人喜歡施蒂默爾。威廉斯這樣說：「在俄羅斯帝國，你很難找到一個更腐敗、更無能和更愛說謊的官員。」[43]米留科夫回憶說：「他幾乎忽略掉自己的一切責任。」[44]不受這些反對意見的困擾，沙皇在一九一六年夏天讓施蒂默爾兼任內政和外交部長。此人有資格出任這些要職，看來只是因為幾年前當皇室在羅曼諾夫王朝三百週年紀念出巡時，他極盡巴結奉承之能事。

杜馬在城市的另一頭開會——地點是穿堂風出了名大的塔夫利宮。作為對一九〇五年動盪的一個讓步而創設，杜馬至今仍然像是對一個真正議會的彩排。一幅沙皇的肖像懸掛在大廳（背景甚至不是俄羅斯而是義大利），明顯表現出對民主觀念的輕侮。霍爾發現，杜馬的成員「對他們的絕望處境明顯感到幻滅和怨憤」。[45]對於議會政治他們認真看待，但沙皇每當察覺出他們有挑戰或異議意味，就會讓國會休會。上一回選舉（一九一二年）讓一些馬克思主義者當選（主要是孟什維克黨成員），但他們大部分人很快就遭受逮捕或放逐。除他們之外，唯一真正的極端份子是立憲民主黨的成員，他們全都致力改革，但又堅持要走議會路線。米留科夫（他是該黨的領袖之一）日後回憶：「我們是一個由律師、醫生和教授組成的政黨。」[46]根據佩爾斯教授（他是一個學者，也是史密斯－康明的外甥，除了教書外也做一點點間諜工作）的說法，米留科夫的觀點「和我們老是在倫敦全國自由俱樂部聽到的無太大差別」。米留科夫的目標是把俄羅斯導向君主立憲制度。在一九一六年的彼得格勒，這個目標讓他變成一個麻煩製造者。

杜馬的要求在大戰期間變多。[47]一九一五年，它的部分成員組成了一個「進步集團」，矢志捍衛俄羅斯的軍事榮譽與其人民脆弱的憲政權利。[48]居於這個聯盟的左翼，米留科夫相信俄羅斯不可能繼續強行控制波羅的海和波蘭之類的臣屬國。授予它們自治權和平等權（而非完全的獨立）也許是一個可以接受的妥協，而俄羅斯國內也應該終結對宗教少數派（包括猶太人）的歧視。其他社會民主黨人則熱中談論工會和勞工權利、政治特赦和廢止報章審查制度（這制度會讓議員們在杜馬的發言不一定都能見報）。

不過，總的來說，進步集團的目標是要贏得大戰、促進貿易、尋求歐洲的市場，和減少官樣文章對經濟系統的掣肘。為了推銷自己國家的工業和商業，米留科夫（他對巴爾幹半島一向有特殊興趣）開始鼓吹俄羅斯應該把君士坦丁堡納入掌心，以控制連接黑海和地中海的各條海峽。這種憧憬讓他執著於把大戰打下去，但他也清楚知道勝利是要付出代價：一年前，他的小兒子在奧地利的前線戰死。

然而一九一六年秋天當第一場雪輕輕落在涅瓦河的時候，彼得格勒最多人談論的話題卻不是自由派改革，甚至不是軍隊的驚人傷亡數字。市民對他們所謂的「黑暗力量」心懷恐懼。人民之間盛傳，德國人在宮廷裡占有一席之地。他們的目的是勸說俄羅斯退出戰爭。如果成真，德國就可以把部隊集中在單一戰線，像消滅螻蟻那樣粉碎法國和英國的軍隊。極端右翼人士也希望普魯士軍官（紀律和階層的模範）能夠幫助他們恢復一個適當的（即反動的）政府。談判悄悄進行著，有時在斯德哥爾摩舉行，有時在哥本哈根舉行。[49]有一個叫瓊斯的英國商人主張，進行中的事態比俄羅斯人自己看出來的還要黑暗。他指出陰謀者有可能正在策劃一場民眾叛亂，好讓俄羅斯變得無法無天。根據計畫，陷入暴動將會成為俄羅斯獨自對德國媾和的藉口。不過，在那之後俄羅斯「就會在世人眼中成為一個受鄙夷的國家」，而到了「德國準備好撕碎俄國的時候，也沒有人會救她，讓德國統治世界的野心再往前踏出一步」。[50]

謠言的尾巴還直接掃向皇后。亞歷山德拉未出嫁前的頭銜是「黑森和萊茵河畔公主」，而很多人相信，她一直是德國間諜。喬治·布坎南爵士對這個想法不以為然。他在一九一七年二月寫道：「她不是一個為德國利益工作的德國人，而是個反動派，希望把獨裁權力完整無缺地傳給兒子。」不過，她干預部長任命之舉卻讓她成為布坎南口中的「不自覺淪為其他人的工具——那些人是真正的德國間諜」。[51]自由派評論家相信，施蒂默爾得以成為總理，就是皇后在幕後主導，否則這個任命無法解釋。當亞歷山德拉的另一個親信普羅托波波夫在一九一六年九月被委為內政部長時，這些人的猜疑看來獲得了證實。傳說普羅托波波夫是個瘋子（他罹患因梅毒而造成的退化性神經失調），被人看到最近一次造訪斯德哥爾摩時和一個德國間諜談話。[52]

事實上，普羅托波波夫更有可能自認為是背負十字架而不是搞一個陰謀，但皇后亞歷山德拉的身旁確實有德皇的間諜。帕萊奧洛格相信，涉入這場祕密行動的人物包括宗教事務管理總局的代表、波羅的海貴族的成員、大金融家和親德的實業家。他寫道：「主要動機是恐懼：看見俄國和西方的民主國家保持那麼密切和長期的合作關係讓反動派覺得恐懼。」[53]十月的時候，這位法國大使和一位「宮廷人員」待了一晚，從而知道了有關那個向著宮廷迂迴前進的陰謀小集團的更多細節。對方警告說：「這幫人不會因為任何理由而罷休。他們會煽動罷工、動亂和屠殺猶太人，會設法製造社會危難和饑荒，讓每個人徹底落入悲慘、沮喪之境，讓戰爭難以為繼。」[54]這位情報提供者非常害怕，以致於在帕萊奧洛格所有僕人下班前，他都不敢說出真話。

間諜看似無處不在。怪罪猶太人幾乎成了反射動作——一種英國人和俄羅斯人一樣喜歡沉溺其中的偏見。正如布坎南指出的：「猶太人是親德國的，這種謠言的目的是把對俄國及其盟友的不滿和不信任情緒的源頭追溯到猶太人。」[55]但沒有任何事可以與被認為正在醞釀的陰謀相比擬。就像霍爾在一九一六年十二月向軍情處報告的：「出現了一個在俄國歷史上獨一無二的現象，那就是全社會聯合起來反對那正在企圖把政府完全控制在手裡的一小群人（半個宮廷和半個官僚階級）。」[56]布坎南回憶說：「在大使館的一次晚宴裡，我的一個俄國朋友公然談到一場宮廷政變的可能性，指出剩下的問題只是皇帝和皇后會同時被殺，還是只有皇后會被殺。」[57]

布坎南唯一關心的是讓俄羅斯留在大戰裡。在接下來的關鍵幾星期，局勢的每一個變化都是按照它們可能對春季戰役有何影響來評估。但局勢變化得很快。一九一六年十一月十二日開始了杜馬的新會期，開議發言很轟動。雖然這些發言不能刊登在報章（報紙把報導部分留白以示抗議），但米留科夫對沙皇政府的攻擊很快被到處引用。他列舉出政府過去幾個月來的胡作非為，每列出一點就會停頓下來問同僚，議會應該把它看成是「愚蠢還是叛國」？[58]他的結論是「結果是一樣的」。這篇演講導致施蒂默爾被罷黜。帝國祕密警察在報告中勉強承認：「當時的英雄是米留科夫。」[59]

雖然杜馬大逞威風，但民眾卻在掙扎求生，對政府和大戰愈來愈憤恨。一九一六至一七年間的冬天飢餓情況是大戰開始以來最嚴重的一次。工廠工人被迫為購買基本商品而大排長龍，還得在嚴寒中工作。他們變得焦慮，然後是憤怒，把情況歸咎於皇后和戰爭。雖然是在一個通貨膨脹的時代，但有些工人發現他們的薪水不增反減，因為有很多來自農村的婦女加入勞動大軍，而她們並不會對薪資討價還價。雖然參與罷工有可能會被押解到前線或關入勞改營，罷工的次數還是隨著物價上漲而增加，而這些罷工很多還提出直接的政治訴求。十月，在雷諾工廠發動的一次罷工，被召去驅散示威者的士兵改變立場，對自己的軍官開槍。氣氛轉為肅殺，以致很多不想向人民開槍的騎兵軍官開始要求派駐前線，免得要駐守彼得格勒。[60]

在一九一六年的節禮日，霍爾給倫敦發去一封陰鬱的電報。「以下這個說法十之八九正確：絕大多數的俄羅斯民眾偏好和平。生活條件是那麼讓人忍無可忍，俄國軍隊的傷亡數字是那麼巨大，服兵役的年齡和階級日漸擴大，政府嚴重失序和不可信任，絕大多數老百姓會要求和平並不讓人驚訝。」他在報告的最後一句話特別強調：「**我個人相信，俄羅斯撐不到下一個冬天結束時。**」[61]

不過，不到一個星期，這些思緒就因一個惡名昭彰的妖僧的橫死而被打斷。人民對拉斯普京的痛恨大概不下於對他的恩主和仰慕者——皇后亞歷山德拉。普遍相信他同情德國的立場、偏好獨裁統治和允許德國間諜接近皇后。他也是個放蕩、卑鄙齷齪、好擺布人和粗魯的人。因此，他被一小群自稱是愛國者的人謀殺一事，足以讓人民在新年假期幾乎忘記任何生活的艱苦。霍爾以一個免責聲明展開他的十頁報告：「如果要求我用《每日郵報》的風格寫作，那我的回答是整個問題非常聳動，你不能像是描寫戰爭中一個普通插曲那樣描寫它。」[62]類似的事當然不可能發生在英國切爾西地區的神職人員身上。

在一九一七年第一天曙光初現時，彼得格勒的警察在涅瓦河一條支流岸上的雪地發現了一隻大尺碼的男人套鞋。足跡帶領他們搜索結冰的河流，最後發現了一具傷殘的屍體。被拖出冰面後，屍體巨大而難以移動，但死者毫無疑問就是拉斯普京。他先是氰化物中毒，然後又被揍，以及至少遭兩把槍射擊，最後被綁上沉重鎖鏈推到冰雪底下。得知這個消息後，亞歷山德拉悲痛不已，反觀整個彼得格勒卻是歡聲雷動。帕萊奧洛格寫道：「聽到拉斯普京的死訊，大眾極度歡欣。眾人在街道上互相親吻，許多人跑到喀山聖母教堂點燃蠟燭。」[63]霍爾在報告裡說：「如果我們不能說這種謀殺行為是好事，那至少可以說拉斯普京的死『只有好處』。」[64]

霍爾看來不願說的是，他的人馬也許協助計劃和執行這起謀殺。射出致命一槍的人甚至有可能就是雷納——他是在折磨拉斯普京幾小時以追問德國人對沙皇宮廷的滲透情況之後這麼幹的。一個用來掩飾真相的故事已經準備好，它把謀殺說成純粹是俄國人的愛國行為，不過就連霍爾都注意到他小組的成員近來以驚人的頻率使用「清算」兩個字。[65]正如他勉強承認的：這樁謀殺案顯示了這些人可以幹出什麼事情——哪怕它達成了什麼目標，仍大有疑問。

首都很快就回復了原來的淒涼絕望心緒。出於純粹的刁難，一群頑固不化的部長把地方政府和慈善組織原定於新年舉行的一個會議，判定為非法。莫斯科市議會的選舉受到明目張膽的操縱。一九一七年一月造訪彼得格勒時，洛克哈特發現那裡的氣氛「比從前任何時候都要沉鬱。眾人像喝水一樣喝香檳。首都最好的兩家飯店——『明星』和『歐洲』——擠滿本來應該是在前線作戰的軍官……就連大使館的情緒也低落到谷底。布坎南本人看起來一臉倦容，一副病懨懨的樣子。」[66]

經過一番天人交戰後，布坎南決定打破禮節，向沙皇提出警告。一月十二日（俄國的新年），他被召到沙皇夏宮見駕。大概是因為預期會聽到壞消息，沙皇接見他時並沒有表現出慣有的熱情。布坎南說話時，兩人都站著。「我向他解釋說，除非協約國各國的人民不分階級團結一致，否則只有我們協同作戰並不足夠。」沙皇幾乎未置可否就打發訪客離去，接著因為憤怒而顫抖。[67]皇后也許有匆匆安慰他，因為帕萊奧洛格得知，她從一扇半開的門聽到了一切。

不過，俄羅斯仍然留在協約國，而盟國之間總是有很多事要談。十二月的時候，英國、法國和義大利的總參謀部人員在尚蒂伊舉行了一次會議，計劃新一季的戰役。由於路途遙遠，俄羅斯沒有派員參加，大家說好三個西方國家的代表將會前往彼得格勒商談。[68]照理說，率領這個代表團的應該是戰爭大臣基奇納勛爵，他曾在去年夏天出訪俄國。只不過他搭乘的武裝巡洋艦早前在斯卡帕灣觸雷，遇難身亡。在他缺席的情況下，米爾諾勛爵和卡斯泰爾諾將軍代司其職，但兩人對俄羅斯完全不了解。一九一七年一月，被霍爾稱為「協約國挪亞方舟」的輪船出海，朝羅曼諾夫港（今莫曼斯克）駛去。沿途沒有受到潛艇襲擊，一行人安抵俄羅斯，成為了第一批取道莫曼鐵路前往彼得格勒的旅人——這趟旅途需時四天。

洛克哈特倍感絕望。他寫道：「在偉大戰爭的歷史上，極少有那麼多重要的部長和將軍離開各自的國家，從事這麼沒有用的差事。」[69]霍爾指出，俄國人為了防止米爾諾的使節團可能會做出不利俄國的決策，決定讓代表團一事無成，盡是用一連串的晚餐、午餐、音樂會和舞會打發他們。梅麗葉爾·布坎南回憶說：「由漂亮駿馬拉的宮廷馬車和穿著深紅及金色制服的皇家侍從在街上來來去去。在使節團落腳的歐洲大飯店門前，從早到晚停著一排看不見盡頭的轎車。」霍爾說服彼得格勒市長允許一間叫「大熊」的餐廳通宵營業，好讓使節團的代表可以招待他們喜歡的芭蕾舞和歌劇明星：「俄羅斯人準備好在還有伏特加和魚子醬可供應的情況下保持他們的好客態度。」[70]雖然雙方也就金融、物資供應和隔年春天的作戰計畫進行了談話，但米爾諾勛爵不認為自己達成了多少成就。他的使節團太龐大了，過於喧譁，而且每個會議室都有許多間諜在監視。

他們在二月離開。為了走得神不知鬼不覺，使節團要求成員把一雙鞋子留在房間門外，讓飯店員工（或德國間諜）以為他們還住在裡面。[71]霍爾大概是認為自己已經做不了什麼，也收拾了行李。他聲稱已經把間諜小組整頓好（到他離開的時候一共是十七人），但還是決定用健康不佳為理由，離開一個讓自己不舒服的環境。[72]他和米爾諾的代表團坐同一列火車，到羅曼諾夫之後登上英國軍艦《基爾多南城堡號》。回航的路途上沒有人喝酒，晚上被爆炸的幻想所困擾，很多人都是選擇以撰寫報告打發時間，而當蘇格蘭奧克尼群島的峭壁在望時，他們大部分人至少都已經擬好一份草稿。三月六日，米爾諾勛爵向英國內閣報告說，俄國人「事實上很大程度上是東方人，非常多疑，有時很保守，願意被一個能幹的領導層帶領。」[73]俄國的領導層也許是一個問題，但米爾諾向洛克哈特保證：「就我所能夠搜集到的意見，包含協約國和俄羅斯的有識之士普遍認為，俄國在大戰結束前不會有革命發生。」[74]

在還留在彼得格勒的梅麗葉爾．布坎南看來，使節團離開之後，冰結得更硬了。沒有了分心活動（和香檳酒），社會瀰漫緊張氣氛的證據就很難讓人視而不見。據說普羅托波波夫大概是得到一次宗教靈視之後，命令在市中心大建築物的屋頂架設機關槍，準備好應付民眾鬧事。[75]商店門外的長龍變得更長，罷工次數看來每個禮拜都有增加。在一九一六年，俄羅斯城市的政治罷工有二百四十三起，但光是一九一七年的一月和二月，罷工便超過一千次。[76]在莫斯科，洛克哈特報告說一家生產手榴彈的大廠發現訂單被取消了，「名義上的理由是不再需要手榴彈，但事實上是因為政府害怕群眾組織會控制這類危險物資，用手榴彈作為革命的武器。」[77]不過，一場對俄羅斯來說都是罕見的嚴寒，看似暫時麻痺了所有活物。在攝氏零下三十八度的低溫下，沒有人想要投擲任何東西。

在風和日麗和水仙開始萌芽的倫敦，米爾諾團隊的另一個成員戴維斯少校在向英國內閣遞交的報告中說：「民眾起義不被認為有任何成功的機會。也許有可能發動一場宮廷革命，把皇帝和皇后趕下台收場。」這不會減損俄羅斯對戰爭的參與，因為「這個既成事實十之八九會默默被這個國家所接受」。這表示協約國將會獲得勝利，而對現在來說真正重要的是下一步。戴維斯警告說：「戰爭結束後，德國人必然會恢復他們對俄國貿易所占的優勢，所以我們有必要為我們自己的貿易發展及時採取準備措施，並對這個國家的內部事務發揮充分的影響力……世界的進步有很大程度取決於英國能否把理念栽種在俄羅斯的土壤中。」[78]

第二章　黑市

有時，流氓會對我們的黨有用——理由正是因為他是流氓。

——列寧

德國人對於在俄羅斯建立一個網絡有自己的計畫。不過，他們有很多損壞需要先修補，因為在大戰爆發後，德國外交官遭到驅逐，很多德國商人和工程師被遞解出境。德國外交部眼看著自己的俄羅斯人脈名單不斷萎縮，而僅剩的那些幾乎沒有一個是沙皇宮廷的真正朋友。「你們有可能派出一隻鴿子傳遞橄欖枝嗎？」德國首相貝特曼－霍爾維格在一九一四年聖誕節有此一問。[1]他想到一個叫波連的德國實業家也許可以接近維特這位老朋友，他在若干年前出任俄羅斯財政部長。從貝特曼－霍爾維格把指望放在一個早已失去影響力的垂死俄國人，可以看出來他有多麼狗急跳牆。

由於德國人在俄羅斯人眼中全是不可信任，所以，次佳選擇便是找到一個觀念正確的中立國國民。在這方面，瑞典仍然是最佳的志願者來源。哥本哈根駐彼得格勒大使是史卡維尼斯，他在大戰期間好幾次用外交包裹向德國傳遞情報。[2]德國外交官也想辦法透過丹麥國王克里斯蒂安十世使力，因為這位國王和沙皇有親戚關係。[3]負責這條路線的主要是柏林駐哥本哈根公使布羅克多夫－蘭察伯爵，他湊巧和丹麥王室也有血緣關係。但這一切都是非常試探性和祕密進行，因為德國領袖不想被認為懦弱或怯戰。在大戰的頭兩年，布羅克多夫－蘭察的辦公室曾好幾次居中斡旋向俄羅斯帝國提出和平倡議，但全都無功而返。[4]

一度，正如彼得格勒的自由派所懷疑的，德國曾經想利用皇后亞歷山德拉對自己娘家的忠誠。一九一五年二月，德國皇太子威廉情商黑森大公（亞歷山德拉的哥哥）幫忙。兩個月後，德國外交部長賈高另去書一封，建議大公應該提醒妹妹，德國大軍有多麼勢不可擋，而俄國士兵的苦難又是多麼容易可以解除。[5]賈高選擇用親情來打動亞歷山德拉是正確之舉，但他低估了她對俄國的忠誠度。她是真的為流血憂愁，但沒有採取任何行動終止戰爭。到了一九一六年底，俄羅斯軍隊的傷亡人數已經超過五百萬，但沙皇仍是「三國協約」的支柱之一。[6]就連一九一六年的羅馬尼亞戰役（它幾乎粉碎了俄國一個較小盟友），仍不足以讓尼古拉改弦易轍。拉斯普京之死對德國利益造成進一步打擊，關閉了一扇通向宮廷之門，讓那裡的反柏林派系感到高興。

不過，由德國唆使的宮廷政變的發生機率從來就不特別高，就在德國外交部專家權衡打亂俄國戰爭努力的各種選項時，他們已準備好考慮一個替代選項：加深社會不滿情緒。這是一個需要精確評估的高風險政策。外交部有里茨勒和貝爾根這些思慮縝密的專家，他們對俄國有些認識，不過該部的總政策也受到希曼這類人物的形塑：年邁的希曼是波羅的海貴族，心懷不滿，對少數民族的未來特別感興趣。[7]他指出，民族主義運動在俄羅斯帝國的邊陲地區已經醞釀了幾十年。有大量祕密會社和地下組織可供選擇，問題是要避免把稀少的資源浪費在那些只會空想的蠢材上。所以，德國人開始在高加索、芬蘭、烏克蘭和波蘭人的土地跟民族主義團體建立聯繫，但總是有更多基礎工作要做。正如一個批評者日後指出的：「他們看來不明白，想要在高加索促進一場穆斯林聖戰的同時，又要給予（信基督教的）喬治亞分離主義者有效支持，是不可能的。」[8]

他們最好的結果來自芬蘭大公國。它屬於俄羅斯帝國，但保有很大的自治權和原有的法典。反對沙皇的革命主義團體在那裡已經活躍了幾代人，不過很少抱持過高的期望。在一九一五至一六年的夏天，有大約兩千名芬蘭人偷渡出國，到第二十七獵兵營接受訓練，最後在東線和德國人並肩作戰。[9]在更南邊，俄羅斯占領軍的殘暴行徑逼得當地人在另一條邊界接受一個德國傀儡政權：一九一五年創建的波蘭王國。但烏克蘭的情況（它的很多人口都是受到俄國直接統治）卻難以預測。德國無法制止它的盟友奧匈帝國鼓勵一個部分以君士坦丁堡為基地的所謂「烏克蘭解放聯盟」。它的一個鼓吹者是德國駐伯恩公使龍伯格，他在中立國瑞士的基地成了一個祕密談話中心。不過，在柏林，懷疑主義者不相信人口成分那麼龐雜的烏克蘭有可能發生革命。其中貝爾根的意見又特別傲慢：「烏克蘭人只會在我們進入之後起義。」[10]

民族主義者陣營沒有放棄。這是一個德國因為侵略性軍國主義而形象受損的時期。如果它可以幫助創建一些小國（戰後可以宰制它們），也許就可以扭轉局面，獲得解放者的光環，讓它既有別於行暴政的俄國，又有別於里茨勒所說的「說話空洞無物的英美」。[11]另外，德國也不認為俄國是唯一一個正在瓦解的帝國。大英帝國因為統治的國土廣袤，必然更加脆弱。事實上，正是德國一連串顛覆大英帝國的計畫讓世界大戰推進至全球規模。

甚至早在大戰爆發以前，德國的煽動家便已經在從愛爾蘭到阿富汗等地區賣力工作。[12]開羅的窄街謠言滿天飛，說是即將有一支穆斯林兄弟會的叛軍起義。一個德國使節團在一九一五年抵達喀布爾，想方設法製造聖戰。一個甚至更怪異的計畫是訓練一個愛爾蘭共和軍軍團對付在埃及的英國人。[13]雖然這些計畫從未成真，但因為害怕起義，倫敦方面被迫把數以萬計的部隊部署在蘇伊士附近，這對德國的戰略家來說已稱得上是一次勝利。在第一次世界大戰期間，民族主義有時看來是大英帝國極嚴重的威脅，乃致讓它的戰爭內閣把俄羅斯的宮廷革命完全拋諸腦後。[14]

有四個主要中心得到參與這場全球性影子戰爭的步兵們的認證。君士坦丁堡是其中最富異國情調的一個——它是鄂圖曼帝國的首都，也是通往中東的大門。鄂圖曼帝國的逐步瓦解讓歐洲痴迷了一個世紀，隨著帝國的最後肌腱被咬住，幾乎每個歐洲強權都想從它的領土分一杯羹。英國的焦點是放在蘇伊士運河和阿拉伯的土地。俄國人的目標是君士坦丁堡本身，因為大戰前烏克蘭和俄羅斯南部的經濟繁榮之所以可能，全賴博斯普魯斯海峽和達達尼爾海峽的海上航運。不過，短期而言，土耳其剩餘的部分和德、奧兩國結成了聯盟。君士坦丁堡來了一大堆軍事顧問，而豪華的佩拉皇宮飯店則成了類似德國人的俱樂部。在街道狹窄的老城區，準備前往麥地那或阿勒坡的間諜會在喝兩口甜薄荷茶之間用小紙團送出情報。[15]

其他會被間諜在地圖上圈起的城市都位於歐洲。英國祕密情報局早在一九一四年就設法在瑞士，這個與德國接壤的中立國，建立一個永久基地。「航運公司」固然是失敗之作，但「個體戶」繼續在日內瓦、洛桑和伯恩運作。一九一五年，英國招募作家毛姆加入情報工作行列，首先派他到琉森，後派到日內瓦，讓他以寫作戲劇的名義掩飾身分。[16]他有好幾個月都是待在飯店房間裡，偶爾會渡過萊蒙湖向他在法國的上級報告。但湖邊的空氣損害了他的肺，而整天保持警覺的工作也讓他相當無聊。就像托洛茨基那樣（他一九一四年在瑞士待過一段時間，指出當地人「擔心的主要是乳酪過剩和馬鈴薯短缺」[17]），毛姆認為瑞士枯燥乏味。在他看來完全看不出那裡的俄羅斯僑民有製造麻煩的潛力，更遑論看出其他到瑞士來監視他們的間諜。[18]戰前的伯恩有七十一個外交使團成員，到大戰晚期膨脹至超過兩百個，很多多出來的人員都是專職從事大家心照不宣的工作。[19]

如果有得選擇，毛姆也許會覺得哥本哈根比較有趣。就像瑞士一樣，中立的丹麥在大戰期間是一個物價相對低廉的地方，這一點吸引到很多牟取暴利者遠道而來。它的港口擠滿來自俄羅斯前線的前囚犯和流亡者。布爾什維克活動家什利亞普尼科夫在一九一四年抵達這裡，日後回憶說哥本哈根是一個「充滿各國間諜和記者的地方。大戰期間各種全球性謠言、虛構和風向球都是起源於此……總的來說，一片亂七八糟」。[20]間諜網絡隨著走私路線從這裡進入挪威和瑞典，而一些出現在斯德哥爾摩老城區餐廳的人雖然自稱是陳年香檳酒的買手，實際上卻是沙皇的祕密警察。[21]

這一類打探消息行為最無害的後果就是發展出可用於敵國的政治宣傳。德國人在這方面領先，因為早在三十年前，鐵血宰相俾斯麥便開始提供他所謂的「爬蟲類基金」。[22]到了一九一七年春天，德國外交部據說已經花了三億八千二百萬馬克用於對敵人進行和平宣傳。它在羅馬尼亞和義大利的努力失敗了（兩者都加入了敵對陣營），但是德國資金繼續在法國祕密資助四份報紙。[23]在俄羅斯，德國的目標是鼓勵消沉和懷疑，特別是因為人民已經開始抱怨「英國將會戰鬥至流光俄羅斯最後一滴血」。一種情報上的軍備競賽已經開始，結果是英國被迫建立一個政治宣傳局，努力讓俄羅斯留在戰爭中。政治宣傳局由小說家沃波爾領導，由莫斯科藝術劇院的親英派祕書利基亞多波洛斯協助。未來的高蒙電影公司經理布洛姆海德上尉負責拍攝電影。在一九一六年四至五月的一個月間，有三萬名俄國軍官和十萬名俄國士兵觀看過他的團隊就英國的戰爭努力所拍的電影。[24]

這種宣傳的問題是它的效果可能會太慢。在柏林衡量俄羅斯的情況時，一些官員開始考慮更戲劇性的做法。就連菜鳥都應該知道，俄羅斯多年來一直存在著革命黨派（啟迪它們的觀念便源自德國）。一九〇五年的起義已經顯示出，俄羅斯工人階級的殺傷力有多麼巨大。當時的示威和暴動曾經迫使沙皇結束一場戰爭——那次是對日戰爭。雖然助長革命是一種危險的舉動，畢竟德國自己也有社會主義者，但製造一點點不確定的社會混亂，這種想法還是相當有吸引力。俄羅斯自家的革命份子將會把這件事做好。重點在於想辦法和他們搭上線，以及謹慎區分願意幫忙的俄羅斯罪犯和假冒他們的沙皇情報人員。

在當地同情者和戰略性雙面間諜（好些都是來自波羅的海和烏克蘭的民族主義者）的幫助下，德國外交部開始拼湊一幅俄羅斯革命運動的畫面，特別是它的政治難民部分，也就是那些在大戰之前逃離沙皇帝國的流亡者。在後者中，最有潛力的是以瑞士為基地的一群。對此有利的是，柏林駐伯恩公使龍伯格對俄羅斯和斯拉夫人向來深感興趣。龍伯格對社會主義者心存警惕（他偏好和貴族打交道），把大部分精力花在和民族主義者建立關係。儘管如此，他對地下俄羅斯革命份子的了解還是要遠多於他的英、法同僚，後者看來是認定了每個俄國流亡人士必然都是德國間諜。[25]就像龍伯格意識到的，大部分流亡的社會主義者都樂於無限期地待在瑞士，繼續進行他們有關資產階級政府性格和宗教道德價值的爭論。他知道應該有一個立場強硬的團體存在，但他們搞不好只是一幫裝腔作勢的惡棍。[26]

這種疑慮讓龍伯格有所保留，但他還是準備好為了德國的利益把自己的看法放在一邊。更嚴重的問題是，流亡的俄國人全流落到西歐。如果想要利用他們對沙皇的敵意，就不能讓他們猜到德國人幫了他們多少忙。一個革命份子也許會自認為是所有帝國的敵人，但仍然擺脫不了所處時代的民族主義偏見。就連國際主義者（他們樂意看見每個民族國家解體），公開接受一個曾屠殺俄羅斯軍隊的敵國政府幫忙，都會是政治自殺。

這個困難實際體現在切爾諾夫的個案中。他是前杜馬議員，也是俄羅斯最大的革命政黨「社會革命黨」的領袖。就像他所有的俄羅斯同僚一樣，他設法經營一份政黨報紙。在他的情況，這報紙的基地是在法國。當報社因為法國審查官的壓力（和缺乏資金），而在一九一五年面臨關閉的威脅時，一個化名懷斯的德國間諜，事實上是個名叫日溫的俄國人和雙面間諜，開始接近他。[27]就切爾諾夫所知，懷斯只是一個和平主義者同道，想要參與報紙的投資，所以雙方的商談進展融洽。但切爾諾夫被大戰困在義大利，而懷斯主張報紙應該以挪威為基地，因為從那裡可以輕易取道托爾尼奧走私進俄羅斯。對可憐兮兮的切爾諾夫來說，把報社設在挪威不啻於設在月球。英國人不可能容許一個俄國革命份子取道紐卡索或蘇格蘭前往斯堪地那維亞半島，而任何自重的俄國人不會向德國申請過境簽證。

德國外交部權衡了幾種選擇。他們樂於給予切爾諾夫簽證（也打算用火車的頭等車廂載他），但卻不能讓他知道他們的介入。他們問懷斯，如果說德國是基於人道理由發放簽證，破例讓切爾諾夫可以到北方療養肺部三個星期，他是否會接受。切爾諾夫沒有蠢到家，這個主意最後被打消。幾個月後，懷斯說服他使用竄改過的瑞士護照，向他保證德國的邊界守衛不會盤查瑞士旅人，揮揮手就會讓他們通過。就這樣，切爾諾夫在一九一六年一月去到了挪威，但出資給他辦報的事情吹了，而懷斯也被調去蒐集俄羅斯難民的蜚短流長。[28]

柏林承受不起這一類錯誤的開端：它沒有時間可以浪費。所以，當它的官員把努力轉向另一個方向時，人人都有鬆一口氣的感覺。第一線希望出現在一九一五年一月，當時德國外交部收到駐君士坦丁堡大使萬根海姆打來的一份電報。顯然，有一個叫格爾方德（見彩圖11）的商人想出了一個摧毀沙皇政府的計劃。他告訴萬根海姆：「德國政府的利益和俄國革命份子的利益一致。」格爾方德相信行動要快速，趕在俄國部隊被送到前線之前向他們灌輸反沙皇宣傳。他同時建議召開一個流亡俄國革命份子的大會，目的是讓他們團結起來行動。萬根海姆在發給外交部的電報上說：「他準備好為達這目的採取必要的第一步，但要做到需要相當大筆資金。」[29]

萬根海姆有所不知的是，要求大筆資金是格爾方德的習慣。這個人是金融魔術師。如果有任何演員扮演得了他，那非成熟之年的奧森．威爾斯莫屬。就像奧森．威爾斯在電影《第三個人》中的角色一樣，格爾方德在戰爭的煙硝和陰影中如魚得水，既有遠見家的魅力又無比貪婪。出生於一八六七年，他一開始是個飢餓和缺乏耐性的小孩，父親是從白俄羅斯逃亡到敖德薩的猶太工匠。二十歲時，格爾方德成為了社會主義者——這個人生選擇迫使他總是奔馳於路途上。他學生時代的第一個家是瑞士（可他並不喜歡這個國家），然後以革命派記者的身分在德國的斯圖加特和慕尼黑工作。德國一開始就是他愛慕的國家，他也是在那裡站穩腳跟。就連偉大的德國社會主義運動領導人考茨基也接納他，且又佩服他。雖然胖得像海豹多於像個人，格爾方德卻在一八九四年採用了帕爾烏斯（Parvus，意指「小」）這個筆名。考茨基的小孩喊他「大象博士」，但他卻是以「帕爾烏斯」的名字廣為人知。[30]

格爾方德／帕爾烏斯是卓越的夥伴，許多風塵僕僕的俄羅斯流亡人士都利用他在慕尼黑的公寓作為文化減壓艙，即一個用來習慣歐洲政治世界的空間。幾乎每個人或遲或早都會登門造訪，其中包括列寧，他是一八九九年第一次拜訪。托洛茨基日後寫道：「帕爾烏斯毫無疑問是世紀之交最重要的馬克思主義者之一」，讚揚他「有著無畏的思考方式……廣闊的眼界……和一種十足陽剛的風格。」[31]這些特質讓他在當時的搖筆桿者中鶴立雞群，但他讓人動容的並不只是說話有分量。作為一個生意人，他也知道報紙的出刊作業：俄羅斯革命雜誌《火花》在他住處一個鎖起的房間裡發行了八期，而他直到一九〇二年春天仍是其編委會的召集人。即使在這個早期階段，有些德國同志覺得他為人粗魯，但列寧和他的朋友欣賞帕爾烏斯每逢談到罷工和放炸彈之類的話題時，聲音就特別尖銳。[32]

托洛茨基是在一九〇五年一月抵達帕爾烏斯的公寓。一天前在聖彼得堡的冬宮廣場，才發生了那場將會引發俄羅斯第一次革命的大屠殺。[33]因為準備要參與工人的運動，托洛茨基和妻子變成了帕爾烏斯家中的非正式房客，分享了所有最新消息和吸收了大胖子的革命理論，又享用了濃咖啡和美味的午夜葡萄酒。兩個人談到了總罷工的革命潛力、打磨彼此的世界革命觀念（俄羅斯只是這世界革命的一個起點），又鼓勵彼此購買下一班東行火車的車票。一九〇五年春天，托洛茨基進入烏克蘭。帕爾烏斯在十月跟進，朝聖彼得堡而去。在冬天那幾個月時間，兩人幾乎每晚都參加工人蘇維埃的會議（在華美的「技術學院」舉行）。他們也幫助發行和推廣革命報紙《俄羅斯報》。帕爾烏斯經常不切實際地高談闊論，但沒有人會批評他是只尚空談的政治人物。

一九〇五年春天燃起的希望大都在一年內便落入沉寂。帕爾烏斯在一九〇六年四月被捕，關押在彼得與保羅要塞一個幽暗囚室，整天只能以來回踱步打發時間。「胖子減肥了。」波蘭左翼社會主義者羅莎・盧森堡這樣說，她在帕爾烏斯被送去服苦役的前夕到要塞探望過他。但是，不令人意外地，在被押解至東向鐵路一個較偏遠的車站時，他成功逃脫。他帶著假護照和大量現金，還有好幾個地方黨幹部的地址，可以指望他們幫忙。[34]在結冰的泥濘裡向西而去，他在一九〇六年十一月越過俄羅斯邊界。他將永不返回。在未來，不管他的理論立場為何，他對沙皇的仇恨都會是一場私人恩怨。

他的傳記作者說：「格爾方德是怎樣成為有錢人，確實細節永遠只能用猜的。」[35]他至少有一些錢是從革命同道那裡偷來。他開始出版書籍，利用俄羅斯寬鬆版權法的漏洞，把俄國作者的作品翻譯成德文。他最賺錢的出版品是高爾基的劇作《在底層》，當初獲得版權的條件之一是一些進帳必須撥入社會主義政黨的基金。不過，他卻把大部分的錢用在和女伴到義大利旅行。（「那想必是一次愉快的假期。」高爾基說。[36]）那筆錢花光了，帕爾烏斯不久也消失了，留下他的出版夥伴在慕尼黑，債台高築。他已經厭倦了德國社會民主黨讓人窒息的循規蹈矩，也厭倦了醜聞。他消失到了巴爾幹半島，在索菲亞和布加勒斯特建立人脈，然後於一九一〇年十一月再度現身於君士坦丁堡。他那時候窮得只能穿破襪子，不過，在兩、三年內，透過跟土耳其人（然後是德國間諜）交易和打交道，他把自己變成了大亨。[37]

審查過帕爾烏斯的所有已知底細之後，德國外交部副部長齊默爾曼（見彩圖12）建議上司把他召到柏林。[38]大胖子在一九一五年三月見了里茨勒，與此同時起草了一份報告，稱為「為一場俄羅斯政治群眾示威作準備」，文中勾勒出一幅革命的藍圖。那是一幅壯闊的藍圖，承諾各種事情：從分離主義者的起義（特別是在烏克蘭和芬蘭）到在君士坦丁堡發起的俄羅斯水手罷工浪潮。至於打著「自由與和平」口號發起的「群眾示威」本身，則被認為足以癱瘓俄羅斯的戰爭努力。就像帕爾烏斯用一種德國浪漫主義者愛用的語言所解釋的，「群眾示威」的目的在於「粉碎沙皇帝國的徹底政治中央集權，如果讓它繼續存在，將會危害世界和平」。[39]

他開出的價格是「一百萬馬克（未計入匯率損失）……連同任何其他開銷」。一九一五年三月十一日，德國國庫同意撥款兩百萬馬克，供「支持俄國革命宣傳之用」。[40]這是一筆鉅款，到了七月又再慷慨撥出五百萬馬克。但德國外交部用一隻眼睛盯著帕爾烏斯。這位鉅子收起了他在君士坦丁堡的生意，搬到丹麥。駐哥本哈根公使布羅克多夫－蘭察伯爵在八月十四日向柏林報告說：「〔帕爾烏斯〕是個異常重要的人物，擁有非比尋常的能力，我感覺我們**必須**在大戰期間僱用他……不管我們個人是不是同意他的信念。」[41]

團結俄羅斯地下革命份子的任務在一九一五年三月展開。一如以往，帕爾烏斯工作起來很講派頭。他在蘇黎世的包爾拉克飯店包下一間套房，明顯是要好好享受。不管是不是戰時，他總是選擇最好的飯店落腳。包爾拉克飯店有許多可以自豪之處，近乎不朽的一次是華格納歌劇《女武神》的「宣布死亡」戲碼於一八五六年十月在此進行了世界首演，彈鋼琴的是李斯特。[42]到了帕爾烏斯在客人留名簿上簽名之時，包爾拉克已接待過德皇和俄羅斯皇家隨扈。他的傳記作者說：「格爾方德不只是搬入包爾拉克，還在那裡建立起自己的宮廷。他生活得像個東方的君主，讓自己被招搖的財富包圍。總是有一隊金髮美女隨侍在側，而他對大雪茄的喜愛不下於他對香檳的沉溺：他喜歡在早餐時喝一整瓶香檳。」[43]從這個位於湖邊的荒謬基地，大胖子希望可以資助他的流亡者同道。他也許沒有想到，他們大部分人都是一文不名。

他想統一各派系的計畫同樣太過樂觀。俄羅斯的馬克思主義政黨在一九〇三年（成立僅僅六年後）分裂。爭論拖沓了幾天，雖然大部分的與會代表支持和藹的馬爾托夫和他的盟友，但列寧卻成功抓住一次罕有的機會，徵得大多數人同意讓他的派別稱為布爾什維克派（意即「多數派」）。另一派雖然幾乎在每個回合都是人數更多的團體，卻落得只能用一個低一等的名稱，即孟什維克派（意即「少數派」）。很少人對此比馬爾托夫更難過。他是個迷人和隨和的報人，背景和列寧相似（採取激進行動、坐牢、被流放）。馬爾托夫對於他的老盟友所精算過的語言暴力感到震驚。和諧、包容的同志關係已然結束，很難想像這兩個人怎麼可能言歸於好。大戰把他們同時困在瑞士。雖然作為馬克思主義革命份子，他們之間的共通之處比他們願意承認的更多，但爭執繼續持續，有時離真正暴力相向只有咫尺之遙。

儘管如此，帕爾烏斯相信自己可以讓他們和談。他在一九一五年三月寫給德國人的報告中說：「到目前為止，妨礙團結的主要是極端份子。不過兩星期之前，他們的領袖列寧就他們與少數派團結統一的問題開啟了一扇窗。」[44]他這番話幾乎毫無根據，但是帕爾烏斯不是那種會讓細節破壞一個畢生夢想的人。當年五月，他在一間不起眼的餐廳追蹤到他的獵物。列寧夫婦用完午餐之後把帕爾烏斯帶到租屋處。據說，他們讓客人的龐大身軀在家具不足的房間裡坐定後，對他展開了一場謾罵，表示他們不可能和社會沙文主義者打交道、不可能妥協，指出帕爾烏斯讓自己顯得是個變節者，是個招搖撞騙者，並不比德國資產階級的流浪兒考茨基強。至少這是對這次會面的一種說法。[45]蘇聯時代的官方紀錄完全沒有提及這次會面，當時列寧已近乎神，而帕爾烏斯則是個被遺忘的機會主義者。對列寧在那個五月的活動，蘇聯的史料只記載他從伯恩的公共圖書館借了一本名為《高山氣候和高山旅行對人的影響》的書，完全沒有提到帕爾烏斯的名字。[46]同年十一月，這位布爾什維克領袖以書面攻擊他的前訪客，形容帕爾烏斯所出版的社會主義刊物《鐘》是「德國沙文主義的糞坑」，形容它的主編是個「小膽小鬼」。[47]

不過，事實是，帕爾烏斯的影響力已經大到列寧無法忽略。當時沒有哪個革命份子甘冒與他失聯的風險。他辦的刊物《鐘》銷路很好，在中學老師之間大受歡迎。他在一九一五年夏天特別忙碌，因為他當時回到哥本哈根，創辦了一個學術機構，致力研究戰爭的社會後果。他的機構僱用了大量俄羅斯流亡人士，引得丹麥警察大起疑心，但沒有人能證明它除了蒐集統計數據和寫文章以外，還有幹些別的。八月，一個叫齊默爾的人——他是帕爾烏斯在土耳其時代的舊識——向柏林報告大胖子的進展。兩人共進的晚餐想必相當精緻，因為帕爾烏斯成功說服他的客人，在俄羅斯進行革命的計畫進展順利。齊默爾認定帕爾烏斯「節儉地」運用德國人的資金，非常小心謹慎地透過研究機構的門面進行祕密行動（謹慎得「連在裡面工作的人都不知道我們的政府曾是幕後主導者」）。帕爾烏斯甚至成功讓他的客人相信，他統一俄羅斯革命運動各派系的努力已經接近完成。[48]

與此同時，他有更多的錢要賺。在德國人的幫助下，帕爾烏斯插手煤進口的生意，靠著鼓勵丹麥碼頭工人罷工賺進另一筆財富。[49]他還資助一家創辦於一九一五年夏天的「進出口公司」。

該公司的生意是把貨物從丹麥和瑞典運往俄羅斯，由一名立陶宛－波蘭流亡人士菲爾斯滕貝格管理——他在地下革命份子之間被稱為漢力基，他的這些舊識對他有好感的看來不多。他的主要吸引力是無窮盡的工作幹勁和一本訊息豐富的通訊本。但不到幾個月時間，他就成了帕爾烏斯的一號助手，而且雖然他握手時像蠑螈一樣滑溜，但全身上下每一寸開始看起來像個十足的生意人：手工皮鞋、量身訂做的西裝、白手套和在鈕釦孔裡別上花朵，一應俱全。50

「進出口公司」按照一個簡單的經濟模式運作。每個歐洲人都知道，在大戰之前，俄羅斯主要從德國進口所需的大宗物資。與此相比，霍爾引入的蠟燭只是一個零頭。皇后亞歷山德拉坐的是一輛「戴姆勒」（編注：即日後的賓士）轎車，而同一家汽車公司也為聖彼得堡供應囚車。51從縫紉機和腳踏車到電器開關和罐頭食物，俄羅斯城市的商店全都仰賴德國品牌，所以戰時禁運讓俄國市場蒙受重大打擊。到了一九一五年，當菲爾斯滕貝格成立了他的丹麥公司時，某些商品在俄羅斯的缺貨情況已十分嚴重。尤其是人民在戰爭期間最需要的東西，包括藥品、繃帶、溫度計、注射器和避孕用品等。菲爾斯滕貝格的公司供應的正是這些方面的需求，它沿著北方交通幹線建立了一個聯繫網絡，滿足每一張訂單的特定要求。根據出貨紀錄，它提供的避孕套有著「一個乳頭形狀尖端」。52

俄羅斯的「對敵入口限制委員會」無力管制菲爾斯滕貝格成功的地下市場。利用一批黑市聯絡人，他的公司把德國貨物進口到中立的丹麥（這是合法的），重新包裝和換成丹麥標籤以供再出口（這是不合法的）。警察在一九一七年一月突擊搜查了腓特烈港一船準備運往瑞典的貨物。

在三個可疑的板條箱裡，警方找到了一百五十支體溫計、一百一十四支皮下注射器和四十公斤醫療藥物，全部都是要運往俄羅斯。它們全都缺乏必要的出口文件，而雖然這些貨物源自德國，但大部分都是經過重新包裝才去到菲爾斯滕貝格的貨倉。[53]

警察把菲爾斯滕貝格關起來，盤問了好幾天，但他的回答總是讓他們糊塗。警方最後斷定「進出口公司」從事非法生意，予以罰款，又在一九一七年一月把菲爾斯滕貝格遞解出境。他幾乎馬上就轉而定居瑞典，恢復他獲利豐厚的生意。到這時候，這家公司已多了一個新的合夥人，他名叫斯克拉爾斯，也是一名和帕爾烏斯配合的德國間諜。[54]不過，在檯面上，菲爾斯滕貝格不過是個普通黑市貿易商。

如果丹麥更加有雄心，他們本可密切注意菲爾斯滕貝格的朋友。他和帕爾烏斯都住在哥本哈根時髦的沃多夫韋耶區，所以要同時盯著他們兩個人並不難。菲爾斯滕貝格的業務聯繫人包括一個叫K的德國間諜，後者專精於在斯堪地那維亞公司的幫助下把橡膠走私到德國。[55]一個當時以哥本哈根為基地的奧匈帝國外交官格雷賓聽說了這些生意的底細。他後來寫道：「帕爾烏斯和菲爾斯滕貝格是在德國人的幫助下在斯堪地那維亞和俄羅斯之間進行貿易。」[56]帕爾烏斯負責接收德國人的貨物，菲爾斯滕貝格負責把它們送出，透過在彼得格勒信得過的聯繫人打點生意，又在一家體面的瑞典銀行開有帳戶。有些人說，菲爾斯滕貝格與柏林的聯繫是透過一個代號為「斯德哥爾摩」的祕密部門。[57]不過，菲爾斯滕貝格從貿易賺到的錢並不會支付給德國供應商（至少格雷賓是這樣說）。這個鏈結的最後一個環節也許是通向蘇黎世。除了是帕爾烏斯的朋友和生意夥伴，菲爾斯滕貝格湊巧也是列寧最信任的助手之一。[58]

掌管德國外交部的一群人在一九一七年之前也許還不知道列寧是何許人。在俄羅斯煽動革命也許是棘手的，但如果俄國真的是朝著革命邁進，那麼德國外交部的專家應該都會同意讓帕爾烏斯主其事。就在大胖子準備推動他承諾好的示威浪潮時，同一批專家的名單上還有其他客戶。例如，愛爾蘭共和主義者有一個在一九一六年春天起義的計畫，它看來一樣能夠動搖敵人而花費又低得多。但一如帕爾烏斯的浪漫陰謀，這個計畫以失敗告終。到了六月，支持祕密行動的力量在柏林已經退潮，軍方重新接管大局，準備更新U型潛艇攻擊計畫和部署芥子毒氣。到了九月，利用社會主義者作為武器的觀念已經差不多遭到放棄，就連最狡猾的戰略家也願意和沙皇達成和平協議。[59]儘管如此，一個有警覺性的文件歸檔員也許就會注意到，列寧的名字出現在好幾份機密文件上。帕爾烏斯不是唯一提到他的德國間諜。

在一九一四年宣戰翌日，一個叫凱斯庫拉的愛沙尼亞人出現在伯恩的德國公使館。[60]就像帕爾烏斯一樣，他痛恨俄羅斯帝國。作為一名民族主義者，他的夢想是把自己的祖國放在歐洲地圖上，並納進俄羅斯普斯科夫四周的領土乃至整個彼得格勒以擴大祖國的領土。[61]凱斯庫拉也擁有革命社會主義者的資歷，曾在一九〇五年短期加入布爾什維克。他迅速建立了一組地下聯絡人，又在一九一四年九月第一次會見列寧。[62]列寧最務實的幹部什利亞普尼科夫日後回憶了自己的懷疑：「凱斯庫拉願意提供資金、武器和一切在俄國進行革命工作的必需品，全部都是透過一些背景也許看似可靠的個人提供。但我後來查出，在這些人物後面，有著軍國主義的戰略運作。」63

不過，凱斯庫拉還是偽裝成馬克思主義者的同志，混跡於俄羅斯流亡人士的邊緣。就像每個局外人一樣，他發現它的分裂情況讓人困惑。一個有力團群體（他稱之為「社會主義愛國者」）認為在俄國政府處於戰爭的情況下，不應該對政府有任何反對意見。他們認為俄國還沒有準備好接受社會主義，所以不準備採取行動，專務空談。其他俄羅斯社會主義者看來認為德皇並沒有比沙皇更好，所以認為自己還可以悠哉地抽菸喝酒度日。凱斯庫拉在一九一五年九月向龍伯格報告時表示，只有一群人願意、有能力和準備好推翻俄羅斯的帝國統治。龍伯格這樣告訴柏林：「按照凱斯庫拉的意見，我們應該馬上起而幫助列寧在俄羅斯的運動。他將會就此事親自到柏林作報告。根據他的線人指出，現在應該是推翻政府的有利時機……但我們必須趕在社會主義愛國者占上風之前，迅速行動。」64

凱斯庫拉聲稱，他曾經和列寧討論過，如果俄羅斯革命成功，新政府將會根據什麼條件和德國媾和。龍伯格對凱斯庫拉誇大的聲明和布爾什維克的實力都存疑，不過當他讀到有關單獨媾和條件的段落時，他明白到這可以拿來作為政治宣傳工具。他寫說：「有鑑於法國對於外國事務又尤其是對俄羅斯事務極度無知，有技巧地把這文件散播出去，在法國將特別有影響力……我會把它交給幾個法國密使，讓他們在反對陣營中傳播……應該弄得極度神祕兮兮，好讓大家相信一份協議已經在俄羅斯的有力圈子裡面準備就緒。」他沒有討論英國人的意見。不過如果凱斯庫拉的文件真的傳到倫敦，英國人當然會為它提到的一點感到震驚：列寧應該會同意，如果俄國革命成功，將招募一支軍隊和德國並肩作戰，以幫助終結印度帝國。[65]

四個月後，當革命仍然是一件被期盼的獎品時，凱斯庫拉人在瑞典。他在一九一六年一月寫給德國總參謀部一名間諜的信上說：「我現在有了一個新的合作人，透過他，有可能對整個斯堪地那維亞甚至整個俄羅斯發生作用……在這個星期結束時，我的密使將會前往俄羅斯（大約四星期）討論西歐對於俄羅斯革命中心的資助。」這位愛沙尼亞人宣稱他資助了好幾個計畫，包括一間祕密印刷廠。他繼續說：「明天或者接下來幾天，一些來自俄羅斯極為有趣的革命文件會寄給列寧。我昨天把它們讀過一遍，但沒有機會抄錄下來。所以，可以請你們歸還給我……並盡可能小心處理這批文件嗎？因為我不想看到列寧收到他的俄羅斯聖誕節禮物時，他的快樂會有所減少。」[66]

就像帕爾烏斯一樣，凱斯庫拉得到豐厚報酬。從他所提供的情報和他建議的宣傳工作，他總共獲得超過二十萬馬克。[67]也就像帕爾烏斯和幾乎其他任何人一樣，他最終和列寧發生齟齬（據說是因為他摯愛的祖國的問題談不攏），而且自一九一六年秋天之後，兩人就再也沒有接觸。據什利亞普尼科夫的說法，從來沒有人信任凱斯庫拉，他幾乎從一開始就被排除在布爾什維克的核心圈子之外。不過，到了他生命結束之時，作為一個老人，這位愛沙尼亞人做出了一個誇大的宣稱。他的話也許不是真的，卻反映出戰時地下世界的一些什麼：它的虛榮心和不切實際的陰謀，它的金錢瀰漫和暗中傳遞的陌生姓名。他告訴弗特勒爾：「列寧是我的門生。是我造就了列寧。」[68]這當然是一種自吹自擂，但作為墓誌銘卻讓人鼻酸。

第三章　紅湖

對社會主義者來說，最難以忍受的不是戰爭的恐怖，而是當今社會主義領袖的背叛。

——列寧

與帕爾烏斯不同的是（更不用說托洛茨基或毛姆），列寧是瑞士的粉絲。他喜歡它的湖泊和山脈，喜歡它們（就像他對母親形容的）讓他有機會「散步、游泳和虛度光陰」。它的大城市（特別是蘇黎世）有些區域是難民租得起的。瑞士料理對他來說不構成問題，因為他對飲食不太講究。不管怎樣，當歐洲因為備受戰爭蹂躪而捱餓之際，瑞士仍然有牛奶、乳酪和白麵包可吃。[1]當他喜愛的圖書館在下午閉館之後，列寧就會和妻子分享一根便宜的堅果巧克力棒（「長約十五公分」），然後開始散步。另外雖然這裡醫生收費很高，但如果列寧需要求診，他會偏愛在瑞士就醫。他第一次到這個山國只有二十多歲，就是為了看胃病。

列寧是在一九一六年定居蘇黎世，部分原因是物價便宜。另一個吸引力是新開張的公共圖書館，其坐落於一座中世紀早期教堂普雷迪格教堂附近的廣闊社區。在這裡，特別是在那張後來他最愛的桌子前，他計劃為一本新作品完成研究。他太太克魯普斯卡婭後來回憶說：「他設法充分利用圖書館的開放時間。九點整上那裡去，待到十二點（圖書館中午十二點至一點關門），十二點十分整回到家，午餐後回到圖書館，留在那裡直到六點。」[2]他帶著狂熱進行研究，面前的書堆得高高，鉛筆削得尖尖。他該時期的一個朋友回憶說：「他的大腦是那麼大，以致把頭髮都逼走了。」[3]正如他的筆記顯示的，在這段逗留蘇黎世期間，他讀了一百四十八本書和兩百三十二篇文章（含英、德、法文，包括亞里士多德、黑格爾、契訶夫和費爾巴哈的作品）。到了一九一六年六月，他已經起草好一篇專題研究論文——日後將會以《帝國主義：資本主義的最高階段》為題出版。[4]

其他的流亡人士也許會鍾情於伏爾泰夜總會。它位於列寧住的那條街的街尾。這位布爾什維克定居下來沒多久，一支俄羅斯合唱隊就加入到夜總會的無政府主義表演——這些表演曾為達達主義奠基。[5]如果不和諧與破壞開始讓人感到厭膩，那麼蘇黎世提供了很多另類的文化可能性。作為一個可以逃避兵役和戰爭貧窮狀態的避難所，這城市成為了藝術家和作家的磁石。在列寧所住那一區的西面，在利馬得河畔街上，是奧迪翁咖啡廳，它的顧客包括了茨威格、喬伊斯、愛因斯坦、雷馬克和惡名昭彰的瑪塔·哈里（一次世界大戰著名的美女間諜）。列寧不會反對自己喝一、兩杯茶，但他從未忘記自己的人生是奉獻給比空談更高的事業。從來沒有娛樂活動能夠讓他分心。往日，在巴黎一間咖啡館，他是那麼專心看報，讓莫迪利亞尼得以乘機點燃他的報紙。[6]

所以，這位布爾什維克多年來一直會被稱為「老頭」不是沒有原因的——雖然在一九一六年他才四十六歲。

作為最難駕馭的馬克思主義派系的領袖，列寧在一個充滿紛爭和俄國流亡者縈繞的世界中是一個危險的怪胎。他並不後悔自己在一九〇三年讓俄羅斯的馬克思主義運動分裂為布爾什維克和孟什維克兩派。馬爾托夫在一九〇四年做了還擊，指出列寧「小氣，有時充滿無意義的個人怨氣，驚人自戀，又盲又聾，無情火爆」。[7]但這番攻擊只是讓發動者顯得愛抱怨，也更凸顯列寧的魅力。[8]不管歐洲的社會主義者在哪裡聚會，列寧都表現出他招牌的好鬥本色。一九〇七年，當備受尊敬的馬克思主義者普列漢諾夫發表主題演講時，列寧在座位上動來動去，肩膊顫抖著發出無聲的笑聲。在歡迎德國最傑出社會主義者倍倍爾的酒會上，列寧發表了一篇斥責這個貴賓的致詞。[9]他的這種侵略性當然是出於他把自己的鬥爭和大業看得很重，但同時道出了他的人格特性。

一九一六年，一個叫馬庫的羅馬尼亞馬克思主義者（也是一個和平主義者和戰時難民）決定要見一見他所謂的「強盜首領」。這個決定既是出於政治動機，也是出於浪漫動機。因為俄羅斯讓他入迷：他從未到過俄羅斯，但它的革命色彩和西伯利亞的空虛遼闊都讓他神往。「還有什麼比先入為主的觀念更強大的嗎？」他承認道。為了找到「喀邁拉」（譯注：喀邁拉〔chimera〕，希臘神話中會噴火的怪物，這裡借指列寧），他在利馬得河畔街後面的窄街尋找一個四十來歲金髮女人普雷諾格太太經營的餐廳。走上一些搖搖晃晃的樓梯到達它位於二樓的場地後，馬庫發現這間餐廳只包括「一條燈光昏暗的走廊，長而窄，牆壁光禿禿，一張未油漆的長木桌占去了大部分空間」。餐廳聞起來就像「發霉的地窖」，食物只有「稀湯、乾巴巴的烤肉和廉價甜點」。[10]

馬庫到達時，列寧還沒有出現，所以這個年輕人可以繼續沉浸在自己先入為主的觀念裡幾分鐘。在普雷諾格太太的店裡，他發現列寧以真名烏里揚諾夫先生而為人所知，也受到尊敬和喜歡。在設法想像列寧的樣子時，他大有可能會把對方想像成高大英俊，至少是儀表堂堂，因為這是大部分人從這位領袖的作品得來的印象。這位英雄怎麼會在普雷諾格太太油膩骯髒的店用餐是個未解之謎，不過其他圍著桌子用餐的人「全都是神情無畏、謎樣的年輕人」。[11]等列寧踏進餐廳之後，現實取代了馬庫的想像。這隻左派之鷹五短身材（「中等身材的矮壯紅髮男人。」他另一個為他著迷的弟子回憶說），頭髮漸禿，巨大頭顱四周只有稀疏的薑黃色頭髮。馬庫預期列寧會是板著臉孔，沒想到他卻「老是把臉皺成一個俏皮的笑容」。[12]

馬庫不是唯一感到意外的人。幾乎每個見過列寧的人都認為他讓人困惑。日後見過列寧的洛克哈特認為這個世界最重要的社會主義國家的領袖，看起來像個「鄉下的雜貨商」。[13]高爾基也認為列寧的長相「不知怎地有一點平凡」，說他「身上缺少了些什麼……不會給人以一種領袖的印象」。[14]一幅一八九五年的警方照片顯示一張倨傲不討喜的臉，一個受仇恨驅動的年輕人。在威廉斯的太太泰爾科娃看來，列寧有著一雙「狼的邪眼」。[15]但每個人最後都對這張臉別有看法。它有著照片所無法傳達的活力，與他最親近的人只要盯著他的眼睛，都能感受到。布爾什維克同袍赫爾日然諾夫斯基日後回憶說，這雙眼睛「大不尋常，有穿透性，充滿內在力量和能量，深棕色」。[16]

這雙眼睛在吃完午餐和聽見普雷諾格太太的意見後閃耀歡樂之色，因為她表示在前線作戰的士兵應該開槍打死他們的軍官然後回家去。「槍殺軍官！好了不起的女人！」列寧讚嘆說。這是年輕的馬庫得到的許多震撼之一。第二天，在列寧的邀請下，他去了這位布爾什維克領袖位於鏡巷（見彩圖16）十四號一棟老舊大樓的房間。房子是列寧夫妻從一個鞋匠租來（「對方是個國際主義者。」列寧說，並對此明顯感到高興）。地方小而不通風，但又不能開窗，因為後院裡瀰漫著屠夫在大桶裡煮德國香腸的臭味。[17]房間裡擁擠而陰暗，家具極其簡單（「就像一間囚室。」另一個客人宣稱）。馬庫和列寧聊了兩個小時，話題從示威談到歐洲內戰，完全沒有知覺到時間的過去。布爾什維克領袖的話將會從此深印在他的記憶裡。就連列寧的一些語言怪癖也有助於馬庫記住一切，例如列寧不會發 r 的捲音，而是會把它拖長，所以會把 imperialism 唸成 imperrialism。[18]

列寧一開始表示：「有一件事讓我感到驚訝。那就是，你和你的朋友都想扭轉整個世界（它的每個毛孔都散發著悲賤、奴隸制和戰爭），但你們卻一開始就宣布不使用暴力。」和平主義在大戰期間已經成為左翼年輕人的共同反應，但是列寧的路線自不相同。他拉開一個抽屜，拿出一篇才剛寫完的文章，唸了起來：「一個不努力學習使用武器和擁有武器的被壓迫階級活該受到苛刻對待……在今日的世界，放下武裝的要求不過是一種絕望的表達。」[19]這篇文章經修訂後在一九一六年九月出版，內容的激進程度不亞於未修訂前：「如果說當前的戰爭在保守的基督徒社會主義者和動輒哭泣的小資產階級中只是引起恐怖和驚慌，只是使他們厭惡使用武器，厭惡死亡和流血等等，那麼，我們必須說：資本主義社會才是一個從來且永遠都是沒有盡頭的恐怖。」[20]即使因為隆隆砲聲離蘇黎世太遙遠以致無法感受戰爭的氣氛，但他的說法對歐洲這段最黑暗的痛苦，仍是一種奇特的反應。

一如馬庫將會發現的，列寧對於未來的願景遠比戰爭更具世界末日色彩。就像布爾什維克領袖在充滿香腸氣味和湖邊溼氣的房間裡向他的客人勾勒的畫面，未來將有一場席捲全世界的革命，而資本主義和帝國的雙重壓迫將會在一系列協同、無情和暴力的作戰中被永遠消滅。資產階級將會死去，鄉間大莊園將會被焚毀，所有的奴隸主將會受到奴役。馬庫寫道：「列寧不打算從外邊入侵，而是打算自內襲擊……每個革命者都必須為打敗自己的國家而努力……主要工作是協調普世起義的所有精神、生理、地理和戰術元素，是把帝國主義在五大洲喚起的仇恨聯合起來。」[21]就像列寧在一九一四年所說的：「把當今的帝國主義戰爭轉化為一場內戰，是唯一正確的政治口號。」[22]

馬庫回憶說：「他的寫作態度就像是有幾萬人正在等著他指揮，就像是有一部排字機就在門外等著。」[23]這個人不能滿足於和平談判或一個工廠公有化的計畫：他的目標是摧毀創造戰爭的系統本身。就像馬爾托夫的盟友阿克塞羅得幾年前說的：「列寧是唯一一個一日二十四小時專注於革命的人。他除了革命之外別無心思，就連睡覺也只會夢見革命。」[24]托洛茨基寫道：「不無深意的是，『不可調和』和『義無反顧』是列寧最愛的詞語之一。」[25]革命老兵薇拉．查蘇利奇在幾年前比較年輕的列寧和普列漢諾夫（當時最受尊崇的俄羅斯流亡者和馬克思主義者）時，得出一樣的結論。他告訴列寧：「格奧爾基〔普列漢諾夫〕是一頭獵犬，會把一樣東西抖一會兒後丟棄；但你卻是一頭鬥牛犬，會死咬不放。」列寧把這句話品味了好一會兒，高興之情溢於言表。[26]

雖然列寧喜歡瑞士，但定居在此卻是被大戰所逼。在大戰開始前，他和妻子住在塔特拉山山麓的波羅寧——一個由哈布斯堡王朝統治的平靜村莊。那是這個政治流亡者最接近家鄉的地方，因為俄國邊界就在其北邊不遠處。幫助列寧找到這個住處的人是人脈豐富的菲爾斯滕貝格，他也為他們安排了必要的文件。另一個同志季諾維也夫和他的第二任妻子濟娜就住在附近，而這表示，列寧大可以把波羅寧宣布為布爾什維克中委會外國局的總部。雖然列寧旅行頻繁，作為一個政黨領袖，他必須參加歐洲社會主義精英的重要會議，他卻樂於住在一個鳥不生蛋的地方思考理論問題和在附近森林散步，採集蘑菇。困擾他多年的頭痛開始減輕。從俄羅斯傳來的也是好消息。對沙皇政府來說，一九一四年的夏天讓人頭痛：巴庫出現了示威，聖彼得堡也發生了軍隊叛亂。[27]不過，當八月六日奧地利對俄國宣戰之後，列寧的優閒日子在一夜之間結束。

在整個歐洲，有數以萬計的人突然發現自己身在錯誤的地方。因為是俄羅斯人，列寧和妻子在奧地利成了眼中釘。國家警察在破曉沒多久後便出現在門前，強行闖入，搜索房子，從列寧手中搶走大量文件（大部分都是經濟統計數據和有關農業經濟的筆記）。然後其中一個國家警察發現了一把手槍——一把裝了子彈的「白朗寧」。在戰時，身處邊界區的俄國人總是會受到懷疑，但現在國家警察卻找到了列寧在奧地利是幹間諜的證據。他們把他帶走，把他關在當地小鎮新塔爾格的一間囚室。再一次，是菲爾斯滕貝格想辦法救他出來。[28]這花了相當多的電報往返和談判，但當局還是釋放了他們的囚犯，因為他們被說服，沒有一個活著的奧地利人對俄羅斯政府的仇恨比得上列寧。他在幾天後到達伯恩時告訴一個朋友：在帝國主義戰爭期間不渴望自己的國家戰敗的人不配是社會主義者。[29]

無庸置疑，列寧夫妻必須搬家。在戰爭爆發前的夏天，他們一度考慮搬到瑞典，但他們現在無法穿過德國，把計畫付諸實行。不管怎樣，列寧喜歡瑞士，他在那裡也有很好的人脈圈，雖然戰爭已經把物價推高，他仍然負擔得起瑞士的飲食和房租花費。他這個選擇帶來了一些當時他始料未及的後果。當克魯普斯卡婭在收拾行李時，主要是要確定文件帶齊，再三查證戰時的火車時間表。列寧以一種隨意且籠統的方式關心這些瑣事，各種細部的安排都是由克魯普斯卡婭一手主導。這位布爾什維克領袖更全神貫注於起草他對世界大戰的第一個正式回應。

他在火車抵達維也納前開始寫作。到了火車開向伯恩途中，他的草稿差不多已經完成了。因為擔心無法獲准居住在瑞士，他對於文章要不要署名感到猶豫，最後讓文章以匿名方式出版，就像是「拷貝自丹麥發出的一份呼籲」。[30]但任何熟悉他風格的人都可看出文章的作者是誰。列寧對大戰的態度清晰分明。在他看來，這場戰爭相當於「一場爭奪市場和肆意掠奪他國的鬥爭」。

歐洲的領袖們「透過讓不同國家的受薪奴隸互相作戰，透露出一種欺騙、瓦解和屠殺所有國家無產階級的欲望，好有利於資產階級」。[31]當然，這一切並不讓人驚訝，因為領導群眾戰鬥的歐洲社會民主黨人已經拋棄了階級政治，改為偏好「資產階級－沙文主義」的民族主義。前不久才是和平主義者的德國社會主義者已經批准了德皇購買大批軍火的預算。據說列寧聽到這個背叛的消息時表示：「從今日起我不再是一個社會民主黨人。我是共產主義者。」[32]

那些讓列寧勃然大怒的社會民主黨人都是一個全歐洲網絡「第二國際」的成員——所有重要社會主義黨派都屬於這個組織。理論上，他們反對戰爭就像他們反對帝國主義或蓄養奴隸那樣毫無商量餘地。在一九〇七年的斯圖加特大會上，來自不同歐洲國家的社會主義領袖呼籲成員積極反戰，五年後的一九一二年，一個進一步的決議威脅說，如果各強權進一步劍拔弩張，將會發起罷工甚至革命。[33]然而，在一九一四年，愈來愈緊張的外交關係把許多歐洲同志轉化為始料不及的愛國者，其中包括人數龐大和影響力巨大的德國社會民主黨的大部分成員。拋棄了友善、和平的詞令，德國社會民主黨在議會的成員為回應夏天的軍事壓力，同意了一項授權政府進行戰爭借貸的法案。它的領袖考茨基雖然反對此議，但在投票時仍然服從黨的決定。列寧在一九一四年十月寫給什利亞普尼科夫的信上說：「考茨基現在比他們所有人加起來還要有害。沒有言語可以形容他有多麼的危險和卑鄙……」[34]

毫無意外地，英國左派也拋棄了他們在和平時期的理想。列寧幾年前在倫敦待過，對於當地社會主義人士沒有骨氣感到震驚，而克魯普斯卡婭認為那是「英國小資產階級生活無限空洞」的證據。[35]儘管如此，工黨的國際部門在一九一二和一三年還是籌辦了好幾次反戰集會。一九一四年八月二日，特拉法加廣場齊集知名的左翼份子，譴責政府匆匆投入戰爭。在會上，和平主義老將哈迪和諸如亨德森之類的重量級國會議員發表了演說。不過，幾天之後，議會的工黨議員就像他們的德國同僚一樣，投票同意讓政府就戰爭進行借貸。哈迪在接下來的夏天死於中風，但亨德森卻跟著政府的戰時政策跑，又在一九一五年五月加入了聯合政府，同意從價格管制到強行徵兵的幾乎每一項戰時干預政策。[36]

情況在法國本來也許會有所不同，因為社會主義領袖饒勒斯在那裡對抗黷武主義。與「第二國際」的精神一致，他企圖在法國和德國組織總罷工，反對戰爭。但是，饒勒斯在一九一四年七月遭人謀殺，刺客是個愛國者，相信自己是為法國的榮譽行事。沒有了饒勒斯，讓瓦揚等原來的支持者同意與政府講和，締結讚揚者所說的「神聖同盟」。[37]輿論站在他們這一邊，因為法國人渴望收復阿爾薩斯和洛林——這兩省是在一八七一年割讓給德國。就像受到地主國的情緒感染，很多寄居法國的俄羅斯流亡人士也企圖報名入伍，對抗威脅他們寄居地和遙遠祖國的敵人。就連一些住在巴黎的布爾什維克都想要加入戰鬥——至少在讀到列寧有關這方面的意見前是如此。[38]

俄羅斯本身也有大量沙文主義者。當騎兵出發去戰鬥時，米留科夫曾寫道：「不管我們對政府的國內政策是什麼態度，我們的首要義務是維持我們國家的統一和完整，保護它作為世界強權的地位——這地位現在正受到敵人的挑戰。」[39]有好幾星期，「神聖聯盟」的觀念轉移了每個人對沙皇政府缺失的注意力。蘭塞姆寫道：「我所有毛髮濃密的俄羅斯朋友都剃了頭，穿上軍服。」[40]在國外，普列漢諾夫拒絕譴責法國或俄羅斯的愛國者，主張保衛民族足以作為支持戰爭的充分理由。[41]

但其他俄羅斯社會主義者站出來反對這種歐洲大趨勢。杜馬的左派派系幾乎是全歐洲大陸唯一反對政府為戰爭借貸的議會團體，另一個在塞爾維亞。[42]在巴黎，馬爾托夫要求交戰各國立即停戰並放棄奪取領土的計畫。當托洛茨基從瑞士與他會合之後，兩人利用他們的報紙《我們的話》在法國建立一個反戰派系，吸引到吉爾博之類的法國左派份子和很多俄羅斯異議份子加入。[43]

隨著眾人開始掌握到大戰的真正本質，反對戰爭的浪潮開始壯大。沒錯，起初的步伐確實是猶豫不決。一場社會主義者會議預定一九一五年二月在倫敦舉行，但法國人表示，如果德國代表出席，他們就拒絕參加。因為拿不到前往英國所需的護照，馬爾托夫也失去了會談機會。不過，到了春天，從柏林到布魯塞爾，從巴黎到都靈，舉行一場反戰社會主義者大會的壓力都大大升高。只有列寧仍然置身事外，拒絕加入任何不流血的和平運動。二月，當倫敦會議舉行的時候，他在伯恩召集了一個自己的會議。會上，他告訴最親近的追隨者：「目前，沒有革命的群眾行動伴隨的和平宣傳只會散布假象……因為它讓無產階級誤以為資產階級是仁慈的，使得無產階級變成交戰國家祕密外交下的玩物。特別是這種以為能在沒有一系列革命的情況下出現所謂的民主和平的觀念，存在著極大謬誤。」[44]

這是列寧會在任何其他社會主義者主導的會議上強調的一點。一九一五年五月，他炮轟《經濟學人》一篇反戰文章的作者群，指出他們發表文章「支持和平正是因為他們害怕革命」。[45] 七月，隨著考茨基和格林等中間偏左社會主義者開始呼籲歐洲境內的和平談判，列寧呼籲流血：「我們認為內戰完全有正當性，是進步和必要的。」[46] 他在九月又補充說：「在革命庸人中流行這樣一種思想：為了正在到來的革命中最迫切的共同任務，應當『忘記』意見分歧。這種思想是最庸俗、最可鄙、最有害不過了。」事實正好相反：「生活正在邁向……歐洲的一場內戰。」[47] 對於馬爾托夫和《我們的話》，他們與列寧聯合的機會已經在五月破滅。列寧寫道：「經過兩百天的宣傳之後，《我們的話》已經承認自己完全破產……這些人大談團結國際主義者，卻發現，他們團結不了任何人，甚至團結不了他們自己。」[48]

列寧在大戰期間面對的危險並不是來自槍砲。更要命的是（至少從他自己獨特觀點看起來是如此），歐洲左派其他人也許會在一個和平的平台上團結起來。這樣的運動也許會流行起來，但這還不是最糟糕的情況。更嚴重的是，他也許控制不了它，因為考茨基是一個更傑出的人選，而且還有其他人選——例如比利時的王德威爾得。隨著大戰拖沓進入第二個夏天，反戰運動開始吸引到幾乎所有歐洲社會主義政黨的支持。為了防止他認為是迫在眉睫的災難，列寧被迫在這些和平販子和他自己的群體之間加大裂痕。每當社會主義同道聚集，他都會抓住機會強調這道裂痕。所以當格林在一九一五年九月召開了一場國際主義者和社會主義者領導人的會議時，其宗旨是在一個反戰的政綱上重啟「國際」，列寧已經準備好發動口頭和戰術攻勢。

三十八名代表聚集在伯恩的人民賓館。因為格林知道這地方到處都是間諜，所以他的客人幾乎還沒有喝到第一口瑞士啤酒，便拿到一張馬車票，由馬車把他們帶到伯恩高地的山區。由於需要的馬車是那麼的少（四輛），托洛茨基認為這個聚會是對歐洲國際主義有多麼疲弱的一則悲喜劇評論。[49]這個由瑞士人、德國人、瑞典人、俄國人和各式各樣東歐人組成的團體，假裝成進行年度旅遊的鳥類學會。[50]這群人的目的地是齊美爾瓦爾德——一個有著二十一間方正村屋的聚落，坐落在一個大片褪色秋草裡。逗留期間，各代表都留在旅館裡，唯一娛樂是聽格林唱山歌。[51]這是一個高貴的犧牲，因為大部分與會代表都把這次會議看成是一次重建「國際」的機會，一個不受小資產階級愛國者汙染的嶄新起點。在某個意義下，他們成功了。九月八日，全體會議代表（包括列寧在內）同意和簽署了一份宣言。以後三年，任何反對戰爭或者催促自己政府迅速和談的社會主義者，都會被稱為齊美爾瓦爾德主義者。

不過，對列寧而言，這會議真正重要之處是讓他有機會成為歐洲左派的真正領袖。瑞士左派份子普拉滕（見彩圖13）回憶，在齊美爾瓦爾德，列寧是最專心聽講的人，但當他開始講話，他的插嘴卻有著腐蝕性的威力。一次又一次，列寧催促採取共同行動，推翻帝國主義的整個結構。資產階級政府也許可以權衡自己在戰爭中勝利或失敗的機率，但歐洲工人階級只有在砸爛壓迫它的制度時方可望取得勝利。普拉滕指出：「列寧的強項在於他對歷史發展的法則洞若觀火。」[52]列寧的派系在每個階段都是少數，有時他看似是它的唯一成員，卻成功左右大部分討論的基調，過程中嚴厲批評了格林和孟什維克。[53]

八個代表最後形成一個左派派系——其中包括普拉滕，他違抗自己黨派的立場站到列寧這邊。瑞士代表紐曼和赫格倫德也支持列寧，再來還有對他永遠忠誠的季諾維也夫。不過，出乎意料之外的是，列寧還得到一個善變新人拉迪克（見彩圖14）的支持。這個品行不端和愛饒舌的人物在很多方面來說都是個難民。作為一個奧地利公民（他出生於利沃夫），拉迪克為了逃避兵役跑到瑞士山區。但他同時也是在尋找一個新的政治家園（盛傳他先前曾因為私吞資金被兩個政治團體斥逐[54]）。寫作風格流利而活潑，他一直為格林的報紙寫稿，卻在齊美爾瓦爾德找到真正的歸屬。他也許是個面貌醜陋的男人，有著不堪聞問的過去，但長得像猴子和戴著眼鏡的拉迪克總是有磁力，笑聲總是有感染力，對書本和八卦消息的胃口總是無法滿足。他和帕爾烏斯自然相識：他找了第一個機會到哥本哈根的研究所拜見後者。[55]

這個聰慧的特立獨行者的效忠（哪怕將會是反覆無常的）證明了齊美爾瓦爾德會議對列寧的功用。他已經把自己轉化為國際舞台的一個領袖，是一股獨樹一幟政治趨勢（被稱為「齊美爾瓦爾德左派」的歐洲激進社會主義者運動）的靈感源頭。在接下來的年月，他和他的支持者將會努力說服更多社會主義者加入他們的行列。在法國，這個任務落在列寧的長年好友（也可能是舊情人）伊涅薩．阿曼德身上。雖然仍然受到托洛茨基的激烈反對（托洛茨基此時仍是馬爾托夫的政治盟友），她把一九一五至一六年的冬天用在點燃巴黎的社會主義者對列寧觀點的熱情。[56]在一九一六年四月，當齊美爾瓦爾德團體重新召開會議（這一次是在瑞士村莊昆塔爾舉行），氣氛變得更加緊張。顯然，支持和平的中心思想變得更加脆弱，而列寧的盟友（特別是拉迪克）趁機對此加以攻擊。[57]左翼變得更加壯大，更加有信心，而列寧把整個過程視為取得未來勝利的好預兆。

他對社會主義者「死咬不放」，但自己卻不能放鬆。每當他不是在蘇黎世的圖書館埋首在書本之中，就是不擇手段用各種方法維持自己派系的鮮明路線。他在一九〇三年已經讓俄羅斯政黨分裂過，現在準備讓瑞士政黨分裂。他承認：「分裂總是讓人痛苦，但有時候，這是必要的。在那些環境下，每一點軟弱、每一點『感情用事』的表徵都是一種罪惡。」[58]馬庫回憶說，當德皇和沙皇可能達成和平的消息在一九一六年年底傳到蘇黎世時，列寧「像獅子那樣怒吼」。[59]他的憤怒可以理解，因為如果俄羅斯從大戰抽身，那麼他對俄國起義的希望將會落空，而他主控歐洲左派的能力也會消失。他在一九一六年十一月寫道：「一場帝國主義戰爭只能以一紙帝國主義和約結束，除非它被轉化為一場無產階級為爭取社會主義而反對資產階級的內戰。」[60]他在另一個地方又寫道：「除非我們推翻全世界而不僅只是某一個國家的資產階級和沒收他們的財產，戰爭才會消失。」[61]

不過，痛罵歐洲的和平主義者是一回事，在俄羅斯帝國內部的工人、農民和士兵之間找到支持者又是另一回事。不管在歐洲舉行的會議有多莊嚴肅穆，不管他的文章寫得多麼火爆，列寧終究是一名俄羅斯人領袖，而俄羅斯也必須是他的觀念最熱銷的地方。危險在於他已經和俄羅斯逐漸失去聯繫。自一九一四年以來，他愈來愈依賴瑞士的報紙來取得彼得格勒的消息（所以他得到的任何消息總是比事發晚兩天）。這種壓力解釋了這位領袖的脾氣和健康問題。他在一九一六年取消一次公開露面之後寫道：「我的神經不好，我害怕演講。」[62]雖然不願意承認，但他已經成為一個失能的流亡人士，與俄羅斯的生活切斷聯繫，幾乎與之無關。馬庫在一九一六年寫的一番話可以道出列寧自己的深刻恐懼：「整個布爾什維克黨，現在是由那些從斯德哥爾摩、倫敦、紐約和巴黎跟他（列寧）通信的少數朋友構成。」[63]

無論是馬庫或列寧都無法確知布爾什維克主義在俄羅斯內部的進展如何。但現實情況也許並未如他們想像的那樣壞。雖然沙皇的祕密警察對俄羅斯地下活動打擊多年，但在地的評論家相信，布爾什維克是組織最好和最有存活決心的社會主義派系。[64]誕生於工會和互助會，這個黨派以年輕人和受過一些教育的成員占大宗。更棒的是，一個活躍份子的網絡在一九〇六年的取締中存活了下來，繼續在愈來愈幽暗的政治氛圍中吸收新成員。地方幹部在工人之間賣力宣傳，他們除了懂得馬克思學說，還處理一些實際的問題（如疾病給付、保險和僱傭法的細則）。[65]結果就是布爾什維克在重工業、海員和鐵路工人之間維持一群忠實的追隨者。彼得格勒是該黨的主要重鎮，而據什利亞普尼科夫估計，在一九一六年，那裡的工人有三千人是布爾什維克。[66]這些普通成員的愛黨熱情並沒有在愛國戰爭的熱烈氣氛中蒸發。不過，一連串的挫折還是導致該黨囊中羞澀和多少有些群龍無首。

祕密警察在布爾什維克幹部之中至少部署了二十個線人。[67]其中一位是馬利諾夫斯基，他在列寧還住在波羅寧的時候受到了黨的三人小組審判。他被指控的罪名很嚴重。「警察發起了肆無忌憚的逮捕、搜查和突襲。」史達林在一九一三年如此宣稱，他在幾天後就成了馬利諾夫斯基全面背叛下的受害者。[68]但是列寧還不信服，把季諾維也夫和菲爾斯滕貝格找到波羅寧，幫他權衡證據。他們參考了俄羅斯內部一些憤怒同志的報告，但最後認定馬利諾夫斯基必然是無辜的。他很快就成為了彼得格勒唯一還擁有自由的布爾什維克資深幹部，而他交給警察的消息具有巨大破壞作用。克魯普斯卡婭的責任之一是保管一本載有黨內主要聯絡人的地址本。在一九一六年，她的地址本上只有一百三十個名字，而其中又頂多只有二十六人是在俄羅斯帝國內部進行政治運作。但到了一九一七年，她地址本裡的積極策動者只剩下十個。[69]

警察一直監視著一切。另一個線人切爾諾馬佐夫被任命為布爾什維克報紙《真理報》的編輯委員。《真理報》一九一二年開始在俄羅斯發行，一九一四年七月遭受鎮壓，很多工作人員被捕。隨著《真理報》被查封，黨失去的不只是最重要的宣傳工具，還是一大收入來源。從此布爾什維克得為財源傷腦筋。[70]更糟的事發生在一九一四年十二月，當時布爾什維克中央委員會在彼得格勒郊區舉行祕密會議。出席者有布爾什維克在杜馬的五個成員，其中包括列寧的密友和長年助手卡米涅夫。警察甕中捉鱉，與會者全體被捕。[71]在一九一五年二月接受審判時，卡米涅夫公開否認他曾經支持幾位流亡外國領袖的反帝國主義和反戰爭路線，從而對黨造成進一步傷害。儘管如此，他還是像其他被告一樣，被判長期流放西伯利亞。

逮捕行動隨著戰爭的拖延而持續。當什利亞普尼科夫在一九一六年去到彼得格勒時，發現那裡的布爾什維克政治組織已經在接連的警察突襲中被削弱，近乎瓦解。負責領導整個運動的中委會在近幾個月的逮捕行動中幾乎被摧毀。它倖存成員的開會次數變得極為稀少。他們也害怕保存書面紀錄、避免採取固定場地，常常在綠葉扶疏的郊區列思諾伊一面散步一面開會。[72]在什利亞普尼科夫看來，這是一種完全不能接受的情況。他的解決方法是組織一個新的俄羅斯局，負責監督同志間的日常活動。它的成員包括一個自稱莫洛托夫的年輕激進份子和一些地方地下組織的全職中堅份子。彼得格勒的布爾什維克也有自己的組織，稱為彼得堡委員會，它拒絕採用彼得格勒這個反德的名稱，比俄羅斯局更活躍。它在一九一六年十二月遭到警察突擊檢查，一些成員被逮捕，但真正的打擊是它珍貴、昂貴和具戰略重要性的印刷機被沒收。[73]

印刷機的損失是個災難。沒有辦法印刷，俄羅斯運動的資訊傳播就會萎縮至零。文件都要靠人手祕密相傳——很快就會過時和被翻閱得又舊又破。就像彼得格勒的布爾什維克在一九一七年一月遭遇的，他們甚至無法為「血腥星期日」（那場在一九〇五年曾導致革命的大屠殺）的週年紀念日製作傳單。[74]要持續輸出新聞很困難，甚至連宣言和罷工號召都難以製作。沙皇政府的出版品審查一向很嚴，戰爭的環境更讓出版嚴上加嚴。多年以來，活躍份子的一個替代選項是從海外把文件偷渡進來（方法包括縫在大衣襯裡中、塞在胸衣內或藏在小書箱最底下）。戰爭讓這一切變得更加複雜，而在托爾尼奧的邊界管制站，檢查完全沒有放鬆。

一如往常，列寧對付這種困難的方法是寫更多文章。他的宣傳旗艦是一本稱為《社會民主黨人》的刊物——該刊物是他到達瑞士不久後，在一個日內瓦的圖書館的館長卡爾平斯基的幫助下復刊。復刊號的第一期在一九一四年十一月出版。雖然受到黨員的看重，這本刊物並沒有為了增加群眾吸引力而走通俗路線，主要撰稿人（通常還是唯一撰稿人）是列寧。大戰對於紙張和出版構成壓力，加上布爾什維克資金短缺，所以《社會民主黨人》的出版很不穩定，且篇幅極少超過一張印刷得密密麻麻的單張。[75]但真正的問題還是在運輸。每次出刊後，一批《社會民主黨人》會以郵寄的方式寄到斯堪地那維亞，那裡有兩個代理人——柯倫泰和足智多謀的什利亞普尼科夫——會想辦法把它們送入俄國。什利亞普尼科夫利用他在工會的熟人和波羅的海沿岸的漁夫的關係，沿著一條島鏈把一綑綑紙張送到芬蘭。另外，在哈帕蘭達，有個鞋匠可以把這些珍貴單張縫到他皮革鞋底的襯裡。[76]不過這個網絡相當脆弱，所以在彼得格勒唯一有機會讀到列寧文章的，經常是祕密警察的幹探。

不過，黨領導層的這種軟弱無力卻讓普通黨員有機會發展自己的理念。彼得格勒維堡區的黨組織（約有五百成員）特別極端。[77]在一九一四年八月，它曾對列寧論大戰的觀點鼓掌。頭幾期的《社會民主黨人》在他們之間人手相傳，直至紙張破爛不堪為止。據一個熱情者回憶說：列寧的觀念「給予我們一股清新之氣，證明我們是對的而激勵了我們，讓我們內心燃起不可抗拒的渴望，要走得更遠，不在任何事情面前停步」。[78]不過雖然維堡區委員會是鮮明和真誠的列寧主義者，但布爾什維克還是必須說服俄羅斯的勞工大眾——更遑論是軍隊。在大部分人的印象中，布爾什維克主義已經無異於一種肌肉發達、充滿陽剛味的好戰主義。與此同時，列寧的作品——充滿謾罵、有時賣弄學問和常見陌生的外國人名——不但難於取得且令人深感困惑。

到了一九一七年初期，流亡在外的布爾什維克和他們本土追隨者的分歧變得更明顯了。一九一六年十二月，法國駐彼得格勒大使帕萊奧洛格在接待一個情報提供者時，對這個問題深感興趣。「我問他，著名的列寧——他現在是日內瓦的難民，他的失敗主義教義沒有在軍隊之中取得任何進展嗎？」這位大使毫無疑問地認為，如果俄國的戰爭努力停擺，那麼所有的法國人都會死去。他的客人立即安慰他說：「沒有。那教義的唯一鼓吹者只是幾個被認為收了德國人或祕密警察錢的瘋子。在社會民主黨中，這些失敗主義者……只是可予以忽略的少數。」79

這是一個會被列寧咒罵的觀點。幸而，他已經習慣了在挫敗後重建他的派系。而且人數少意味著更嚴謹的紀律。真正讓他煩惱的是，有證據顯示俄羅斯不同的社會主義政黨派系正在匯流。雖然列寧自己堅持布爾什維克和其他黨派有別，但他在俄羅斯的追隨者卻愈來愈向其他社會主義者同道（不管是孟什維克還是其他派別）靠攏。80在這些同志看來，真正的敵人不是社會主義同道，而是雇主、警察和可恨的沙皇。如果他們了解細節，也會把列寧有關歐洲內戰的願景（讓黨分裂的當前理由）看成是地獄滋味的預嘗。在以煤油燈照明的地下室聚會中，他們真正關心的是低工資和麵包缺乏的問題，每個人都疲乏得不願戰鬥。為了改變這一切，需要一種集合眾人的努力。在俄羅斯，特別是在彼得格勒，不是列寧，而是祕密警察靠著散播假謠言和不時進行大規模逮捕，非常成功地離間各派系。81

有些布爾什維克堅決維持分離狀態，但很多低階幹部卻被聯合行動的概念誘惑。孟什維克的右翼也有一些國際主義者，一如在社會革命黨人的左翼有一個小型運動。一九一三年十月，有一個稱為區聯派的聯合行動小組在俄羅斯首都創立，致力於把當地的社會主義者拉在一起。82它的兩個創始成員是布爾什維克，雖然其成員始終不多（在一九一七年大約在一百五十人左右），卻非常有組織和影響力。就像史達林一九一二年在《真理報》所說的：「真正在利益上取得一致只能存在於墳墓裡。但這並不表示歧見會比共識來得重要……在運動內和平共處和合作——這將會是《真理報》每日工作的指南針。」[83]列寧對此感到憤怒，但他人在遠處，莫奈其何。區聯派繼續在工業區煽動，配備非常有用的印刷機。當一波罷工浪潮在一九一七年頭幾個星期興起時，一些懂得如何製作傳單的同志很快就二十四小時無休止地投入工作。

第四章 猩紅色絲帶

資產階級民主的條件常常迫使我們對許多小的和非常小的改革採取這種或那種立場，但我們必須要能夠……對這些改革採取以下的立場：在每半個小時的演說中，用五分鐘談改革，用二十五分鐘談即將到來的革命。

——列寧

當一九一七年二月十四日較長的聖誕節假期結束後，杜馬展開了第二年的會期。在一個民眾騷亂升高的時期，在一個它的好些成員都積極參與廢掉沙皇計畫的時期，這一次的會期理應是生氣勃勃。但正如「進步集團」的一個中堅份子指出的，議員們就像「憔悴的蒼蠅」一樣亂飛。「他們沒有人相信任何事情。他們全都感覺且知道自己的無力。大家在絕望中沉默一片。」[1]杜馬主席羅江科承認開會氣氛呆滯，發言乏味。[2]進步派、自由派或者君主派的知識份子競相為他們分享的絕望尋找新的出口。他們不是唯一感到無力的人。在華而不實的會議廳的外頭，地下革命黨人領袖的情緒並沒有比較樂觀。「沒有一個黨為大動盪做好準備。」蘇哈諾夫回憶說，他當時三十五歲，是個半合法的社會主義者和作家。「每個人都在夢想、反覆思索，帶著不祥預感，摸索自己的道路。」[3]

但在一水之隔的工人生活區，氣氛卻是大相逕庭。那裡很少人有時間沉思他們的不祥之夢。食物危機正在惡化。有錢人仍然可以在餐廳吃得到新鮮白麵包，但工廠區的家庭卻開始餓肚子。這不只是通貨膨脹的問題——雖然從柴油到雞蛋所有東西都飆漲了好幾倍，不是工人買得起。但真正的問題在於由於外省運輸危機而加劇的穀物短缺。這城市的小麥和麵粉庫存在一月更是掉了超過三成，讓很多人完全沒有麵包可吃。正如一個祕密警察在報告中指出的，在大戰之前，一家麵包店一個早上可賣一萬個麵包捲，但現在八千個麵包捲兩小時內就賣光。[4]因為能買到兩條麵包而流淚感恩的婦女不在少數。一個祕密警察的線人回報說：「仇恨心理在人多的家庭特別嚴重，那裡的小孩挨餓，反覆聽到的只有一句話：和平，馬上和平，不計代價的和平。」[5]

政府的反應像是在為一個現代的瑪麗．安東妮寫劇本（譯注：法國大革命時期的法國皇后，被送上斷頭台處死，憤怒的群眾編造：當她被告知百姓沒有麵包吃而餓死，她卻說：為什麼不吃蛋糕呢？）。為節省稀少的麵粉庫存，食品供應處禁止烘焙和銷售蛋糕，更不要說是銷售小圓麵包、派和餅乾。還有一些新規定，禁止工廠廚房和工人飯堂供應麵粉。[6]這些政策對麵包供應無多少改善，卻讓工人倍感憤怒。由於他們在政府裡沒有代表（甚至很少人有投票權），所以他們唯一能做的只有抗議，通常是參加罷工。氣氛變得非常緊繃（米留科夫認為形同一座火山），以致於有人懷疑麵粉短缺是出於人為操縱。更加歇斯底里的人想像這是德國的陰謀，其他人則認為這是當局蓄意引發暴動，好進行大規模逮捕和專政。[7]不過，認為人民的最大不滿是在經濟方面的想法讓一些人安心。喬治．布坎南爵士在杜馬新會期前夕告訴英國的戰爭內閣，罷工會發生「主要是因為食物供應短缺……但不認為會有更嚴重的失序出現」。[8]

布坎南爵士未見的是，麵包本身便是政治。不管是在工廠、火車機車庫還是船塢，社會主義活動家都利用飢餓作為引起話題的方法。傳單、演講和口號都把食物短缺、大戰和專制拉在一起。麵包也許是工人的即時悲憤，但是一旦他們參加了罷工，就會被昂揚的歌曲和革命口號鼓動起來。在一九一七年一月九日的「血腥星期日」週年紀念日，罷工特別有政治意味。當杜馬在二月十四日召開，區聯派及其盟友號召工人再次上街，這一次的口號包括和平、民主，甚至連共和國都有了。[9]以前也有過大型罷工，但向政府要求蛋糕和小圓麵包之外的東西卻是頭一遭。就連一個身為貴族的局外人也能感受到罷工情緒的改變。帕萊奧洛格在三月六日（俄曆二月二十一日）的日記裡寫道：「今天早上，在一間位於里特尼的麵包店門外，我被排隊買麵包的窮人的陰沉表情嚇了一跳。他們大部分人都排了一整晚的隊。」[10]

彼得格勒的平靜有賴民政總督巴爾克少將、警察部隊（三千五百人）和軍區總督哈巴洛夫少將。負責協調他們的是內政部長普羅托波波夫——當危機逼近時，他第一個求教的是拉斯普京的鬼魂。[11]他的團隊彼此不信任。例如，巴爾克宣稱哈巴洛夫「沒有能力指揮下屬」。[12]沒有人信任警察首長瓦西里耶夫：他能夠晉升到這個位置全靠和普羅托波波夫交情匪淺。至於巴爾克，能得到的最大讚美是文書工作很強。[13]

如果普羅托波波夫的部隊有正確的人來指揮，以上的問題也許並不重要，俄國政府的缺乏效率並不是新鮮事。彼得格勒大約有二十萬駐軍，分布於市中心四周的營房。大部分人的生活環境就像他們父親曾擺脫的農奴生活。[14]諾克斯回憶說：「首都的唯一部隊是禁衛軍的後備營和正規軍的一些後備單位，大部分人從未上過前線。他們的軍官是在前線受過傷的人或剛從軍校畢業的年輕人，前者把自己的任務視為離開壕溝的康復度假。」帕萊奧洛格的消息來源是一名心懷不滿的俄國將軍。這個人在一九一六年十一月向他透露：「依我之見，保衛首都的部隊早該解散……因為如果上帝不饒過我們，讓一場革命不發生，那這場革命將由軍隊而不是人民發動。」[15]

這位將軍搞錯了。軍隊確實扮演關鍵角色，但只有在人民點燃革命之後才是如此。這場革命開始於對一個節日的慶祝（雖然這節日是舶來品，而慶祝它的人也是半心半意）。「國際婦女節」是在大戰之前不久才由德國社會主義者蔡特金創立，在彼得格勒的舉行日期是二月二十三日，晚「血腥星期日」的紀念日幾星期。在最初幾年，俄羅斯帝國內部的同志一直不太願意大肆慶祝蔡特金的節日，而在一九一七年，隨著這節日逐漸接近，有些人還繼續爭論它的宣傳價值。他們計劃舉行一場遊行，但參加的人數可能很少，而且是以女性為主。什利亞普尼科夫在寫給列寧的信上說：「我們必須教會工人階級走上街頭，但我們沒有這個時間。」[16]他又好幾次補充說他失去了印刷機：沒有宣言和小冊子，布爾什維克將無法領導任何人。但其他派系認為這是一個進行政治宣傳的好機會。一張區聯派的傳單（被收錄進什利亞普尼科夫的回憶錄）把話說得斬釘截鐵：「政府有罪。它發起戰爭卻沒有能力結束它。這場戰爭正在摧毀國家，而你們會挨餓，正是政府的過錯……夠了！打倒罪犯政府，打倒一票小偷和殺人犯！和平萬歲！」[17]

如果天氣繼續冷得可以要人命，如果彼得格勒得到足夠的麵粉供應，則「國際婦女節」當天的示威活動的規模不會那麼大。但在二月二十三日（星期四）的早上，維堡區棉花工廠的女工並不打算妥協。她們在召開的大會上決定大規模走上街頭，而當她們走向涅瓦河的時候，又號召其他工人（包括新萊斯納工廠和埃里克森工廠的工人）加入她們的遊行行列。到了中午已經有大約五萬人加入了維堡區主大道——桑普森尼耶夫斯基大道——的示威群眾。[18]埃里克森工廠一個叫卡尤羅夫的布爾什維克份子回憶說：「我對罷工者的行為極為惱火，他們明目張膽無視黨的區委指示……突然跑出來一場罷工。這場罷工看似沒有目的也沒有理由。」[19]

一點六公里外，在一個位於謝爾多博爾斯卡亞街的地址，什利亞普尼科夫正在和布爾什維克俄羅斯局的其他成員討論黨的工作。這會議不是有關罷工，因為不確定起義時機是否已經成熟，它也不鼓勵婦女遊行。直到什利亞普尼科夫想方設法回家的途中，他才開始意識到自己錯過了什麼。他坐的二十號電車「擠滿工人」，他們都是朝高級的里特尼區而去。電車開到里特尼橋之後被警察包圍。警察登上電車，檢查每一個乘客，把那些手起繭和衣服磨損的人趕下車。這是為了讓窮人可以留在他們所屬的地區，不會用他們的抗議干擾體面人士的生活。[20]

各座橋梁被認為可以保護首都的高級地區，但這一次，因為溫度到達零下，把它們升起來變得毫無意義。積極的示威者可以直接走過冰面。在第一天，第一批示威者在日落時從維堡區去到市中心。當晚稍後，杜馬實業家古契科夫在會見諾克斯時指出（諾克斯在米爾諾勛爵來訪後已升為少將），食物短缺是他的政府所面臨的最嚴重危機，比戰場的失敗還要有殺傷力和危險。他已經嗅到麻煩就等在前頭。諾克斯寫道：「有關工人對於戰爭態度的問題，古契科夫承認有一到兩成歡迎戰敗，因為這可以強化他們推翻政府的力量。」[21]

第二天是星期五，天色因為下著冷雨而陰鬱朦朧。但無論是天氣還是出現在街上的哥薩克騎兵（全副武裝和表情嚴峻）都無法澆熄示威者的熱情。在什利亞普尼科夫看來，「事態的發展快到令人暈眩」，主要原因是因為他還沒有搞懂它們。[22]到了快中午，有近七萬五千名來自維堡區的工人（該區總勞動力的三分之二）加入了示威行列。[23]隨著示威者接近里特尼橋，哥薩克騎兵嚴陣以待。一排排馬匹和鋼刀閃爍的樣子想必十分嚇人，但這些政府代理人卻轉變為分享工人的怒氣。他們策馬在工人的行列中慢行，拒絕揮舞馬刀或馬鞭。與此同時，在彼得格勒區，有更多示威者走上街頭。也是在這裡，第一批麵包店被搶掠，第一批食物商店受到攻擊。沒多久，擾嚷就向西蔓延到瓦西里島的船塢和海軍工程廠。各個部長還沒有針對這些事件做出回應。不過，在塔夫利宮，杜馬議員卻要求接管城市的食物供應，以作為因應迫在眉睫的經濟災難。[24]

星期六開始了一場為時三天的總罷工。領導者是區聯派的成員和各種不同左翼團體的活動家，包括違抗什利亞普尼科夫的俄羅斯局的布爾什維克維堡區委員會。他們全都徹夜散播罷工的消息，要把所有人叫出來。第二天的一早就像一天假期的開始，一火車一火車的工人（連同全家大小）從附近的工業小鎮魚貫進入城市。在彼得格勒本身，工人階級地區嗡嗡作響，為示威進行殷切的準備。工廠鴉雀無聲，沒有電車行駛，但到了十點鐘，街道響起邁步聲和革命歌曲的歌唱聲。[25]一共有二十萬人在當天遊行，穿過彼得格勒。白領工人、老師和學生加入遊行行列，走過富有人家的屋子，有時會看見有人從二樓窗戶向他們揮手。示威抗議獲得彼得格勒社會大部分階層的支持，不過，當有必要穿過冰面時，先行者是穿羊皮襖的工人。他們有些人還會帶著刀子或一袋釘子，作為武器。

他們的目的地是茲納曼斯卡亞廣場，那裡到了下午稍早已經集結了大批群眾。紅色橫幅在人海中招展，很多都寫有要求和平的口號。在演講和演講之間，有人唱起馬賽曲。在戰爭時期的俄羅斯，這種行為是叛國和違反戒嚴法。一些示威者為了預防哥薩克騎兵的鞭子，早已在帽子裡鋪了金屬板或把外套墊厚。不過對大部分人而言，讓人感受到正義感和一體感的群眾本身就是一個保護罩。

下午三點過一些些，一個叫克雷洛夫的騎馬警官下令人馬拿起武器，驅散暴民。在接下來的混戰中，哥薩克騎兵向群眾衝鋒，然而當他們重新編隊之後，卻用馬刀來對付警察，不是對付示威者。克雷洛夫倒地身亡。大約有一個小時左右，群眾可能會相信勝利在望，如果當時知道發生了什麼事的話。[26]不過，在當日，群眾和部隊還有其他對峙，而過程中有一些示威者和旁觀者被殺。因為沒有報紙又沒有公共電話，沒有人知道確實的死傷數字。[27]當蘇哈諾夫和他的孟什維克朋友當晚在高爾基的公寓舉行聚會時（他們會利用這個聚會地點直到舊政權垮台），他們把示威的失敗歸咎於布爾什維克的高層：「他們的未能深入思考政治問題並提出明確的論述，讓我們倍感沮喪。」[28]

蘇哈諾夫圈子的知識份子和作家將會發現第二天更讓人沮喪。一夜之間，哈巴洛夫就發出命令讓整個城市變成一個軍營。破曉時，所有橋梁被升起。武裝警察和部隊集結在主要路口和廣場，紅十字會的馬車（由有關節炎和軍隊不想要的馬所拉）等著把傷者送到附近的臨時醫院。哈巴洛夫的命令是對任何不肯服從驅散命令的示威者開火。[29]一個當時正要參加海軍軍官考試的布爾什維克份子拉斯科爾尼科夫日後回憶起他去到營房時所見的情景：「彈藥袋放在每張桌子上，到處都是裝了刺刀的來福槍。我發現各班的指揮官武裝了所有官校生。」[30]

拉斯科爾尼科夫和同伴不多久就拒絕了指揮官為他們預備的計畫。到了中午，這些年輕人加入了朝涅夫斯基大道邁進的群眾——人人近乎興高采烈，紅色橫幅舉得高高的。希望、陽光和同志情誼跟統治者的殘忍決定形成鮮明對比。警察和部隊這一次服從上級的命令，開火射擊。最嚴重的對峙發生在茲納曼斯卡亞廣場，那裡有至少四十人被射殺，更多人受傷。恐慌的群眾向北逃竄，廣場到了入夜便鴉雀無聲。剩下的只是被踐踏過的冰雪、反光的血泊、散落的鴨舌帽、撕爛的緞帶和橡膠套鞋。[31]

各地下黨派的領袖這時比任何時候更深信示威應該喊停。什利亞普尼科夫仍然認為工人階級不可能靠自身取得勝利。沒有軍隊的幫助，它毫無力量。就連原來鬥志昂揚的維堡區委員會都在當晚的會議上同意工人運動別無選擇，只能停止。但他們每個人都筋疲力竭，直到散會都沒有談到要怎樣落實這個決定。[32]在高爾基的公寓，蘇哈諾夫和他的朋友完全不能從發生的事件看出意義。高爾基打電話給世界知名歌劇男低音夏里亞賓時所聽到的一件事情，讓他們特別茫然不解：有人看見有一個步兵單位向著精銳的巴甫洛夫斯基兵團的營房開槍。這看起來是一個瘋狂行為，高爾基帶著一個困惑的愁容掛上電話。[33]

事實的真相將會震驚最極端的革命份子，因為正在發生的事情是一場兵變。在那天下午的一片混亂中，一群工人通知巴甫洛夫斯基兵團營房的官校生，他們有一些同袍向著俄羅斯公民開火。因為覺得反感，一小群第四連的官校生決定叛變。他們很快想出一個口號（「沒有任何理由可讓我們容許人民的血染在巴甫洛夫斯基人的白色上衣上」），然後搶走了一批來福槍，走到街上。他們的兵變以失敗收場（當他們被憲兵捉拿之後，哈巴洛夫親自懲罰他們），但這事卻標誌著彼得格勒駐軍心緒的改變，預示著一場獨立於杜馬、受過教育的極端份子或任何革命份子基地的造反。[34]

示威在一九一七年二月二十七日發展成革命。為其指出方向的是巴甫洛夫斯基兵團的兵變。隨著哈巴洛夫為第二天的武裝鎮壓準備，全面性的反叛在各部隊爆發。最先起事的是沃連斯基兵團——它是前一天被派去鎮壓群眾的單位之一。因為對他們同袍被迫去做的事感到反感，一群小伙子不管上級的指示，離開了軍營——利多夫斯基兵團和伊茲邁洛夫維奇兵團的成員很快便起而效尤。不多久，就連最精銳的普列奧布拉任斯基兵團亦分崩離析，分散到各條街道：這時候已經沒有轉圜餘地，因為一些起義者在兵變時槍殺了他們的軍官。據在高爾基公寓裡守在電話旁邊的蘇哈諾夫估計，到了當天中午，至少有兩萬五千名駐軍加入了革命。帶著來福槍的年輕人在街上巡邏，有些背上揹著搶來的食物。工人也沒有按照他們領袖的建議停止行動。在前一晚，有一群工人突襲了列斯諾伊區的軍火庫，搶走裡面的來福槍、手槍和彈藥，武裝一場全面性的反政府起義。35

這場起義既非盲目亦非亂作一團。工人合乎邏輯地選擇他們的目標，突襲了克列斯特監獄、法院和砲兵基地。當兵變者解放監獄時，他們是那麼冷靜和有紀律，乃至讓法國武官拉韋涅上尉以為，他們是根據上級命令行事。但這種冷靜不是普遍現象。一位目擊者瓊斯寫道：「在很短時間內，整座城市就因為起火燃燒建築物吐出的火舌而發紅，再加上大量交火，讓局面看起來比實際狀況還要糟糕。」他又說：

暴民呈現一種近乎怪誕的奇特外表。士兵、工人、學生、流氓和獲釋罪犯三三兩兩漫無目的地閒逛，全都有武裝，但卻是雜七雜八的古怪武器。一個學生帶著兩把來福槍，繫一條機關槍子彈腰帶，旁邊另一個學生拿著一根前端綁著刺刀的棍棒。一個喝醉士兵的來福槍只剩下槍膛，槍柄已在他破門進入某間商店時斷掉。36

從他位於高樓層的窗戶，諾克斯將軍觀看著起義者湧向砲兵團：

我們伸長脖子，看見兩個士兵類似先遣隊那樣，走在馬路中央，向閒人舉起來福槍，要清空街道。他們其中一個向一個不幸的司機開了兩槍。然後來了大一群毫無秩序的士兵，占滿整條寬闊的馬路和兩邊的人行道。他們由一個個子小但極有威嚴的學生帶領。沒有軍官。所有人都有武裝，很多在刺刀上綁著紅旗。[37]

這些紅旗（主要是一些碎布和緞帶布條）很快就招展在每一頂帽子和每一個槍托上。瓊斯回憶說：「沒有紅旗就代表對方是警察或間諜，可向他開槍。」[38]群眾有理由害怕警察，因為那天一整天乃至第二天，警察對示威者開了更多的槍。瓊斯寫道：「街道淨空之後，小小的人堆——有些寂靜無聲，有些痛苦地蠕動著——訴說著機關槍的傷亡數字。」[39]

在工人階級占大宗的維堡區，當地的布爾什維克開始計劃武裝奪取國家政權，建立一個他們打算稱為「臨時革命政府」的看守組織。[40]他們的領袖希望在芬蘭車站（維堡區的戰略核心地點）建立一個總部。雖然極端左派留守在維堡區，幾乎所有其他人卻是朝著杜馬的大本營塔夫利宮而去。沒有人知道他們想要在塔夫利宮做些什麼，但它卻是一個政治權威的中樞，也是革命野心的一個主要目標。待在前線附近指揮中心的沙皇對於彼得格勒傳來的消息大感震驚，在當天凌晨時分下令杜馬休會。所以當士兵、學生和工人擠在霸占而來的汽車往塔夫利宮聚集的時候，已經不再有代表民主的合法機構存在。唯一的民主象徵只剩下王宮本身——一座波坦金親王和凱薩琳女皇時代的產物。

入侵者很快就解決了大鐵門。但出乎他們意料的是，當他們從風雪中步入塔夫利宮時，發現這座王宮已遭遺棄。但這種空空蕩蕩是騙人的，只因為它規模太大的緣故。要讓俄羅斯十八世紀最有錢的人揮霍的這座王宮顯得擁擠，需要花好些功夫。例如，它的主要舞廳就是要設計來容納五千人同時跳舞（見彩圖9）。其他的大廳比較小一點，但每一個仍有足夠空間容納一個馬戲團、大象連同其他東西。蘇哈諾夫在傍晚抵達，馬上就注意到塔夫利宮的工作人員因為穿著襯衫硬前襟或黑色長袍，讓他們在戴毛皮帽和穿厚大衣的新來者中間顯得鶴立雞群。[41]王宮有兩個巨大側翼，由一個拱頂大廳和一個柱廳在中間連接，背面是杜馬的辯論廳（在凱薩琳女皇的時代是個冬季花園）。大部分杜馬的議員都是使用右側翼的辦公室，現在，由於大堂擠滿了群眾，一些議會領袖在其中一間辦公室聚會商談。

他們不知道自己應該做些什麼。在杜馬休會期間開會，這本身便構成叛國罪，不過，目睹舞廳中的群眾很容易讓人忘記憲法的規定。有好幾個小時，這些政治人物陷入爭吵，甚至不確定自己在這個革命已經開始的城市是不是有權要求恢復秩序。第二天下午，帶點勉強地，他們其中一群人自稱為「國家杜馬成員的臨時委員會」，致力恢復首都秩序和確立跟公共組織及機構的關係。[42]正如一個叫舒利金的右翼份子指出的，如果他們不採取行動，「工廠的流氓」也許就會採取行動。[43]這個杜馬委員會並沒有法律地位，此一事實讓當中的律師成員感到憂慮，但它的成員全是全國性公眾人物，包括羅江科（主席）、舒利金、米留科夫和一個叫克倫斯基的社會主義者。

至少他們開會的辦公室是靜悄悄的。在大廳展開的戲碼足以讓任何戴單片眼鏡的政治精英代表感到害怕。米留科夫永遠忘不了那些粗魯外來人湧入舞廳，踐踏鑲木地板和波斯地毯的景象。他寫道：「到了晚上，塔夫利宮已經成為一個武裝營地。士兵們帶來了一箱箱機關槍彈藥和手榴彈，我想他們還拖來了一座加農砲。然後從王宮某處傳來槍聲，有些士兵開始奔跑，打破半圓形大廳的窗戶，跳出窗外。」[44]一本經典歷史著作這樣描寫：「各式各樣的搶掠品沿著牆壁堆放。在一堆大麥和麵粉袋子的上頭躺著一隻豬的屍體。噪音大得不可思議。杜馬議員驚恐地站在侵犯塔夫利宮的龐大群眾面前，他們的行為彷彿這裡正在舉行大節慶。」[45]

塔夫利宮開始把全城的人吸引進它的大門。海軍官校生拉斯科爾尼科夫回憶說：「夏帕勒爾納亞街的馬路被示威者占領，它的人行道擠滿知識份子和資產階級大眾。在這段日子，每個市井小民都用一個大大的紅絲巾或印花布蝴蝶領結裝飾胸口，以此作為自發性任務。」[46]有些人來此是要來瞧瞧（拉斯科爾尼科夫認出一個打了「特大號紅色蝴蝶領結」的憲兵），但另外一些人（同樣是穿著白襯衫和西裝）則是夢想革命已經夢想了一輩子。蘇哈諾夫在薄暮中向東匆匆走去時，在心裡發誓說：「只要能夠起積極作用，我任何事都願意做。我願意在這些事件中作為一個齒輪。」[47]

到了星期一黃昏，塔夫利宮已經充斥著公眾人物，包括那些才剛剛從監獄獲釋的工人運動領袖。大部分社會主義者都相信他們的任務是召開工人代表蘇維埃大會——一個能夠代表革命和開始管理城市生活的真正民主組織。彼得格勒吃盡苦頭的民眾知道這是什麼意思。最初的蘇維埃是在一九〇五年革命的高峰時期由工人自己建立。就像那時候一樣，眾人開始從自己的行列選出新的代表，然後說好第一次會議在當晚七點假塔夫利宮舉行。[48]但必須先找到一個會議廳。塔夫利宮幾個主廳都擠滿了人，噪音大得不可思議，不過在王宮左側翼還有幾間閒置的辦公室可用。羅江科不願意讓一群暴民在那裡開會，但克倫斯基說服他讓他們使用十二號辦公室，表示「總需要有個人為工人負責」。[49]

就這樣，著名的彼得格勒蘇維埃就在當晚誕生於波坦金親王王宮的一個可笑的角落，並馬上開始工作。它有無數的祝福和許多掌聲要接受，但同時也有許多問題有待解決。從食物危機到爆炸物不受控制地擴散都是當務之急，需要實際的因應措施（包括組織一支民兵保護城市的安全）。蘇維埃最先的行動是選出一個執行委員會負責日常事務。當工人代表紛紛加入群眾時，這群人（主要是知識界的人物）開始發號施令。它的主席齊赫澤是孟什維克派律師，來自喬治亞，曾經是杜馬成員。為人有欠果斷，他是個備受尊敬但平凡的主席人選：有人指出，由於所有真正重量級的人物仍然流亡國外，齊赫澤是現有選擇中最佳的一個。團隊中的律師成員還有斯科別列夫，而蘇哈諾夫則靠著記者能力而當選。布爾什維克在執委會的代表是什利亞普尼科夫和另一個工人——活躍份子扎盧茨基。

「執委會」中鋒頭最健的是副主席，而這位副主席不是別人，正是克倫斯基——他也是杜馬委員會的一員。生長在辛比爾斯克（在那裡，他父親是列寧求學時的校長之一，他家和普羅托波波夫是遠鄰），克倫斯基在演講和個人服裝上都培養出一種花稍品味（認識他一些年的蘇哈諾夫回憶說他有一雙絲綢拖鞋和一件土耳其風長衫）。一九一七年二月時，他因為剛動手術切除一個腎，仍然顯得蒼白而虛弱，但他帶著讓人印象深刻的勇氣投入革命，就像一個捧著特大號花束的歌劇女主角那樣接受所有要他效勞的召喚。這種戲劇性風格將會成為他的正字標記。洛克哈特指出：「他看起來神情痛苦，但嘴唇堅定，頭髮短而翹，整體給人一種精力旺盛的印象。」[50]在大戰之前，當他還是個非法革命份子時，克倫斯基外號「快腿」，意指他為了逃避警察追捕，經常需要跳上跳下行駛中的電車。[51]不過，那個星期一晚上，他卻沒有向蘇維埃展現他的快腿：因為關心杜馬委員會的事務遠多於蘇維埃的事務，他留在了塔夫利宮的右側翼，有勞蘇維埃的代表從左側翼來找他。

局勢演變得飛快。甚至在蘇維埃會議還沒有召開前，一個學生走入塔夫利宮的圓形廳，帶著兩個士兵和一個被俘虜而發抖的沙皇政府部長，帝國政府正在解體。在射擊開始時，它的成員都躲到櫥櫃或地窖避難，然而此時，他們開始露出頭來。一整個下午，革命份子都在抓人，讓一個又一個年老紳士被帶到塔夫利宮混亂一片的大廳。到了黃昏，唯一可以安置囚犯的地方只剩杜馬的會議室，從杜馬委員會的觀點看，這個地點的好處是可以把社會主義群眾阻隔在外。[52]但不管不方便或分心活動都無法妨礙蘇維埃執委會的工作。它開始考慮食物危機、駐軍和怎樣恢復基本公共服務的問題。有鑑於可靠消息來源的闕如，它也計劃創辦一份報紙。第一期的《消息報》就在第二天早上出刊。

大廳再過去，坐在舒服得多的環境但缺乏蘇維埃的顯見熱忱，羅江科和他的同事也討論到深夜。逮捕部長們不是他們的倡議（當第一個受害者被帶進來的時候，羅江科曾企圖救他）[53]，而現在他們更是面對不確定性，甚至毀滅。羅江科嘆息說：「天知道這城市發生了什麼事。一切工作都停頓了，而我們卻被認為必須繼續打一場戰爭！」[54]前線有數十萬計的部隊，沒有人可以預測他們對發生在彼得格勒的事會有什麼反應。現在有待解決而且必須快速解決的問題是：誰被認為握有最終指揮權？

蘇維埃第一次會議在當晚深夜結束，但什利亞普尼科夫回憶說，到了二十八日凌晨四點，塔夫利宮仍然「嗡嗡響得像個蜂巢」。[55]蘇哈諾夫是還在裡頭的其中一人。繞過那些固定的桌椅，這位疲倦的革命黨人在大廳找到一個安靜的角落，和著厚大衣而臥。透過他頭頂上的玻璃屋頂，他可以看見很多火焰在閃爍，每隔一陣子就會響起一聲遙遠槍響。他在士兵的低聲談話中沉沉睡去，呼吸著潮溼羊毛和罐頭鯡魚的氣味（鯡魚是在他身旁的人的宵夜）。正當塔夫利宮的士兵舔著刀子上的魚油之時，人在靠近前線的總部的沙皇簽署了一項命令，要求不惜一切代價粉碎革命。有鑑於哈巴洛夫明顯無法鎮壓革命，他改派伊凡諾夫將軍代替其職。沒有人知道，如果伊凡諾夫將軍成功，局面將會如何發展。

不過，就像彼得格勒每個人一樣，蘇哈諾夫仍然陶醉在幸福感中。星期二早上，他身體僵硬地在他所謂的「新俄羅斯的自由城市」中醒來，才睜開眼就看見一群士兵把尼古拉二世的肖像從畫框扯出來。[56]稍後，他在新鮮空氣中散步，心靈「被尖銳幸福的光芒和勝利的自豪感充滿，對於這些日子的廣大無邊、幸福洋溢且不可思議的成就感到驚訝」。[57]這勝利是屬於人民，但就短期而言，從中會誕生出什麼卻是由蘇哈諾夫和克倫斯基決定。

這個問題非常緊迫。人民痛恨皇后和她的同黨，但尼古拉仍然是沙皇。在前線的軍隊曾宣誓要效忠他，哪怕他們會維持這種誓言多久並不清楚。與此同時，不管伊凡諾夫如何部署，總得有人維持彼得格勒居民的安全。雖然蘇維埃執委會為此已經成立了一支民兵，杜馬委員會仍然決定採取自己的行動。在二月二十八日，羅江科下令首都的部隊放下武器投降，打算用這個方法結束革命，讓城市恢復運作。這個命令讓局勢更亂，因為士兵害怕軍事法庭和絞索。又緊張又飢餓，他們開始計劃在街上進行進一步武裝反抗。蘇維埃支持他們，這特別是因為士兵代表的人數在全體會議中已經多於工廠代表。駐軍是受到塔夫利宮哪個側翼的控制並不清楚。正如米留科夫在二月二十八日驚恐指出的：「絕不能讓雙元政權存在。」[58]

布爾什維克的維堡區委員會對這個問題有自己的答案。由於相信資產階級會推翻人民艱苦贏得的新權利，它仍然主張組織一個多黨派的臨時革命政府，方法是透過各個職場的蘇維埃。這樣的組織已經在整個城市和其他地方形成，但真正的障礙是執委會：它拒絕執掌國家的韁繩。維堡區委員會在塔夫利宮有一些支持者，但在蘇哈諾夫看來，他們「只是用聽不見的聲音吱喳，甚至不會為了自己的原則投入任何真正的奮鬥」。[59]同樣明白的是，彼得格勒蘇維埃本身並不想要擁有權力。其成員的猶豫不決主要是意識形態在作祟，因為他們大部分都是馬克思主義者，相信革命按固定階段逐步展開。他們主張，彼得格勒目前發生的是一個引進議會民主的過程——他們稱之為資產階級階段。一個工人的政府（更遑論是全面性社會主義）只有在人民經驗過民主統治後方有可能發生。就像孟什維克派的波特雷索夫幾年前所說的：「在資產階級革命時刻，社會和心理兩方面都準備好解決國家問題的，是資產階級。」[60]

任何這樣想的人都會害怕執掌政權。另外，在伊凡諾夫和他的精銳部隊逼近彼得格勒這當兒，部長職位也不可能有任何吸引力。剩下的部隊（有穿軍服和武裝的）支持任何人都有可能。就連兵變者一樣有可能會調轉槍頭，改為對付革命，這也是為什麼蘇維埃會鼓勵士兵代表想辦法讓首都駐軍重新聽命。正如蘇哈諾夫指出的：「對駐軍的問題必需要以最細緻的方式處理。必須不惜一切代價創造一個讓它不能否認的權威，讓它聽其命令行事。」[61]蘇維埃在三月一日混亂狀態中發布了著名的「第一號命令」，有助於減低街道上的隨意射擊頻率。士兵回到營房，保留他們的武器，但遵守紀律。不過，蘇哈諾夫和他的朋友相信，長遠來說，蘇維埃必須把它的權力「交託給它的階級敵人，即交給有產階級」，因為那是唯一可以保護和發展革命成果的方法。在他看來，「問題的關鍵在於，俄羅斯的有產階級是否會同意在現在的環境下執政。」[62]

不過，杜馬委員會對於權力就像蘇維埃一樣神經緊張。雖然它的幾乎所有成員長久以來都為改變國家而奮鬥，但目前的失序程度卻是他們始料未及的，而他們對於希望看見何種政府也是意見分歧。克倫斯基之類的左派人士樂於看見一個社會民主主義政府，但有些其他人（包括米留科夫）的理想卻是英國式的君主立憲。他們唯一的共識就是目前的狀況是非法和危險的。他們被迫扛起責任，但很多人巴不得把責任卸下。雙方都被困住，唯一出路是達成某種協議。

商談在三月一日晚上殷切展開。正如蘇哈諾夫所預見的，當務之急是誘勸杜馬成員在不情願的情況下執掌政權。米留科夫是杜馬委員會的主要發言人。他的主要焦慮顯然在於擔心蘇維埃會以要求俄國馬上退出大戰作為條件，因為和平一直是工人最迫切的要求。不過在那個晚上，他鬆了一口氣，因為這個讓人困擾的主張被束之高閣（至少是暫時束之高閣）。雙方還同意，現在成立的任何政府都只是臨時政府，因為他們都相信，一個永久解決方法只能透過自由選舉和召開制憲會議達成。蘇維埃知道米留科夫計劃恢復君主制，但這個議題可以由被選出的制憲會議議員決定。蘇維埃執委會給自己劃出的一條紅線是，它的任何成員都不能出任臨時資產階級政府的部長。他們應該改為把精力投入於促進工人的權利。會議開了很久，到了最後，幾乎所有人——包括齊赫澤和克倫斯基——全都躺平。[63]

兩邊就像是在討論決鬥的條件。雙方在三月二日達成協議，而這主要是因為蘇維埃總是想找個讓步的藉口。這協議創造出一個擁有廣泛權力的臨時政府，構想中它是由正直的公民組成，將會統治到一個永久的政體經由選舉產生為止。臨時政府的主席是一個和藹可親的慈善家李沃夫親王，以鼓吹教育及公共衛生和積極參與公共服務見稱。當時親王不在彼得格勒，無法面對面諮詢他的意向，但透過電報確定他願意接受任務。預定作為國家新外交部長的米留科夫選擇向王宮舞會大廳裡的廣大群眾宣布這個消息。

米留科夫精心準備了一篇講稿，但大部分的演講內容都被聽眾的嘈雜聲所淹沒。他告訴他們，李沃夫親王獲選為新政府的領袖，形容他是「俄羅斯社會的一個代表人物」。當一個有敵意的聲音插嘴說，李沃夫唯一代表的只是「有產的社會（propertied society）」，米留可夫怒目而視。他堅稱：「有產社會是唯一有組織的社會，可以讓俄羅斯社會其他階層組織自己。」[64]然後他又碰到一個不友善但顯然的問題：「是誰選你們的？」對這個問題，他在回憶錄裡說：「就此我可以寫出一整篇論文。」但在當時，他卻選擇以一個厚顏謊言作答：「我們是被俄羅斯革命所選！」[65]

群眾並不完全信服，而接著又有更多的戲劇性場面。米留科夫等一群人想要兩個蘇維埃執委會的成員——齊赫澤和克倫斯基——出任部長。齊赫澤引用蘇維埃的工人代表不可擔任部長的規定直接拒絕了，表示自己將會全心全意投入蘇維埃的工作。但克倫斯基接受司法部長的職位，發誓會為人民服務到最後一口氣。他對被他迷住的群眾說：「同志們，我是用我的整個靈魂在說話，字句都是肺腑之言。如果有必要證明這一點，如果你們並不信任我，我已經準備好此時此地就在你們眼前死去。」[66]他得到熱烈喝采，而他認為這表示他可以照自己的選擇去做。所以他就跑到了杜馬委員會的會議廳，讓蘇維埃執委會的一票領導人陷於「尷尬、沮喪和憤怒」當中。[67]就像諾克斯日後所說的，克倫斯基「有著拿破崙的一切演戲天分，卻無半點拿破崙的道德勇氣」。[68]

杜馬委員會一小群資產階級君主派對沙皇有一個計畫。就在所有眼睛都盯著塔夫利宮的時候，新任戰爭部長古契科夫在舒利金的陪伴下祕密去見了尼古拉。古契科夫帶去的建議（得到米留科夫熱烈贊同）是沙皇應該遜位，把皇位讓給弟弟亞歷山德羅維奇。飽受折騰的沙皇同意了，

1.（左上）霍爾，攝於一九一七年。

2.（右上）諾克斯少將。

3.（左下）喬治・布坎南爵士，攝於一九一八年。在俄羅斯的不快遭遇，使他震驚、衰老且疲憊不堪。

4.（右下）法國大使帕萊奧洛格。

5.（上）彼得格勒的街壘，一九一七年二月二十七日攝於里特尼大街。

6.（下）「杜馬」的臨時執行委員會。羅江科坐在桌子右邊，古契科夫坐他旁邊。克倫斯基站在後排右二，米留科夫站在中央。

7.（上）革命群眾在塔夫利宮前面。一九一七年三月一日（十四日）。
8.（下）塔夫利宮今日的樣貌。它由兩個側翼和堂皇的中央大廳構成。

9.（上）塔夫利宮的舞廳是設計來供五千人同時跳舞。不過在一九一七年春天，它常常人滿為患，幾乎要裂開。圖中是士兵和水手正在聆聽羅江科演講。

10.（下）彼得格勒市民在一九一七年三月二十三日為革命死難者舉行的肅穆葬禮。圖中的出殯隊伍正行經涅夫斯基大道。

11.（左上）格爾方德（他更為人知的名字是帕爾烏斯），攝於一九〇六年。
12.（右上）狡猾陰謀的大師：齊默爾曼。攝於和平的最後幾年。
13.（左下）普拉滕，攝於約一九二〇年。
14.（右下）拉迪克，攝於柏林，一九一九年十二月。

15.（上）快步走的列寧和他太太克魯普斯卡婭。
16.（下）從列寧在蘇黎世租屋處階梯看見的鏡巷。列寧一九一七年二月居住於此。

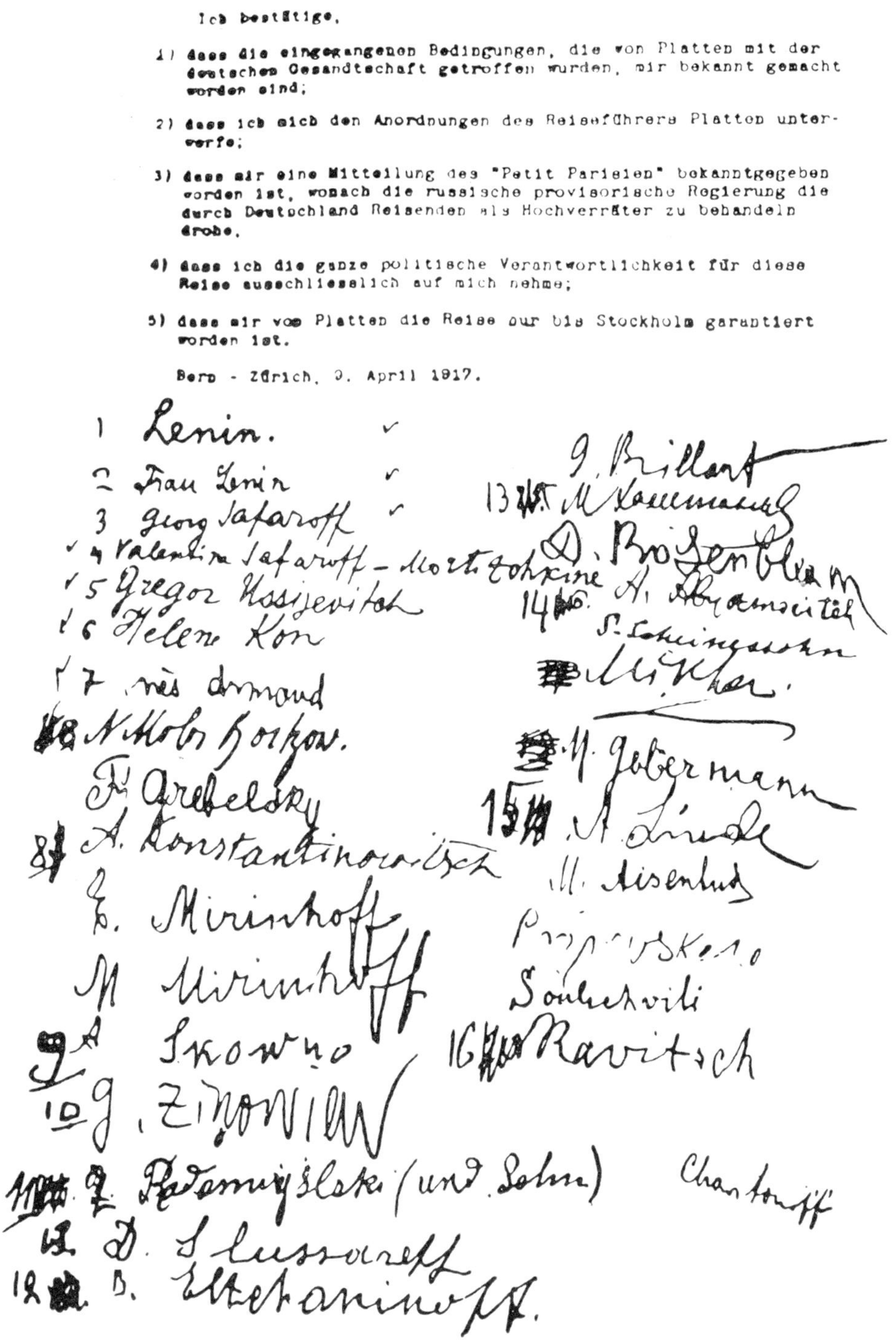

Ich bestätige,

1) dass die eingegangenen Bedingungen, die von Platten mit der deutschen Gesandtschaft getroffen wurden, mir bekannt gemacht worden sind;

2) dass ich mich den Anordnungen des Reiseführers Platten unterwerfe;

3) dass mir eine Mitteilung des "Petit Parisien" bekanntgegeben worden ist, wonach die russische provisorische Regierung die durch Deutschland Reisenden als Hochverräter zu behandeln drohe.

4) dass ich die ganze politische Verantwortlichkeit für diese Reise ausschliesslich auf mich nehme;

5) dass mir von Platten die Reise nur bis Stockholm garantiert worden ist.

Bern - Zürich, 9. April 1917.

17. 一九一七年四月九日（三月二十七日）交給德國總參謀部的俄國旅人名單。第一個簽名的當然是列寧本人。

18.（上）列寧在斯德哥爾摩，一九一七年三月三十一日（四月十三日）。領袖正在和紐曼談話，克魯普斯卡婭戴著寬邊帽尾隨在後。

19.（下）瑞典和芬蘭之間的托爾訥河，攝於一九一五年。

但有鑑於自己的獨子健康非常脆弱，所以把他排除在繼位的可能人選之外。就這樣，尼古拉二世的統治在一九一七年三月二日落幕。要不是亞歷山德羅維奇拒絕繼任皇帝（克倫斯基稱此舉為「最高的愛國主義」），俄羅斯也許需要在君主立憲制和一場致命危機中做一選擇。到了這階段，革命還沒有成熟得足以讓任何人決定俄羅斯應該採取何種政府體制，但大部分的公民顯然都已受夠了沙皇統治。

當古契科夫勸退沙皇的消息最終洩漏之後，英國大使為克倫斯基嘗試安撫蘇維埃共和派怒氣的舉動鼓掌。[69]但保守派和君主派人士卻極度不滿。不太明白發生了什麼事的帕萊奧洛格在日記裡這樣寫道：「因為害怕控制了芬蘭車站和要塞的流氓，杜馬的代表被迫讓步。蘇維埃現在是主人了。」[70]更精確的評估是米留科夫的噩夢已經成真。人民繼續對蘇維埃忠誠，但一個不是選舉出來和勉強湊數的臨時政府，卻揮舞著未經現實考驗的空前無限權力。[71]俄羅斯面臨著長期雙頭馬車的前景。

沙皇的遜位讓一個共和國得以成立。在彼得格勒的街頭，疑慮和恐懼的喃喃自語被歡天喜地的情緒淹沒。但沒有人知道軍隊整體對新政權可能是什麼態度，或知道俄國許多城市和外省城鎮會發生什麼事。就連造就這場革命的人民——雙手起繭的工廠工人和穿著有補丁外套的女人——也不確定誰是真正的贏家。當蘇哈諾夫在三月二日六點離開塔夫利宮時，他被一群人纏住，要求他發表演說。「他們想要消息，」他解釋說，承認群眾要找的其實是克倫斯基。「群眾的手抓住我，我被拉到了街上……我看見人數多得我一輩子沒有看過的群眾。無數的臉孔和頭轉過來朝向我。他們完全填滿了庭園，再填滿了馬路，高舉著橫幅、標語和小旗子。」正在下雪，天光開始黯淡，人群筋疲力竭，蘇哈諾夫的聲音疲倦而細弱，但是「極目所見，他們全都緊繃地看著我，散發著濃烈的死亡般的寂靜」。72

第五章 地圖和計畫

人類尊嚴不是資本家的世界所要尋找的東西。

——列寧

這種悲情是喬治．布坎南爵士所不理解的。錯過了革命大戲的關鍵序幕對他並無益處。這位大使當時安排了到芬蘭的短期休假，在第一波罷工開始前離開了俄羅斯。回來之後，他發現整個彼得格勒陷於混亂。法院和警察總部遭火肆虐，街道滿是吵鬧的年輕人和槍聲，而在他的窗戶外面，從堤岸經過的一輛輛敞車擠滿揮舞旗幟的喝醉少年人。當他女兒梅麗葉爾的火車到達芬蘭車站時，諾克斯將軍親自開車去接她，因為首都的大眾運輸工具已經停擺。城市變得極為不方便且非常危險。大使夫人非常有警覺心，不待下午的陽光暗下來便讓她縫紉小組的成員回家去。[1]

三月一日（根據倫敦的曆法是十四日，編注：以下經常同時呈現兩種曆法），布坎南爵士覺得有必要消除英國大眾的疑慮。在當天發出的許多封電報中，他要求其中一封婉轉提到，彼得格勒的兩千英國僑民全部平安。他不知道倫敦已經決定用處理未爆彈的誠惶誠恐態度對待來自俄羅斯的消息。所以他的電報得到了這樣的批注：「戰爭內閣決定不讓報紙刊登彼得格勒發生的事件。這一類宣布如要發表，將會需要仔細的『妝點』。」[2]俄國的盟國把起義視為一種背叛。問題倒不是擔心紅旗會鼓舞他們自己國內的麻煩製造者，因為該是讓俄羅斯人享有一定程度民主的時候了。[3]真正讓他們擔心的是所有那些穿羊皮外套的灰臉工人對和平的堅持要求不只是說說——他們和協約國的歐洲大計本來無甚關聯，卻突然變成此計畫中的關鍵。

他們不能任由俄國革命選擇自己的道路，不過英國人卻審慎有餘，一開始先發揮一點點盎格魯－撒克遜魅力。三月三日（十六日），當沙皇政府已經確定垮台之後，布坎南收到一份賀函的副本。賀函是愛國的英國勞工運動的領袖所寫，收件人是「克倫斯基和齊赫澤先生」。它一開始這樣說：「有組織的大不列顛勞工正帶著最深切的同理心，注視俄國人民努力擺脫妨礙他們推進至勝利的反動元素。」

> 英國和法國的勞工長久以來都認識到，如果想打開讓歐洲各國通向自由與和平發展的道路，則必須推翻德國的專制主義。這個信念激發他們做出前所未有的努力和犧牲，而我們有信心俄國勞工會協助我們達成這個獻身的目標。殷切相信你們將會讓你們的追隨者記住，放棄努力意味著災難。[4]

這是一個清楚不過的訊息：不管用什麼樣的修詞，英國都是希望俄羅斯繼續戰鬥，直到團隊中其他成員同意它停下來為止。私底下，英國外交部的官僚對於任何一種人民政府都懷有疑慮。布坎南指出：「蘇維埃不惜一切代價追求和平……如果它成功了，從軍事的觀點來看將意味著災難。」倫敦在三月四日（十七日）給他的指令毫不含糊：在決定英國是不是要承認新政權時，他應該考慮的只是新政府對戰爭的態度。「你的所有努力都應該投入於反對任何不想作戰到底的政府。」[5]英國大使館顧問林德利在三月七日（二十日）從彼得格勒發出的信上寫道：「我們在這裡的最大困難是得面對兩個政府，一個是由李沃夫親王領導的真正政府，另一個是工人和士兵代表組成的委員會，沒有它的命令，將不會有任何人做任何事。英國僑民自然相當神經緊張，因為所有俄羅斯人都同意，一股可怕的階級仇恨潛藏在表面底下，只要它一被釋放出來，後果不堪設想。」[6]

讓人比較樂觀的是俄國的「真正」政府看來公事公辦，是由一些克盡職責的人組成。在三月九日（二十二日），英國財政大臣安德魯・博納・勞代表議會向俄羅斯的新政府致意。「本院向杜馬致上情同手足的祝賀，」他這樣說，雖然他真正應該祝賀的是臨時政府。「並對於俄羅斯人民在他們中間建立起一些自由機構致以最衷心的祝福。」[7]他想像中的俄國新政府想必是由一些像他一樣的紳士構成。學院人士和斯拉夫專家佩爾斯當然是新政府的粉絲。他稍後寫道：「這些都是我的朋友。在十二個新部長中，有七個是我在利物浦出版的《俄羅斯評論》的共事者。」[8]更棒的是，米留科夫曾經見過喬治五世——雖然他年輕時是個馬克思主義者，但最近卻在倫敦宣稱，他「屬於國王陛下的反對派，不屬於反對國王陛下的派別。」[9]

米留科夫名義上雖然只是臨時政府的外交部長，卻是實際上的主導者，這讓倫敦明顯寬心不少。被提名為總理的李沃夫親王花了幾天時間從他在莫斯科的家去到彼得格勒。他抵達塔夫利宮時，米留科夫表示：「我覺得我們終於完整了。」不幸的是，事實證明李沃夫的才智根本不足以勝任國家領袖之職。「親王凡事閃躲而謹小慎微，」米留科夫寫道，「總是用一種溫和防衛的態度回應事件，用溫和的語句讓自己擺脫麻煩。」著名小說家的父親納博科夫也說：「他坐在駕車者的座位，卻連韁繩也不拿起來。」[10]從倫敦觀察這一切的霍爾斷定，李沃夫「更有資格當倫敦郡議會的主席，而不是在一場大革命中當一個不穩定政府的首腦」。[11]

在彼得格勒，布坎南從一開始就不信任新政權。他在一九一七年三月五日（十八日）報告說：「但願現在的政府可以把局面掌控住。最好的情況是，大戰持續多久，它就充當臨時政府多久。」[12]不過，他私底下認為「各個部長並未能激發我對未來有太大信心。他們大部分業已顯示出過勞跡象，是在承擔超乎自己能力的工作。」[13]法國大使要更加直接，用一個鑑賞家的眼力來評斷這個革命中的國家。他的判斷是，俄羅斯真需要的即使不是一個羅伯斯比爾，也是一個丹東（譯注：羅伯斯比爾和丹東都是法國大革命的人物），但現在它卻是由一個連管理私人晚餐俱樂部都有問題的委員會掌舵。[14]帕萊奧洛格在寫給法國總理里博的信上說：「我們將會需要面對經濟、社會、宗教和倫理的問題。從戰爭的觀點來看，這些問題都非常棘手，因為斯拉夫人的想像力遠不像拉丁人和盎格魯－撒克遜人那麼有建設性，基本上是無政府主義和散亂的。」他的預言相當灰暗：「在目前的革命階段，俄羅斯既無法戰，也無法和。」[15]

就像所有局外人很快將會同意的，臨時政府的一個亮點是「快腿」克倫斯基。帕萊奧洛格指出：「他顯然是臨時政府中最有原創性的人物，而且看來一定會成為它的主要動力來源。」布坎南認為，克倫斯基是「唯一我們能盼望讓俄羅斯留在戰爭裡的人」。[16]這位司法部長無處不在，既要赴英國大使的約，又要赴彼得格勒軍事總督的約，既得前往塔夫利宮，又得前往自己所屬的共濟會。[17]雖然在蘇維埃保留一個立足點，他的全部重心是放在資產階級政府。在三月中，他安撫諾克斯說：「目前兩個政府並行的情形是不可久的……而蘇維埃正在喪失基礎。」[18]諾克斯寫道：「只有一個人可以救得了這個國家，那就是克倫斯基……因為他仍然獲得過於能言善道的彼得格勒暴民的信任……如果不是因為克倫斯基，臨時政府根本不可能在彼得格勒立足。」[19]日後回顧這刺激的幾星期，克倫斯基認為「那是我政治生涯中最快樂的日子」。[20]

不過不管一個新晉升的部長有多麼快樂，蘇維埃繼續存在。隨著英國、法國和義大利大使在三月十一日（二十四日）正式承認臨時政府，蘇維埃的存在像是一頭來自波羅的海沼澤的怪獸。不管新任戰爭部長古契科夫在戴著單片眼鏡和穿著手工西裝時看起來有多從容，但僅幾天前他才向軍隊的參謀長透露過自己的疑慮：「臨時政府並不擁有任何實權。它的指示之所以會被執行，只因為獲得工人和士兵代表的蘇維埃的批准，後者享有實質權力的所有本質要素，因為部隊、鐵路、郵局和電報站全在它的手裡。大可以說，臨時政府只有在蘇維埃批准其存在時方存在。」[21]

光是這種想法就足以讓部長們的香檳變酸。但正如古契科夫將對諾克斯透露的，一些更大的問題將會發生。諾克斯兩個星期後就把這番談話報告倫敦：

我今日和戰爭部長見了幾分鐘。他對船塢生產力的降低感到憂慮。現在彼得格勒工廠的生產量只有革命前的三到六成……就連工人和士兵代表委員都沒有力量跟包含猶太人和笨蛋在內的極端元素競爭。他認為政府或遲或早都要和極端份子攤牌，但政府還沒有它可以依靠的力量，要求我嚴格保密。蘇維埃擁有政府所有密碼的解碼本和控制了所有無線電站。22

古契科夫和他的朋友們最不樂見的就是有大量更極端的極端份子從海外湧入。但控制著所有電報站的蘇維埃看來鐵了心，要把每個麻煩製造者從外省和國外召回彼得格勒。第一批國內流放者在第一個星期抵達——是從他們在沙皇時期被流放處的村莊回來。隨著他們回來，一個潛伏已久的問題被掀開：農民和他們對土地長年累月的飢渴。土地問題是任何相信財產權的政府的終極挑戰，因為不奪去地主的土地，問題就無法解決。更糟的是，它對彼得格勒投下了一個陰影，因為軍隊是任何革命協定的關鍵，但軍隊就和人口整體一樣，主要是由農民構成。

與這些擔憂相比，盟國和它們日復一日的要求對新政府來說只是一個小麻煩，但它們一樣是不可不理會。新政府發現，原來舊政權和英、法簽訂過好些祕密協定。最重要一個祕密約定可回溯至一九一五年，當時米留科夫在外交部的前任同意讓出國家在亞德里亞海海岸的剩餘利益，臨時政府一名個性衝動的成員聽到這個之後從椅子上跳起來表示：「我們永遠不能接受這樣的條款。」23同樣祕密的交換協定是，如果大戰勝利，俄羅斯將會獲得君士坦丁堡和達達尼爾海峽。

因為米留科夫對巴爾幹半島長期感興趣，這個交換協定對他意義重大。在他起草外交政策的一份官方宣言時（一九一七年三月七日〔二十日〕發表），也許甚至想像金角灣（編注：Golden Horn，指土耳其伊斯坦堡一處天然海灣）有一座俄國城市。他在宣言中宣稱：「政府將會神聖地堅守我們與其他強權的結盟，忠實地執行我們與協約國曾有的協議。」[24]當這聲明第一次發布時，很少人知道他所謂的「神聖」任務是何所指。當米留科夫在馬林斯基宮的新辦公室一張圓桌向其他部長解釋時，連他最親密的同僚亦感到不可思議。這位外交部長日後回憶說：「我從部裡的檔案庫找出那些『條約』，又用詳細的地圖協助我的報告。」讓他失望的是，李沃夫把兼併達達尼爾海峽的行為稱為「掠奪」，又要求俄國拋棄這條「卑鄙」的條款。[25]

蘇維埃執委會發出的喧囂聲要更甚。蘇維埃一直在增長，到三月中已經有大約三千名代表，大部分來自士兵團體。就連塔夫利宮也容納不了這麼大一群人（克倫斯基覺得這座王宮「看似在巨大人類波浪的壓力中發出呻吟和搖擺」[26]），所以蘇維埃最後移師他處，先是去了邁克爾劇院（Michael Theatre，編注：即米哈伊爾洛夫斯基劇院〔Mikhailovsky Theatre〕），然後又去了瓦西里島的海軍學院。但不管在哪裡開會，這些會議都煙霧瀰漫而冗長，足以讓人打好幾回盹。對任何經歷過它們的人來說，第一個月的會議就像某種混亂和讓人暈眩的夢境，由廉價菸草氣味以及想好好睡一覺的渴望構成。

蘇維埃內部的主要隱憂不再是極左派和其他人之間的緊繃關係。新的緊張和新的議程被大量湧入的士兵代表創造出來，他們很多人都是來自接近前線的單位。雖然彼得格勒仍然渴求和平，但這些服役的士兵不想看到他們同志在前線的犧牲被輕易地拿來交易。事實上，當蘇維埃還在塔夫利宮開會時，一個女煽動家（蘇哈諾夫判斷她應該是個布爾什維克份子）因為說了一句「打倒戰爭」，幾乎被人撕成碎片。[27]軍隊是一股超過七百萬人的力量，由來自帝國全域的人構成。它的心緒始終不可測度。

執委會（始終留在塔夫利宮，最終需要一列車隊接送其成員往返於蘇維埃）此時因革命運動內部的致命裂痕感到不安。除了三月三日（十六日）的一個短時間聚會外，它的成員避談大戰。起初，他們的目標是要更加狹隘和即時。正如蘇哈諾夫指出的，工人（事實上就是指他自己所屬的團體）「本能地感覺到」整個問題「也許會轉變得極端複雜，充滿潛伏著的礁岩」。[28]但到了三月第二個星期，事態發展至此已經很清楚，必須有人代表蘇維埃說話。不能讓米留科夫和右翼報章擁有主導權。在三月十二日（二十五日），就像是為了讓每個人印象深刻似的，兩星期前首先加入革命的沃連斯基兵團在軍官的帶領下全副武裝列隊出現在塔夫利宮，呼籲蘇維埃代表不要忘了他們在戰壕裡的弟兄，並支持取得最終勝利。[29]

執委會為了斟酌措詞方式絞盡腦汁。對它的社會主義者成員來說，革命的目標總是包括歐洲的和平。最起碼，大多數人知道在齊美爾瓦爾德達成的協議——這協議在三月中獲得瑞士領袖格林的重申。他說：「在現階段，俄羅斯革命最重要和絕對正確的任務乃是在民族自決的基礎上為和平奮鬥，不要求兼併或賠款。」[30]沒有兼併就意味沒有達達尼爾海峽。它也意味俄羅斯不得在烏克蘭的分裂領土上有動作，意味反對法國對於阿爾薩斯和洛林兩省的歸還要求。但如果執委會要採取這麼爆炸性的路線，那麼它必須先把士兵們搞定。

蘇維埃的宣言在三月十四日（二十七日）發布，標題作〈向全世界的人民呼籲〉。除了澄清革命份子的觀念以外，它的目的是敦促歐洲各國政府展開和平談判。它對所有兄弟之邦表示：「俄國的民主把沙皇年深日久的專制主義打得粉碎，要作為一個平起平坐者進入你們的民族大家庭，也要作為一股巨大力量為我們的共同解放而奮鬥。」[31]這種說法讓法國大使不是滋味，他在日記裡表示，他「等待條頓（編注：指德國）無產階級的回應」。[32]但宣言沒有提出任何和平談判的時間表，也沒有呼籲士兵放下武器。蘇維埃譴責戰爭，呼籲「對所有國家的政府的貪婪野心進行鬥爭」，但俄羅斯的槍砲仍然指向西面，刺刀仍然挺著。

蘇維埃主動表示：「展開一場決定性抗爭的時間已經來到，是由人民親自決定是戰是和問題的時候了。」但除非盟國修訂它們的戰爭目標，否則最即時的抗爭將會是發生在俄羅斯政府內部。又雖然人民厭戰，但蘇維埃能夠承諾的只是「抵抗它的統治階級的征服政策」。它沒有權力媾和，也不能背叛軍隊和它自己的士兵代表。為了安撫他們，它承諾「俄羅斯革命將不會在征服者的刺刀面前撤退，不會允許自己被外國軍事力量粉碎」。蘇維埃主席齊赫澤在三月十六日《消息報》一篇社論強調了同一觀念，向讀者表示「為了應付德國，我們不會讓來福槍離開雙手」。[33]

列寧在讀過一篇有關蘇維埃最近言論的報導之後嗤之以鼻。「完全是狗屎。我重複一遍：狗屎。」他說。[34]在那個三月，每逢他執起筆，都像是拔手榴彈的插鞘。在革命爆發前，他的妻子把他比作倫敦動物園裡的白狼——這頭生活在老虎和熊之間的生物永遠習慣不了被禁錮的生活。但現在他的挫折感變得忍無可忍。是一個叫布朗斯基的波蘭革命份子首先告訴他彼得格勒發生起義的消息——他在列寧夫妻步出圖書館時攔住他們，告訴他們這個。其效果有如電擊，列寧來回踱步，揮舞拳頭。「太讓人吃驚了，」他對克魯普斯卡婭驚嘆說，「我們必須回家，真是讓人太意想不到了」。[35]但短期內他能去的，只是走過陡徑，來到蘇黎世湖的岸邊。那裡有一些報亭，售賣多種最新的瑞士和外國報紙。[36]

他突然懷念起他的老朋友伊涅薩・阿曼德。他在當天寫信對她說：「《蘇黎世郵報》有一則……三月十五日的電訊，說是俄國的革命在經過三日奮戰後已取得成功。如果德國人沒有說謊，那事情就真的是發生了。」[37]當時，伊涅薩住在鮑基蘇克拉倫斯——俄羅斯流亡者在瑞士的另一個主要聚居區。所以，列寧的部分目的是為她提供資訊。不過，他更需要她的幫忙。「我非常期待妳能到英國為我小心查出，我是不是可能獲准通過。」他在三月十八日的信上說。他深信她會馬上趕去英國，但是她卻沒有照辦的打算。當這一點變得再清楚不過之後，他又希望她至少會幫他試試其他選項，包括從一個俄羅斯人或瑞士人那裡弄來一本護照，「不要說是給我的」。[38]

來自彼得格勒的消息震撼了整個瑞士的俄國僑界。達沃斯的俄國領事館舉行了一個茶會慶祝一個自由新時代的開始（辦得有點半吊子，因為領事不是革命那一掛的），而許多支持難民的小型基金會開始談論即時遣返的問題。[39]瑞士一共有七千個俄國人，他們愈來愈不受歡迎，但要回家卻沒有那麼容易。[40]英國看不出來幫助顛覆份子取道北海回國有什麼好處，而臨時政府對極端份子陣營的人充滿恐懼。被困在這些不願回應的政權之間，列寧和他的朋友天天看著斯堪地那維亞俄羅斯人可以輕鬆回家的報導，倍感折磨。他們穿越斯堪地那維亞中立的城市，這些城市有良好的鐵路連接，旅程安全，不受潛艇威脅。兩相對比之下，瑞士想必益發像是困著白狼的牢籠。

報紙每日報導俄羅斯革命的最新進展。克倫斯基始終是俄國炫目新戲的明星（見彩圖29）。事實上，這位衣冠楚楚的英雄只要出現在劇院或踏上公共舞台就會引起群眾集體狂喜。列寧稱他為「吹牛皮者」，但克倫斯基卻因為發起一些重要改革而享有令譽。隨著新政府給予政治犯特赦、廢除死刑和解散祕密警察，俄羅斯變成了世界上最自由的國家。[41]看見士兵們對於蘇維埃「第一號命令」的自由承諾的熱烈回應，新政府也成立了委員會檢討軍隊改革事宜。[42]列寧拒絕為此歡慶，反而哀嘆資產階級「成功讓它的屁股坐上所有部長席位」。[43]他又形容，克倫斯基是「彈奏來欺騙工人和農民的俄式三弦琴」。[44]

他的憤怒促使他對打算透過托爾尼奧返國的俄羅斯人發出唐突的指示。三月六日（十九日），列寧給一群準備登上火車的幸運布爾什維克發出一封電報：「不要信任也不要支持臨時政府。克倫斯基特別可疑；唯一可靠的是將無產階級武裝起來……不得和其他黨派親近。把這封電報發給彼得格勒。」[45]幾天後，他開始考慮工人蘇維埃也許可以用什麼方法奪權。他在三月十一日（二十四日）寫道：「我們需要一個國家，但不是資產階級所需要的那種國家，不是有警察、軍隊和官僚組織的政府機關……無產階級必須砸碎這部『現成的國家機器』，用一個跟全體武裝人民融為一體的新國家取而代之。」[46]

問題是，他人在遠處。他在寫給瑞典的菲爾斯滕貝格的許多暴躁的信裡，有一封說：「你可以想像我們在這樣的時候被困在此地是多大的折磨。我們必須想辦法離開，哪怕是要穿過地獄也在所不惜。」[47]因為想像自己被英國列入黑名單（「英國**不讓**我們通過。」他對伊涅薩憤怒地表示[48]），他不斷想辦法弄到一本假護照，以便可以神不知鬼不覺回到俄羅斯。他在三月六日（十九日）命令以日內瓦為基地的同志卡爾平斯基：「請用你的名字購買到法國和英國的旅行文件。我將會在取道英國和荷蘭回俄羅斯時使用它們。我可以戴一頂假髮。」[49]他最狗急跳牆的計畫是弄到一本一個聾啞瑞典人的護照（雖然要去哪裡弄和怎麼弄都還不清楚）。這個想法會無疾而終，因為他的妻子提醒他，他的喬裝在任何擁擠的火車上都會穿幫：他睡覺時一定會在夢中用俄語大罵克倫斯基和米留科夫，吵醒一車廂的人。[50]

這樣，就只剩下一個選項，但那是一個荒謬不經的方法：穿過德國去到波羅的海海岸，再從那裡取道瑞典和托爾尼奧回國。拉迪克推薦這種想法，這大概是因為他知道有些在哥本哈根為帕爾烏斯工作的俄國人取得了柏林發出的過境簽證。多年後，拉迪克還會聲稱，他曾說服一個叫丹赫的報人向德國駐伯恩特命全權大使試探風聲。[51]但不管是誰先想出這個點子，列寧一開始的反應都是拒絕。在戰爭時期接受一個敵人的幫助會讓他有被指控為叛國之虞。這將會讓任何自尊自重的革命份子有失身分。他的工作畢竟不是背信棄義，而是推動一場全球性內戰。

戰爭的壓力也出現在德國政府身上。外交部有了一個不因循的新主人：因為賈高已經去職，齊默爾曼獲得晉升，取而代之。齊默爾曼是普魯士人和職業外交官，但也性好不按牌理出牌、摩澤爾葡萄酒（他習慣午餐時喝一夸脫這種葡萄酒）和搞祕密行動。[52]升為部長後沒多久，他便提出一個涉及墨西哥的倡議，因為他意識到美國參戰成為德國敵人的機率愈來愈高。在一九一七年一月的一封電報中，他建議也許可以用幫助墨西哥奪回失去的內華達州、新墨西哥州和亞歷桑納州，來回報墨西哥在西大西洋對德國提供的任何戰時支持。[53]英國人攔截到這封「齊默爾曼電報」，不敢相信自己這麼好運。他們考慮了一陣子要怎樣洩漏電報的內容，因為對友好國家加密的外交通訊解碼之舉並不值得讚揚。他們等到三月初才爆出這個醜聞，利用它把美國政府推向戰爭邊緣。華盛頓在四月四日正式宣戰（編注：電報原是發給德國駐美大使，美國為英國的友好國家，英國擷取美國的外交通訊，或許是此舉不值得讚揚的原因。另外，華盛頓宣戰日應為四月六日）。

隨著美國最終參戰，柏林面對的壓力有增無已，但德國軍事戰略家早已知道他們時間有限。戰爭讓大後方緊繃到臨界點。皇家海軍的海上封鎖導致了一九一六至一七年的「蕪菁冬天」（編注：只能以蕪菁填飽肚子的冬天）：一些德國城鎮的市民經歷了把俄國人推向革命同樣的飢餓之苦。德國城市發生的示威都不到革命的程度，但很多都見證了暴力和不安。[54]對大眾士氣來說，很難有比來自俄國的消息更具爆炸性，它們在春天來臨前最黑暗的一個月傳來。德國的君主政體頑固而荒謬，來自彼得格勒的消息將會危及任何不改革的政權，而在德國，一個歷史悠久的左翼社會主義政黨會把這些消息直接放大。

不過，德國軍方手上還握有一、兩張王牌。英國海軍的霸權導致德國最高司令部批准了無限制的潛艇戰爭。按照計畫，自一九一七年二月一日起只要是在視線範圍內的船隻都會被擊沉。其所導致的損害幾乎肯定會把美國拉入大戰（正是這種預期促使齊默爾曼拉攏墨西哥人）。不過，在美國國會考慮時會有一些空檔，然後在美國準備一支遠征軍時又會有一、兩個月空檔。德國方面希望，這個空窗期足夠讓它的部隊粉碎法國軍隊。在擊退俄軍方面，德國最近一季表現傑出，在羅馬尼亞戰績輝煌。如果這種情形繼續下去，德國最高司令部就可望在東歐單獨媾和，然後抽調出部隊給予西線致命一擊。

不過，在俄國爆發革命前，在一九一六年十一月，任何和尼古拉二世達成協議的希望都被德國對波蘭未來的另一紙宣言所毀（俄羅斯帝國認為波蘭大部分都是歸其統治）。由於在那之後恐怕需要一場革命才能把沙皇拉到談判桌，彼得格勒爆發起義的消息就像是上天所賜的禮物。根據一則饒富趣味的記述，德國情報人員首先知道發生了什麼事，因為他們在芬蘭城市赫爾辛基攔截到好些俄國軍事單位的電訊，內容是查問他們應該服從哪個公民權力機構。[55]一系列的加密電報隨即在德國國內往返，全都是關於該如何利用俄羅斯困境的建議。不過，德國駐斯德哥爾摩大使斯塔滕的意見最具決定性。正如他告訴柏林的，俄羅斯的新統治者處於分裂狀態。如果德國能夠克制住進攻俄羅斯的誘惑，那麼彼得格勒支持和平的呼聲幾乎肯定會占上風。在這件事情上，斯塔滕最有用的資訊提供人是一個名叫詹森的德國社會主義者。他本身認識一些俄羅斯同志。看起來是派他去找他們談談的時候了。[56]

第一件要做對的事情就是政治宣傳。德國間諜好不容易才放棄得了他們把英國人在俄羅斯農民戰爭中描繪為壞蛋的長期策略。有好幾個月，他們對前線的俄羅斯部隊投放傳單，企圖說服他們，當前衝突的唯一受益人是倫敦的銀行家。當尼古拉的退位已成定局之後，德國人又怪英國人逼俄羅斯的「天賜沙皇」辭職。新的傳單呼籲焦慮的前線部隊回家「拯救他們的人民和母親俄羅斯」。一、兩天後，當上述的宣傳顯得不濟事，宣傳焦點改為呼籲和平（這次是真誠的），這樣做的時候又對士兵們珍視的東正教信仰致意。諾克斯拿到的一張傳單上寫道：「德國準備好講和，哪怕和平對她來說並不是必要。她將會耐心等待，看看新的和自由的俄羅斯會不會在基督復活的神聖假期和我們展開和平談判。」[57]

當柏林等著看事情的發展時，駐哥本哈根公使布羅克多夫－蘭察（他也是齊默爾曼的朋友）在間諜之間忙碌著。不多久他就發現自己把帕爾烏斯帶進辦公室。大胖子在彼得格勒的人脈依舊很廣。作為一名社會主義者，他對俄羅斯有自己的計畫，包括武裝起義和大規模重新分配土地，但作為德國的一名支持者，他受到布羅克多夫－蘭察的指揮。一如往常，他想要錢，要求五百萬馬克資助革命宣傳工作。不過他的訊息是布羅克多夫－蘭察應該支持布爾什維克。在哥本哈根舉行的一系列會議上，他讓德國公使相信，資助「極端主義元素」會加速俄國的解體，讓東線的戰爭不出三個月便可以結束。[58]不過，讓列寧回到俄羅斯的唯一方法將會是取道德國。

外交部長齊默爾曼對這個計畫還是和當初一樣熱中。他在三月十日（二十三日）寫給軍事總部聯絡官萊爾斯納的信上說：「由於俄羅斯革命極端派勢力占上風符合我們的利益，所以在我看來，應該容許革命份子過境。」59軍事指揮部的人表示同意，不過，要說服列寧又完全是另一回事。就像幾乎任何一個需要幫助的人一樣，帕爾烏斯先找菲爾斯滕貝格談，看看有什麼方法可以打動布爾什維克領袖。這時候他想必已經知道菲爾斯滕貝格每日都和列寧有電報聯絡，被列寧視為自己在斯堪地那維亞的左右手。而這個時期，唯一他較常寫信的人是伊涅薩・阿曼德。60

菲爾斯滕貝格作為旅行代辦人的資歷讓人肅然起敬。爆發革命的消息一傳到瑞典，他就和一些斯德哥爾摩的俄羅斯人組織一個委員會，負責把政治流亡人士送回國。61當列寧氣急敗壞想要找到合法途徑前往托爾尼奧時，他把自己的照片寄給菲爾斯滕貝格（藏在一本書的封面裡面），希望對方可以幫他弄到一本假護照。62所以，自然的，第一個被帕爾烏斯派去找列寧的人是以菲爾斯滕貝格的代表自居。這個人是斯克拉爾斯，他除了是德國間諜，也是「進出口公司」合夥人。問題是列寧並不蠢。當斯克拉爾斯主動提出為列寧支付旅費時，列寧猜出他是為德國人做事，把他掃地出門。德國駐伯恩公使龍伯格在四月三日（三月二十一日）告訴柏林：「雖然我已經對流亡者表達了我們願意配合的意願……但迄今沒有人聯絡我，這顯然是因為流亡者擔心他們會在彼得格勒有損聲譽……我不認為我們除了等待還有什麼可做的。」63

這時，距離沙皇退位已經兩個星期。俄羅斯流亡者彼此爭論，也和他們的東道主爭論，好些人主動爭取德國人的幫忙。馬爾托夫領導的孟什維克派堅持要等待來自臨時政府的正式邀請，布爾什維克拒絕和馬爾托夫一群人合作，而列寧在答應任何事情以前，已先列出一批條件。在法國，《小巴黎人報》登出米留科夫的一篇聲明，指任何接受德國人幫忙返國的俄羅斯流亡人士都會在邊界被捕。但並沒有可替代途徑。三月底，列寧會見了德國大使館的一個代表（有法國報人吉爾波等在場作見證）。他還接受了瑞士社會主義領袖格林的居中斡旋。[64]在一九一七年三月二十九日至四月二日之間（俄曆為三月十六至二十日），格林和龍伯格會談了四次，但因為這位瑞士領袖不是列寧的崇拜者，而且對其他俄羅斯人沒完沒了的爭吵感到憤怒，在四月二日放棄嘗試。第二天列寧的瑞士助手普拉滕（他從齊美爾瓦爾德的時候起便忠於列寧）被委託接手三邊談判。

筋疲力竭的龍伯格在四月五日把列寧的全部條件知會柏林。[65]其中最引人矚目的是規定搭載俄國人的火車廂在德國境內擁有治外法權。[66]作為一個中立國人士，普拉滕將充當乘客和德國守衛之間的中間人，沒有人可以在未得允許的情況下進入流亡人士的車廂。火車應該盡可能不停站，也不可下令任何乘客離開。不能有護照查驗也不能因為乘客的政治見解而有所歧視。

德國的談判者竭盡所能去協助被他們認為是邪惡罪犯的列寧，但是這個賭局也顯示出德國人的自信。布爾什維克的美妙之處是他們準備好肢解俄羅斯，不過，他們的努力也許需要好幾個月才能開花結果。為了安全起見（雖然由此得到的獎品會少得多），應該開始跟李沃夫、古契科夫或克倫斯基談判。就像布羅克多夫－蘭察在四月二日指出的：「如果我們在年底前沒有任何戰勝的可能，那我們就應該找目前當權的溫和派，想辦法達成和解。」[67]透過支持列寧，齊默爾曼把他的籌碼放在了較有風險的選項，相信那是值得一試。這賭局也許會導致一系列無法控制的結果（也可能只有很少成果），但仍然有望可以讓俄國巨人從此癱瘓。

幾小時內，列寧和德國人達成協議的消息就傳遍蘇黎世的咖啡館。喬伊斯（編注：愛爾蘭作家和詩人）聽到這事情的時候正喝著酒，認為開闢安全通道的建議證明了德國人「必然已經走投無路」。[68]法國小說家羅曼．羅蘭把列寧和準備與他同行的人看成不過是歐洲的敵人的工具。[69]四月八日是瑞士的復活節星期日，而當局希望列寧一行人在假期開始前便坐上火車。不過，那個週末是最緊張忙亂的一天。讓整件事情更困難的，是列寧等人不管去到哪兒都挨罵。因為手上有充裕時間，還在等待米留科夫正式邀請的流亡者和中間偏左的瑞士人，聯手把列寧罵成叛國賊。

最大的壓力落在龍伯格和普拉滕身上。兩人都必須處理沒完沒了的細節，兩人都不喜歡和對方說話，都知道他們苛求的主子也許會毀掉他們的工作。對德國人來說，軍方是不是批准出瑞士邊界之後的路線至關重要。為安全起見，懂得說俄語的德國衛兵會被派駐在俄國人的車廂裡面。一度，代表德國工會的詹森被認為應該在火車經過德國時和俄國人待在一起。是龍伯格取消這個主意，他在復活節星期日早上告訴柏林：「因為旅行穿過敵人的地區，這群流亡者預期將會碰到來自俄羅斯政府的極度刁難，甚至法律起訴。所以為了他們的利益起見，必須保證他們在德國境內時不會和任何德國人說話。普拉滕將會向詹森解釋這一點。」[70]

隨著伯恩和柏林的電報線愈來愈熱絡，列寧幾乎每天都會往返蘇黎世和瑞士的首都。他的許多潛在追隨者都太窮，付不起一筆跨洲旅行的旅費，但列寧拒絕讓德國人代為買單。格林同意組織一個委員會為本地的一些社會主義者募款。在最後一刻，普拉滕為搭車的一行人爭取到自帶食物的批准。列寧得要處理一些想加入回國團隊但不適合加入的人的上訴，又要整理給予德國的最後條件清單。[71]在忙完這些事情的空檔，列寧繼續狼吞虎嚥每一條來自彼得格勒的新聞，不停寫作、起草和整理自己的思緒。在出發前一天的早上，作為最後一個得到盟友祝福的嘗試，他打電話給在伯恩的美國大使館。接電話的年輕人聽過列寧的名字，但當天是復活節星期日，他又正準備去打網球。「星期一再打過來。」他如此建議，但沒有多想。後來，當這個名叫杜勒斯的官員成為中情局極有權勢的主管之後，他的這個故事將會在新人訓練時一講再講。

在復活節星期一，即四月九日，列寧一行人終於聚集在蘇黎世仿古典火車站外頭廣場邊上的策林根霍夫飯店。一共是三十二個大人，包括克魯普斯卡婭和伊涅薩·阿曼德（名單見彩圖17）。很多人想必都偷偷摸摸打量別人帶的籃子，瞧瞧裡面放著多少麵包捲和巧克力棒。季諾維也夫帶著太太和九歲的兒子同行，而當他在最後一刻看見前妻奧麗加·拉維奇也來了的時候，想必十分惱火。兩個喬治亞人在名單上：一個是叫蘇利亞什威利的年輕作家，一個是活動家茨哈卡亞，後者的八字鬍和羊皮帽讓他看起來像個歌舞雜耍劇院的土匪。原來茨哈卡亞完全沒有帶行李[72]，但沒有人能夠反對他同行。列寧認為另一個旅客烏謝維奇是個「懦弱的……呆瓜」，認為他太太伊蓮娜的父親科恩是個「讓人無法忍受的老蠢材」。[73]一行人中大概還有幾個律師、兩個小孩和至少一個牙醫。

最後一件要做的事是吃午餐：在策林根霍夫飯店裡舉行了吵鬧的宴會和告別演講。這本來是列寧贏回許多仍然企圖阻止他返國的批評者的最後機會，但他卻選擇正面攻擊。在譴責過右翼的社會主義愛國者又批評過格林之後，他預言一場世界革命將會掃清「覆蓋在世界勞工運動表面底下的骯髒廢物」。他宣稱：「帝國主義戰爭的客觀環境表明革命將不會局限在俄羅斯革命的第一階段，而革命也不會局限於俄羅斯……從帝國主義戰爭轉化為一場內戰正在變為一件事實。」[74]他不是打算回家和俄國的資產階級達成某些協議或在某台官方車輛後座討價還價。他業已計劃把革命帶到第二個階段，向全歐洲的左派煽風點火。

聚會結束時，這位布爾什維克領袖用法文和德文大聲為返國團隊讀出一句宣言。它宣稱，雖然米留科夫揚言要抓人，他們仍然準備返回家園。[75]每個乘客都簽署了切結書，表示願意承擔風險。[76]在走過廣場往他們要乘坐的第一列火車而去時，有大呼小叫聲尾隨他們身後。他們只是要登上通往沙夫豪森和邊界車站戈特馬丁根的地方火車，但一行人卻如履薄冰。列寧也許會喜歡普拉滕的這個比喻：他建議大家應該把自己想像為參加最大和最後一場比賽的格鬥士。[77]這個比喻完全正確，因為當火車頭終於開動時，列寧注意到有一個陌生人在火車上，他的出現是完全合法，因為這列火車不是專車，更不是密封的車廂。那是一個想要碰碰運氣的德國社會主義者，名叫布魯姆。因為假定對方是個間諜，列寧一把抓住他的領口，把他拋到車廂外。[78]

第六章 密封火車

戰爭經驗就像歷史中每個危機的經驗，以及人生每一場災難和每一個轉捩點那樣，會讓一些心靈鈍化和膽量喪失，但是讓另一些心靈得到啟蒙和鍛冶。

——列寧

頭兩個小時的行車幾乎是歡快的，至少就布爾什維克的標準是如此。從蘇黎世出發，火車在一個綴滿寒冷葡萄樹樹樁的山谷卡嗒卡嗒行進。大部分乘客都很放鬆：暗褐色的農田和遙遠的山坡多年來都是他們熟悉的景致。當火車在諾伊豪森外圍慢下來的時候，每個人都望向右邊，有片刻深吸了一口氣：鐵軌正在歐洲最大的瀑布上方彎行。不過當諾伊豪森火車站在望的時候，幾分鐘的浪漫便被遺忘，因為那是到達邊界前最後一個車站。一隊瑞士海關人員在幾公里前的沙夫豪森等著這一群俄國人。德國人固然答應過讓這群外國流亡者自由通行，但現在瑞士人清楚表明，他們從來沒有簽署這樣的協定。

列寧一行人被帶下車。當他們在三號月台等著的時候，瑞士警察搜查他們籃子裡面的毯子、書本和食物。原來，大戰時期從瑞士出口食品受到管制。他們帶的乳酪和香腸太多了，水煮蛋必須沒收。一整個星期的食物儲備被取走（只剩下仔細點算過不多的麵包和一張沒收物品的收據），搜查過程足以讓任何人神經緊張。在不遠處的塔英根，另一隊穿制服的人把整個過程重複一遍。當火車抵達終點站戈特馬丁根時（離德國只有幾碼之遙），車上乘客近乎恐慌。因為當他們望向月台的時候，看見兩個穿灰色制服和面無笑容的人物——他們看起來就像那種被派去進行突擊逮捕的人。

這兩個德國軍官是經過挑選的。比林中尉是兩人中較年輕的一個。旅客沒有被告知，但他會被選來擔任這份工作，是因為他懂俄語。他和他的上司普萊尼茨上尉在出任務前得到德國軍事行動指揮官魯登道夫將軍親自簡報。[1]在遇過死氣沉沉的瑞士官僚之後，一行俄國人覺得比林和普萊尼茨相當可怕，兩人穿著閃微光的靴子和比著剃刀般鋒利的舉手禮。現在，就像戰爭電影裡的卡通壞蛋一樣，他們命令俄國人在三等車廂的候車室裡排成兩排：男人一排，女人（和兩個小孩）一排。男人們發自本能地圍著列寧，就像圍著蟻后的許多螞蟻。[2]十幾分鐘過後，雖然沒有人敢說話，但他們大部分都私底下納悶著他們怎麼會掉進德國人的這個陷阱。

德國人也許是利用這個間歇點算他們的客人人數、觀察他們或只是處理行李。他們也可能是藉此向俄國人展現誰是老大。當兩個德國軍官感到滿意之後，帶領列寧一行人離開車站建築物，沒有多作解釋。在外頭，火車頭已經在等待，噴著白色蒸氣。柏林方面恪遵協議。這是一趟花費不貲的旅程，所以德國人本來也可以在火車上提供羽毛床鋪和免費香檳，但流亡人士要求的是廉價座位，所以便只給他們廉價座位。漆成綠色的木頭車廂包含三個二等隔間和五個三等隔間，還有兩間廁所和一間行李室（可供乘客放置籃子）。這就是著名的密封火車，雖然「密封」也只不過是在點算過所有乘客之後，把面對月台的四扇車門鎖上三扇。3

大家為了誰坐哪裡有過一點爭論。經過禮貌的推讓後，列寧夫妻同意坐進三個二等隔間的頭一個。另外兩個二等隔間提供給有女眷和小孩的家庭，最先坐進去的是薩法羅夫和妻子瓦倫蒂娜，還有伊涅薩．阿曼德和奧麗加．拉維奇。最後拉迪克也坐進了列寧後頭的隔間，而季諾維也夫夫妻和另外兩對夫妻分到了第三個二等隔間。其他人在三等隔間安頓下來，忍耐硬邦邦的座椅和悶濁的空氣。德國警衛坐在火車後頭。為了保持俄國人不會和敵人接觸的假象，在他們的車廂和其餘車廂間的地板上劃上一條粉筆線。唯一可以跨越它的只有瑞士人普拉滕，他是代表列寧一行人的中間人。

當火車慢慢向北開去的時候，列寧站在幽暗的車窗前，拇指插在背心口袋裡。穿過他在車窗上的倒影，他可以看見赤楊正在轉綠。雖然陰影已經拉長，但仍然可以辨別出黃色的白屈菜和白色的銀蓮花，它們都是春天最早開的野花。山谷變寬了，田野進入眼簾，瑞士消失在火車的蒸汽之中，火車的前進韻律讓人有動力感、目的感和進步感，催人欲睡。但就在列寧即將屈服於睡意之時，火車突然煞車，讓他片刻的恍神消失無蹤。當天最後的日光已經消失，但火車看來是停在一座巨大峭壁之下——六百多公尺的霍恩特韋爾山。就像一座特大號的金字塔，與之相比，夜空的黑暗反倒顯得蒼白。山頂上留有一座十世紀邊界城堡的廢墟，這座山是辛根鎮的唯一看點。離鐵路不遠處的上方，一座工廠見證著資本主義生產模式的宏偉力量。又大又粗野，就像任何城堡，這座龐然巨物源源不斷生產著著名的「美極」（Maggi）湯塊。

俄國人的車廂停靠在一條側線，在火車上工作的德國人員全都回家睡覺。工廠在晚間關閉，再過去的草坡和樹林鴉雀無聲，整個小鎮都在熟睡。不過，就像為了補償，有些旅客弄出大量聲響。有一件日間會被行進車聲隱蔽的事實是，列寧隔壁的隔間相當吵鬧。從瑞士開始，它的乘客便反覆唱馬賽曲。現在隔間的牆壁正在被一波又一波的笑聲搖晃，中間穿插著拉迪克的男中音和奧麗加．拉維奇的尖聲尖氣。這種快樂是受到德國啤酒助長——啤酒是普萊尼茨和比林在鎮上的商店購買，他們帶著一大袋三明治，越過粉筆線，為客人提供晚餐。4

列寧不是那種能夠忍受任何擾亂的人。他喃喃自語一陣，然後敲了隔間的牆。他無處可逃，甚至伸不直腿。正是在辛根的第一個晚上，他制定了他著名的火車內守則。守則的第一條規定，共產黨人到了一定時間必須睡覺。這不再是一個選項，它被重新指定為布爾什維克的義務。為了能夠減少噪音，他試過把奧麗加趕到最後一個隔間。這可是一種嚴重的不公道，因為一路下來，弄出最多聲音的人是拉迪克。奧麗加得到同隔間的乘客拯救。列寧無計可施，只好回到自己的隔間，把門關起來。當最後的三明治吃完之後，每個人都改為用輕聲細語說話，把笑聲壓到最低。

他們還把香菸拿出來抽。從一開始，列寧就禁止在隔間和走道抽菸。由於無法下車抽兩口，能抽菸的唯一地方便剩下俄國人區的廁所（另一個廁所在車廂後部的德國人區）。結果廁所大排長龍，讓任何真想上廁所的人都要等上好一陣。布爾什維克領袖的解決辦法（拉狄克戲稱之為列寧的「黨組織治理工作」）是發給吸菸者上廁所的「二等」通行證，發給其他使用者「頭等」通行證（有「頭等」證者優先）。這個舉動讓在列寧門外排隊的吵鬧隊伍為之縮小，但拉迪克和他的同志花了幾小時爭論兩種不同生理需要的相對重要性。[5]所有人都沒什麼睡。破曉時，一行俄羅斯人腰痠背痛、眼布血絲，口氣酸臭。火車引擎在清晨五點重新發動起來，蒸汽的尖嘯聲淹沒了烏鶇的歌聲。火車的起行和匡噹匡噹聲想必讓每個人都鬆了一口氣。

第二天是四月十日星期二（俄曆是三月二十八日）。這一天是要穿過黑森林和瑞士阿爾卑斯山之間的內卡河谷。當火車經過歌德式城鎮羅特魏爾和在霍爾布的古老城堡時，乘客都在打盹。四周靜悄悄的山巒具安撫性，點綴著一些看起來宛如木頭玩具的村莊。每個村莊都有自己的教堂和尖塔。讓乘客驚訝的是，它們的居民不多；田畝荒廢，幾乎沒有勞動年齡的男性在照顧它們。當一行俄國人吃完最後的走味麵包，掃去座位上的麵包屑時，他們也注意到每個村民看起來有多麼瘦和疲倦。當火車慢下來時，村民會回望火車上的人，而直到一行俄國人得知自一九一四年起就幾乎沒有一個德國人看見過白麵包時，才明白村民的目光為什麼會那麼飢餓和帶有敵意。[6]德國報紙報導了乘客是些什麼人，這是一個可以讓柏林顯得寬厚的機會，但他們會招來農民的不友善眼光，因為他們是營養良好的人類，而不是因為他們是社會主義者或俄國人。

德國的風景和灰色的瀑布並沒有給人帶來多少快意。因為戰前歲月常要到德國來開會，成年黨員對這個國家非常熟悉。他們也熟悉這條鐵路和認得沿路的車站：接下來將會是圖特林根、黑倫貝格和斯圖加特各站。就連列寧也不再注視窗外，其他人則是打盹或聊天，或是排隊等抽菸。他們都設法壓抑看見飽受創傷的德國帶給他們的不安，因為從前在他們心中，這個國家強大而富裕，代表著世界的未來。

每當火車慢下來或停下來，瘦削和疲倦的臉就會進入火車上俄羅斯人的眼簾——自從大戰開始之後，這些臉就蒼白、憔悴和沒有笑容。就連城市也沒幾個男人，但在某些火車站，憤怒的女人會擠在車廂窗前揮舞著拳頭，或用畫著諷刺沙皇漫畫的德國報紙擋住陽光。有人告訴伊蓮娜·烏謝維奇，警察設法要把這類人與火車隔離，但這些營養不良鬼魂的景象此後縈繞她的腦海數十年。7 比較熱情洋溢的俄國人傾向於把他們看見的苦難解釋為德國處於革命邊緣的證明。他們因此多唱了幾輪的馬賽曲。當這首革命歌曲的歌聲飄進巴登－符登堡邦時，警衛向普拉滕指出，在地人也許會不欣賞吵鬧的法國歌曲。唱歌的人於是閉嘴打盹去。

當日中午有一個插曲。它開始於普拉滕走過搖搖擺擺的車廂，去到德國人區。普萊尼茨上尉想知道列寧願不願意見一個新的客人：詹森這時在火車上。他假裝是德國工會代表，在戈特馬丁根上車的計畫固然取消了，但他還是在卡爾斯魯爾偷偷上了火車，希望列寧拿他沒轍。

第一件要做的事是把拉迪克藏起來。因為他是奧地利公民，很難自稱是前往彼得格勒的俄羅斯流亡人士。不安好心的局外人也許會指出，他本來應該在前線服兵役。還有德國工會運動的成員也會想要盤問他戰前被指控偷竊和挪用政黨基金。為了不讓詹森看見他，他被帶進行李室，又給了他一堆報紙看讓他保持安靜。然後列寧對詹森的求見做出正式回應。他交代普拉滕：「告訴他，如果他過來車廂這一區，我們就會狠狠揍他。」[8]

車廂內一點也不舒適，但列寧和同行旅人至少有大致足夠的空間。在俄羅斯，當許許多多的革命份子從西伯利亞流放地向西返回首都時，德國車廂三等隔間的寬裕是他們無法想像的。一等蘇維埃批准士兵搭乘民用交通工具，火車旅行就演變成野蠻的空間爭奪戰。每列火車都被穿大衣的士兵塞爆：他們有返回前線的部隊，有前往接受訓練或休假的士兵，乃至三五成群的逃兵。[9]在較短途的旅程，有乘客會攀附在車門上。也有人抗議車廂彈簧不堪重負，快要折斷。一個英國特使在開往巴庫的火車訂了一間包廂，但待他去到彼得格勒的車站時卻發現他的座位已被一群士兵和水手霸占。諾克斯將軍向倫敦報告說：「站長說，試著趕走他們將會引發流血。他必須放棄在當晚旅行的所有希望。」在一些城市，電車系統形同虛設，因為每輛電車都擠滿可以免費搭乘的軍人。[10]

不顧旅途的艱苦，新回家的人持續湧入彼得格勒。看來沒有任何不便會讓他們猶豫。最先回到首都的被流放者包括兩位布爾什維克的領導人，一個是列寧的長期助手卡米涅夫，另一個是史達林，他們都是三月十二日（二十五日）到達。不過第一個回到彼得格勒的真正明星卻到得晚一點，要等到三月十八日（三十一日）。他將會在俄羅斯的革命政治扮演一個領導性角色。就像列寧一樣，他的歸來被人以近乎敬畏的心情等待著；另外就像列寧，他在回家的火車上進行了大量思考。

采列捷利是喬治亞人，有著王公般的神態和詩人般的品味。因為才三十六歲，他的濃密八字鬍大致呈黑色。他看起來就像是從皮羅斯馬尼的肖像畫裡走出來，因為這位喬治亞的著名原始主義者一定會喜歡他蒼白的臉孔和深情、像母鹿般深邃的眼睛。與史達林帶麻點和豺狼般的臉相比，采列捷利的臉就像中世紀聖徒一樣嚴肅和精緻。他還穿著一件稱頭的西裝，這讓他成為一個值得被認真對待的人物。

這個喬治亞人的家世背景相當雄厚，但他自早年便把精力奉獻於革命。他在一九〇七年當選杜馬議員，最後卻遭下獄和長期流放，讓他在俄羅斯成了少有人能夠相比的精神權威。與列寧不同，他一輩子都是待在俄羅斯帝國。一九一七年革命發生時，他住在離伊爾庫茨克不遠的一個村莊。這個地理上的偶然——他離彼得格勒東部的距離二倍於列寧距該市西南部的距離——從一開始就形塑了他對革命危機的反應。

革命的消息隨著其中一列末班沙皇郵件火車傳到伊爾庫茨克。[11]有誰在二月十五日不小心把以此為頭條的報紙留在了市長辦公室的書桌上，隨即在城中引起騷動。駐軍旋即加入了革命，舊政權為之瓦解。隨著當地人接管政權，一個成員包括采列捷利的委員會逮捕了市長、打開監獄和宣布伊爾庫茨克從此自由。有幾天時間，空氣裡洋溢著幸福感，部分是因為反對勢力已經躲了起來。不過，雖然伊爾庫茨克離前線五千公里遠，那裡的革命份子仍然得面對一場大戰仍在進行中的現實。作為杜馬的前成員和務實主義者，采列捷利深信俄羅斯不能離開戰場。就像蘇維埃執委會的成員那樣，他雖然渴望早日和平，但也害怕普魯士的侵略者。他寫道：「革命必須在自己內部找到力量去終結戰爭，好讓我們不會犧牲我們的自由……否則，它將會成為外敵和內部反革命力量的受害者。」[12]

測試他這些理論的機會馬上來到。伊爾庫茨克是一個重要的貨運中繼站。子彈、來福槍、麵粉、鋼鐵、橡膠和引信會透過西伯利亞鐵路從太平洋港口海參崴運到遙遠的前線。采列捷利不是鷹派：他從一九一四年起便反對政府可以就戰爭進行借貸。但三月初一個早上，城裡的鐵路工人卻問他，要怎樣處理一批托運的戰爭物資。讓物資繼續運送等於願意配合戰爭，但采列捷利不能為了歐洲和平的原則眼看著俄國士兵死去。[13]他日後回憶說，這時刻是他的心理轉捩點。[14]想辦法調和馬克思理論與實際權力的衝突也讓他筋疲力竭。經歷十天的壓力後，采列捷利的健康垮掉了。當他登上通往彼得格勒的列車時，他把數小時的旅程當作休息的機會。

他的旅程比列寧的迅速，但是既不平順也不平靜。列寧沒有和德國的平民接觸，反觀采列捷利火車上的流亡人士每逢火車停下來都會從座位上被拉起，被要求對聚集起來的村民群眾說話。由於采列捷利已經開始咳血，他只能當個旁觀者，但他發現，他的同志所面對的群眾充滿著困惑、殷切和半生不熟的觀念。「我感受到人民正在尋覓領袖。」他回憶說。彼得格勒蘇維埃看來在每一個地方都享有巨大威望，分量遠超過臨時政府，但看來沒有人知道兩者要怎樣分享權力。采列捷利認為他知道答案。他也認為應該把這個告知人民，哪怕他們政治經驗生疏。就像他的筆記指出的，這是一場資產階級革命，是一個更長過程的第一階段，所以工人有義務對臨時政府輸誠效忠。至於彼得格勒的蘇維埃，它就像在外省城鎮組成的所有較小蘇維埃一樣，「不是為了和政府爭奪權力而設，而是一個統一工人階級和為工人階級提供政治教育的中心，以確保工人階級對革命的發展發揮影響力」。[15]

想通這個之後，他靠在椅背上看報紙。隨著他的火車接近首都，戰爭的陰影也愈發明晰。他根據報上讀到的資訊，判斷臨時政府的立場趨於強硬。它的資產階級領袖們對於國家是不是應該對盟國盡義務意見分歧，但他們看來全都相信得到革命解放的人民有新的精力去戰鬥和得勝。就連《消息報》都採取更加愛國主義的路線。蘇維埃三月十四日（二十七日）發表的宣言其中一部分讓采列捷利感到自豪：「我們將會捍衛我們的自由，抵抗所有來自內部或外部的反動蠶食。俄羅斯革命不會屈服在侵略者的刺刀前面，也不容許自己向外來軍事力量叩頭。」[16]第二天的報紙報導了斯梅諾沃斯基兵團後備營示威的情形，他們是最新一批穿著軍禮服和帶著軍樂隊到塔夫利宮為戰爭請命的部隊。他們的紅色橫幅上寫著：「戰至勝利方休」、「自由俄羅斯萬歲」、「保衛自由和打敗威廉」。[17]這篇報導沒有提及更廣大群眾的態度，但到了采列捷利的火車慢下來要停靠在最後一站的時候，他已深信，在士兵們看來，任何匆促的和平都是可恥。

列寧同樣利用火車旅程來提煉他的一些重要觀念。他在火車行進途中不停歇地工作，或是在筆記本上寫東西，或是把同志找來討論問題。[18]他的戰略要求歐洲打先鋒，因為他仍覺得俄羅斯落後、匱乏和受到農民群眾拖累。[19]不過，在考慮他的革命未來時，他沒有多少機會可以評估他的德國同志是否已準備好起義。先前，火車在三月二十八日（四月十日）黃昏曾經停在法蘭克福。俄國人的車廂對繁忙的群眾來說也許深具吸引力，但它卻被拉到一條安靜的側線，而德國警衛（還有普拉滕）再一次跑開，去找朋友、喝啤酒和自由伸展雙腿。火車廂在沒人看守的情況下被人發現。一群德國士兵推開未上鎖的車廂門走了進去。拉迪克回憶說：「他們每人兩隻手各拿著一瓶啤酒，以前所未有的熱情找我們談話。他們想知道和平是不是會達成，會的話又是什麼時候。」

德國當局不能允許這種事再發生。俄國人到達法蘭克福的時間比原定晚。第二天早上，在哈勒，為了讓列寧的火車先通過，皇太子的私人火車暫停一邊。[20]密封火車在三月二十九日（四月十一日）到達柏林時還是比原定時間晚了許久。它被推到一條側線待一個晚上，這一次沒有啤酒或愉快談話，但德國警衛帶來了一些煎肉餅。就連普拉滕亦被告知，他不能在沒有警衛的陪同下離開車廂。拉迪克指出，月台上能看見的只有間諜。[21]

列寧一行人在柏林滯留了二十小時，沒有人知道他們是怎樣打發這段時間。但沒有任何證據可以證明一個日後的指控：列寧曾經和德國外交部的人員會晤。[22]這個延誤會發生，是因為乘客們錯過了星期三到瑞典的渡輪。當他們到達柏林之時，有兩個選項：留在柏林或是前往孤單的北海岸。薩斯尼茨港（那裡每天下午都有一班渡輪前往瑞典）不是個很安穩的選項，因為它位於綠根島的尖端，是一個戰略要地但人煙稀少，樹木濃密，有很多靜悄悄的土石流和隱藏的小灣。德國外交部人員一度在那裡訂了個地方（「一個上鎖的房間」）供一行俄羅斯人過夜，但最後決定柏林比較保險。[23]政府比較容易可以讓它的客人處於控制之下。當俄國人清理盤子上的食物殘渣的時候，薩斯尼茨的上鎖房間被取消，而兩個外交部職員跑去買了三十幾張第二天的船票。

一行俄國人在四月十二日花了五小時的緩慢旅程才到達薩斯尼茨。如果列寧有望向車窗外，而不是寫東西和定睛看著紙張，他會看見一片平坦的牧草地，因為積雪未消仍然呈現卡其色。北面是一座森林，其中的樺樹比櫟樹和楓樹多。這時光線更蒼白了，一片冰冷的灰色。田野中的沼澤渠道倒映著飽含雨水的天空。看得見一些冠小嘴烏鴉（俄國種），以及第一批遷徙的鶴，牠們羽毛粗濃，在溼草坡狼吞虎嚥覓食。不過，農田和村莊就像他們在南部看到的那些一樣空蕩蕩的——它們的馬匹連同男人一起被徵召而去。

這是一幅引人憂愁的畫面，但隨著火車接近施特拉爾松德這個波羅的海上優美的漢薩同盟港口之一，任何的鬱悶都會一掃而空。雖然不是他們在德國土地上的最後停靠站，但海鷗的尖叫聲卻標誌出他們終於到達海岸。因為施特拉爾松德沒有橋可通綠根島，所以火車上的人必須搭乘渡輪，載到彼岸，再乘坐鄉間火車前往薩斯尼茨和波羅的海終點站。比原定計劃晚一天，列寧帶領一群同伴登上蒸汽輪船《維多利亞女皇號》，準備花四小時前往瑞典。他們的冒險獲得了回報。樹林密布的綠根島就像兩棲類的趾頭一般深入波羅地海，是他們大部分人這輩子最後看到的德國領土。

從盟國政府的觀點來看，沒有更差的時間點了。列寧離開蘇黎世的那個星期，美國對德宣戰。在巴黎和倫敦，對埃納河發動攻勢的最後準備工作已經開始。進攻的總指揮、法國將軍尼韋勒讓他的英國盟友相信，這場戰役將會一舉結束大戰。英國的攻勢在四月九日由第三軍發動，當時列寧和他的同志正在策林根霍夫飯店共進午餐。到了他朝北往斯圖加特而去時，法國人發起了對聖康坦的德國瞭望站的進攻。在法蘭德斯和萊茵河盆地，間諜當然會觀察火車的動向，但讓他們感興趣的是人員與物資的移動，不是俄國流亡人士。列寧一群人已經離開瑞士的消息要歸功於英國情報局，該消息是由間諜SW5探知。不過，根據這個間諜的意見，列寧等人「在瑞士的俄羅斯人中是少數派」，而且擁抱的信念「有著狂熱和心胸狹窄性質」。「依我之見，假如其他俄國人被允許回國（可惜情形不是如此），這些人是絕對沒有傷害性的。」[24]

另一些英國間諜沒有這麼模稜兩可，認定不管在任何情況下，列寧都是危險人物。考量到其他官員曾經力主殺死拉斯普京，所以，這個陣營有些成員沒有伸手去拿左輪手槍，並根據毛姆筆下虛構的間諜頭子R的指示行事（「殺了他，該死，趕快殺了他。」[25]），著實讓人驚訝。不過，整體而言，這時期英國外交和情報通信最讓人驚訝的特徵，是它拒絕接受二月革命的決定性——更遑論是接受它的合法性。

這種鴕鳥政策的後果有時候幾近鬧劇。在三月底，當托洛茨基試圖從紐約走海路回俄羅斯時，在新斯科細亞省的哈里法克斯港遭到一名英國軍官拘留。他回憶說：「那個上尉認為，俄羅斯革命並不存在。」托洛茨基和五個同夥被帶到在阿姆赫斯特一座用來關押德國戰俘的營地，在那裡受到「我從來沒有經歷過的嚴格搜查。就連彼得與保羅要塞也沒這麼嚴格」。他們在別人面前被脫光檢查，然後被盤問，然後被關起來，沒有人告訴他們什麼時候會獲釋。[26]關他們的人事實上是回應紐約一個英國間諜的指示：該人警告倫敦，托洛茨基是個「假的俄國社會主義者」，實際上是個德國人。[27]

列寧的旅程激起了相同程度的混淆。在彼得格勒，布坎南和米留科夫討論了密封火車，但是外交部長相信，列寧因為接受德國人的幫助，已經讓他在俄羅斯人眼中身敗名裂。布坎南對這樣的回答並不滿意，但沒有什麼能做的，除非打破他個人的外交原則。倫敦駐斯德哥爾摩大使霍華德爵士要實際得多，因為他的辦公室接觸過許多俄國流亡人士和聽過許多故事。霍華德樂於找到一個方法阻止列寧前進，最理想的情況是在他踏足瑞典土地之前做到這一點。最別出心裁的一個建議來自凱斯庫拉（他已經把解放愛沙尼亞的希望改為寄託在英國）。在私下交談中，他建議可以用檢疫為理由拘留列寧。這群布爾什維克畢竟是來自德國，而根據瑞典報紙報導，德國最近有三萬二千宗天花病例。[28]這是個頗有吸引力的主意，但沒有人有把握這樣笨拙的干預會不會把事情弄得更糟。

就在俄國的盟友衡量選項和檢查放在書桌裡的手槍時，德國也正在為列寧忙碌著。原來，列寧一行人沒有人想到要向瑞典申請過境文件。德國人只好代勞。四月十日，正當列寧的火車向東北穿越黑森時，外交部焦急地和斯德哥爾摩交換電報。要直到當天晚上，瑞典政府批准俄國人繼續前進的許可才最終到達柏林。那天下午非常緊張。有好幾個小時，把列寧送進俄羅斯的計畫看來都有可能需要在最後一分鐘做出修改。四月十二日的一份備忘錄承認：「為了以防俄國人被瑞典拒絕入境，陸軍最高司令部準備好透過德國路線讓他們進入俄羅斯。」[29]

暈船是意料之外的苦頭。根據拉迪克和普拉滕所述，只有少數幾個人沒有暈船——包括列寧、季諾維也夫和拉迪克自己。渡輪從薩斯尼茨開出時，比較勇敢的男人留在甲板上。他們甚至唱他們喜歡的歌曲抵擋冰冷的寒意，唱的歌包括列寧喜愛的〈他們沒有讓我們在教堂結婚〉。拉迪克透過找事情爭論幫助大家打發時間，這是一項他從來不短缺的長才。不過任何聲稱布爾什維克領袖和他的朋友在渡河期間自始至終留在甲板上的說法，純屬虛構。30 雖然最惡劣的風暴已在一星期前結束，但波羅的海仍然狂暴，天氣也寒冷得不饒人。無論交誼廳有多擁擠和不宜人（因俄國人抽的菸而藍色一片），它都是船上唯一可避開風寒的地方。

列寧則安於自閉幾小時，因為差不多就是最後一程了。所以，當船上的擴音器開始呼叫他的真名時，他不禁大吃一驚。在薩斯尼茨上船的時候，一行俄國人曾經填寫一般的乘客申報表。在列寧的指示下，他們大部分都用了假名，繼續維持他們在蘇黎世便開始的匿名政策。但現在，卻有人想知道烏里揚諾夫是不是在船上。所以，列寧每根神經都緊繃得像是被逼到角落的動物。瑞典人是想要在這裡逮捕他嗎？還是說英國人在船上布下了人馬嗎？有片刻時間，他考慮逃避趕上他的命運，但最後還是提著一顆沉重的心走向船橋。他已經準備好被捕或被殺，但他得到的卻是一封來自菲爾斯滕貝格的電報。這位布爾什維克領袖的朋友兼跑腿想要接船，但前一晚卻在特瑞堡白等。這一次，他事先發一封電報到船上詢問抵達時間，以免又浪費了一個晚上。31

列寧因為鬆了一口氣幾乎大笑出來，而等到特瑞堡在望的時候，他更是心情大好。菲爾斯滕貝格就在那裡等著，在碼頭安排好一個小型歡迎會（只可惜規模比昨晚準備的小）。水手確定他們看見了一些紅旗。左翼社會主義者斯特倫原定要出席歡迎會，但臨時有事要在首都忙不能來，改為由他的年輕同志格里姆隆德陪同菲爾斯滕貝格和特瑞堡市長在閃爍著微光的碼頭等待。那是一個冰冷的守候，格里姆隆德指出，當大家認出「拉普滕在《維多利亞女皇號》甲板上的魁梧身影」後，在場一群瑞典人的精神都提振了起來。[32]一群臉色蒼白但興奮的同伴隨即出現在拉普滕身邊。當頭暈眼花的俄國人尋找他們的行李時，瑞典市長發表了簡短的演說。他在整齣秀裡只有十五分鐘時間。之後，乘客就上了另一輛火車，在火車站的燈光中揮舞旗幟，接著就走了。

他們的目的地是馬爾摩，首先去的是豪華的薩伏伊飯店。它距離火車站最近，但也是鎮上最好的飯店。很懂得布置安排的菲爾斯滕貝格在那裡為俄羅斯旅人準備了一頓自助餐晚宴——在裝飾藝術風格的樹枝狀吊燈下舉行美食幕間節目。飯店人員（他們的服務是出了名的好）早已站在豐盛菜色四周準備伺候。在三等火車廂坐了三天三夜，又因為渡海而仍然虛弱，一行俄羅斯人現在面對著一席大餐：鮭魚、火腿、煙燻麋鹿肉、酸黃瓜泡菜、梭鱸、長條乳酪、酸奶油和紅、黑色和珊瑚色的魚卵。他們不到十五分鐘便吃了一大堆。唯一無視食物的人是列寧。他從特瑞堡開始就向菲爾斯滕貝格打聽各種消息，一直沒有時間停止說話或吃東西。

他的打聽在從馬爾摩到斯德哥爾摩的夜間火車上又持續了幾小時。和列寧乘坐同一個包廂的格里姆隆德目睹了這一切。據他觀察，列寧對一切都感興趣。瑞典有一些有趣的消息：總理哈馬舍爾德因為對貿易禁運採取強硬立場，得罪了一些人，因而去職。他的繼承者是一個更保守的人物，但除了上議院之外，俄羅斯的革命勝利點燃了一種新的希望氛圍。菲爾斯滕貝格和列寧很快便一致同意，最有可能的受惠者是布蘭廷——一個社會主義者和愛國者，也是瑞典最狡猾的政治人物。[33]問題是，真正要開打時，布蘭廷也許不會站在他們一邊。作為一個議員，他總是被懷疑（如一個德國間諜主張的）「完全不是社會主義者，而是披著偽裝的資產階級。他有很多錢，喜歡喝香檳，過著沉迷酒色的生活。」[34]

列寧聽得津津有味。他對布蘭廷印象深刻，因為布蘭廷一度幫助他逃過沙皇警察的追捕。但重點是，菲爾斯滕貝格的話讓他對瑞典左派有了概括了解。他知道，國際主義者因為反愛國主義的立場，一直受到攻擊，而他的朋友赫格倫德正在坐牢。就像其他齊美爾瓦爾德左派份子一樣，斯特倫愈來愈被議會裡布蘭廷一派的社會民主黨人所孤立。列寧想要知道，他的盟友現在計劃做些什麼，又詢問菲爾斯滕貝格有關工會的情況。他追問說，有青年運動存在嗎？有的話又是由誰領導？過去兩個月發生了什麼改變？為什麼他的這些好友看不出來，革命必須武裝起來？

大約一個小時之後，記者出身的格里姆隆德忍不住把紙筆掏了出來。這時候列寧正在勾勒他成立布爾什維克外國局的計畫（預計設在斯德哥爾摩），但一望到格里姆隆德手上的筆，他便看出一個教育弟子的機會。當火車在瑞典夜空下向北駛去的過程中，格里姆隆德上了一堂大師講授的政治學課。他日後回憶說：「列寧不需要一大群聽眾。他對任何人都可以侃侃而談。」

毫無一點倦容，布爾什維克領袖把他自蘇黎世便彩排好的綱領娓娓道來。他的綱領和采列捷利一星期前坐火車穿過俄羅斯鄉間所想出來的一套南轅北轍。在列寧看來，蘇維埃不是臨時政府的工人教育部，而是革命的未來主人。絕不能和資產階級（克倫斯基更不用說）有任何合作。權力應該轉移給工人蘇維埃。列寧沒時間理會采列捷利已經開始稱為「革命護國主義」的政策。與其面對德國人的刺刀，全世界人民應該把武器轉向壓迫階級。帝國主義者是大戰的始作俑者，也應該為此付出代價。短期內唯一的有效追求是要求馬上和平。和平、麵包和分給農民土地。[35]聽在格里姆隆德耳裡，這番訊息猶如音樂，是對俄國不久前發生的二月革命寄予期待的一種肯定。如果火車上有德國間諜，一定會對此感到高興。但前頭還有一段長路要走。

第七章 群龍無首

某個政治家（我沒記錯的話是俾斯麥）曾經說過，就外交語言來說，說原則上接受其實就是實際上拒絕。

——列寧

一九一七年春天，出現了大量深具關鍵性的快速行動。從柏林和維也納到巴黎、倫敦和華盛頓，副部長們都忙出一身大汗。畢竟，在彼得格勒，羅曼諾夫王朝三百年的專制統治僅僅在讓人頭暈目眩的一星期裡就被一掃而空。但有些事情太肅穆，不能匆匆忙忙，特別是一個重要的典禮。在一九一七年三月二十三日（四月五日），彼得格勒的市民齊聚一起，埋葬他們的死者。不管他們是怎樣死的（被警察射殺、在別人交火時中槍或是死於發生過無數起的槍枝走火），這些革命英雄如今都成了神聖事業的烈士。根據官方統計，這批烈士共一千三百八十二人，其中八百六十九人是軍人。[1]他們的死亡深具意義。對彼得格勒的市民來說，沒有任何一個政治人物的承諾（當然更不用說任何書面文字）的意義，遠甚於他們面對不可恢復的犧牲時所感到的傷痛和敬畏。正因為這場葬禮意義非凡，所以用了快一個月時間來籌備。

起初的計畫是把冬宮廣場挖成墳場。這個構想饒有深意，因為冬宮廣場正是一九〇五年血腥星期日屠殺的發生地點。林德利在寫給倫敦的報告裡說：「有些充滿熱忱的業餘人士確實從那裡開始挖掘，但是結冰的土地太過堅硬，加上挖掘者碰到大量水、瓦斯和電燈管線，導致計畫改變。」[2]另一個說法是高爾基進行了干涉：這位作家對藝術遺產的熱情比他對於工人階級的粗野的鄙夷還要出名。李沃夫和他的自由派部長們希望舉行葬禮的計畫打消，擔心這會導致在一個沒有警察的城市裡引發新的動亂。由於對此計畫的爭執和延宕太久，很多人逕自把自己的親人先行安葬。

墳場的最後選址是帕夫洛夫斯基兵團軍營附近的一片開闊空地，當地人稱為「彼得堡撒哈拉」。一百年前，它是帝國軍隊的演兵場，而它當時獲得的名字——戰神廣場——仍一直沿用。較近期，有計畫為杜馬在那裡建立一座永久大樓，但直到大戰爆發前都沒有動靜。換言之，它是一塊空地（彼得格勒中心區的唯一一塊），完全適合充當烈士墳場。這地方湊巧就在英國大使館後面，大使館的員工因此有機會一覽這個盛大場面。

彼得格勒市民是他們自己儀式的主人。蘇維埃為協調各方面做了些工作，包括用它的《消息報》宣傳隊伍行進的時程。但油漆橫幅、安慰鰥寡和向墓地邁出堅定步伐的都是人民自己。每間工廠和每個地區都在巡遊活動扮演各自的角色，每副棺材都有自己的紅旗。那些已經另行安葬的屍體在儀式上用木板代表，搬動時極為恭敬，彷彿他們是聖徒。在隊伍穿過林蔭大道的時候，沒有任何人顯示出不耐煩的模樣。城市慣有的嗡嗡聲停了下來，天空一度散去了煙霧。九十萬人一起邁步，步伐踩出一種彷彿被他們厚重外衣消音的旋律。他們唱著肅穆但世俗的革命歌曲，雖然沒有人指揮，歌聲多多少少齊一。當所有棺材都在墓地放下之後，在一水之隔的彼得與保羅要塞發射禮砲，像是世界末日的鼓聲。九盞海軍的探照燈在入夜後為持續到夜晚的儀式照亮。正如威廉斯所說的：「沒有哪一位沙皇曾經獲得如此這盛大的葬禮。」[3]（見彩圖10）

蘇哈諾夫寫道：「那是一場壯盛且動人的勝利遊行，是由締造革命的群眾構成。」托洛茨基表示同意：「每個人都參加了葬禮，與工人、士兵和小城市市民一道的，是學生、部長、大使、殷實的資產階級、報人、演說家和所有黨派的領袖。」[4]在他咬緊牙關寫給倫敦的報告中，漢伯里－威廉斯爵士設法表現出相似的大度。他承認，這場葬禮「曾經讓許多人感到害怕，卻變成了俄羅斯民主的真正勝利和對其所有朋友的一大鼓勵」。不過，私底下，他卻受不了葬禮民眾沒完沒了反覆唱著馬賽曲，俄國人有自己的馬賽曲版本。他在日記中指出，這樣唱個沒完非常單調，足以讓革命的死者「從墳墓裡爬起來，求他們別唱了。我們大使館就在旁邊，真是悅耳啊」。[5]在一個英國人的眼裡看來，這些俄國哀悼者甚至缺乏基本優雅。布坎南的女兒梅麗葉爾認為（她對革命份子從來沒有好感），那些泡滿雨水的群眾不過是由「女人、小孩、工人和士兵組成的烏合之眾，全都從不同角度舉著猩紅色橫幅，全都在不同時間和用不同調子唱著馬賽曲」。[6]

人民流露的真摯感情讓一些旁觀者緊張。他們感受到它的力量——它的腳步聲踩踏出一首舊世界的安魂曲，但沒有人確知這股力量會往哪裡走。到處都是分裂。林德利指出：「因為社會民主黨人斷然的反宗教感情，葬禮的一個特徵是沒有任何宗教儀式，也因此在一般大眾裡引起了好些批評。」[7]帕萊奧洛格認為葬禮不足以構成革命意識的證據，不足以證明俄國民眾有了一種新生的公民意識，因為「場面調度的藝術對俄羅斯人來說是與生俱來的」。[8]就連采列捷利都不能不有些憂慮。雖然深刻同情人民的悲痛，但他認為葬禮只是「革命在『年輕』階段的最後作為：它是自發的和情緒性的，必然會被某種專業領導所取代」。[9]

諾克斯回憶說：「現在到處都有一種演說的激情。一個新的動詞 mitingovat 被創造了出來，意指參加會議。如果一個人問朋友當晚他要準備去做什麼，答案將會是『我會參加一點點會議』（ya nemnogo mitinguyu）。」[10]每個人都想要討論問題，都有一種新的責任感，都對自己的主權獨立的國家感到自豪。門衛、清道夫和宮廷侍從都要求新的職稱，以反映他們作為自由人的新地位。彼得格勒駐軍寫入「第一號命令」的首要條件之一是尊重個別的尊嚴。新的職稱（例如街道衛生監督）比較容易達成。在一個民族有難和經濟崩潰的時代為新生的共和國找到一條往前走的路，則較困難。大概是因為這個問題太困難，所以大家談到它時都只有理論或懂些皮毛。

除和平與麵包以外，眾人最想要的是一種新的東西：終結老套的做事方法和謊言，以及終結由穿昂貴西裝的陌生人執政的政府。二月這段日子啟迪了一種意識的可能性，讓每個人——從維堡區油汙濺身的技師到肥沃黑土地的農民——品嘗到了權力加身的時刻。他們沒有弄錯，他們的世界確實永遠地改變了。不過，在彼得格勒，卻是由商人和知識份子迅速掌控了局面——他們心懷善意，卻對人民的真實生活陌生。在一九一七年才過了八個月，那些管理世界最大一場革命的人就重新排演仕紳政府的風格和詞彙。他們用法語爭辯外交條約的條款，在關起的門後達成協議。他們交換讓步和斟酌措詞。事實上，他們無法做些別的，因為晚上讓他們睡不著的一件事就是社會不安的幽靈，甚至是無政府狀態的幽靈。

他們其中一群人——左翼反沙皇地下份子的倖存者——每日在斯科別列夫的公寓開會（這裡也是采列捷利回到首都之後便落腳的地方）。只有少數的蘇維埃執委會成員受到邀請。蘇哈諾夫（采列捷利認為他冷漠和壞脾氣）不是這群人的一份子，其中當然更沒有布爾什維克份子。小歸小，這個主要由孟什維克組成的祕密會議很快就被暱稱為「星室法庭」（Star Chamber，編注：原指英國在十五到十七世紀的專制機構），並在三月底控制了蘇維埃執委會的工作。[11]也就是說，它設定了執委會的議程，且隨著革命之火冷卻，卻拒絕讓資產階級政府靠邊站。害怕因錯誤的改變方式而失能，成員依賴李沃夫親王等人的善意。

不讓人意外地，他們立即面對的最棘手問題和二月之前碰到的問題一樣，只不過這一次沒有了沙皇可歸咎。大戰的問題，或說和平的問題，仍然最具爭議性。它非常龐大，引起很多雜音，但「蘇維埃致世界各民族宣言」什麼都沒有解決。雖然采列捷利的團體立場堅定，但執委會的其他人卻依舊意見分歧，而很多派系之間的爭執——有關武裝防禦和訴求和平，有關軍工生產和來年春天戰役的細節——也妨礙了所有統一的嘗試。就在蘇維埃和自己的良知角力的同時，臨時政府在它位於馬林斯基宮的新總部也在爭論著同一批議題，只不過是從略微不同的觀點出發。

眼見帝國就要崩潰，部長們選擇就土地爭奪展開爭論。在三月二十三日（四月五日）彼得格勒大葬禮的同一天，親政府的報紙《言論》刊登了一篇對米留科夫的專訪，時間挑在緊接美國總統威爾遜對德宣戰之後。這位外交部長利用接受專訪的機會，重申他決心尊重俄羅斯簽定的既有條約。這表示（雖然他並沒有明著說），俄羅斯需要奪取好些外國據有的土地，因為這樣它才能善盡作為一個真正世界強國的責任。米留科夫建議「把奧地利地區的烏克蘭人口和我們烏克蘭地區的人口統一」，這是贊成俄羅斯擴張到加利西亞的委婉說法（編注：加利西亞，Galicia。為中歐歷史的地名，位於今日波蘭與烏克蘭境內）。不過，真正的大獎仍是土耳其的領土。米留科夫用來合理化俄國兼併君士坦丁堡的理由，是「土耳其民族雖然統治了五百年，卻一直沒有把根深入到那裡去」。令土耳其人震驚的是，他把俄國在博斯普魯斯海峽的動靜看成純粹是家務事，是一種「保護俄羅斯家園的門戶」的措施。

這位外交部長從不懷疑自己對土耳其的政策正確，也沒有企圖隱藏自己對蘇維埃的不耐煩。他說：「沒有兼併的媾和是一種德國式的說法——他們一直努力把它假裝成是國際社會主義者的意見。」[12]根據布坎南的觀察，米留科夫「只要一天擔任外交部長，就會拒絕和盟國重新磋商已談定的條約」。[13]在采列捷利看來，米留科夫的說法「就像是在挑戰整個革命民主」。[14]而蘇維埃執委會被綁著手腳，因為當初應執委會自己的要求，米留科夫對外交事務握有全權。

下一個製造困擾的人是克倫斯基，他從來沒有在瞥見新的道德高地之後不會去搶占它。布坎南在四月八日深夜寫了一份關於該事件的報告，那天白天他和其他英國人過了復活節。或許因為心裡還想著復活蛋和兒童故事，他開始寫那報告的時候也許無意識地想到特老大和特老二（譯注：《愛麗絲鏡中奇遇》中一對極端相似、難以分辨的兄弟，為了一個波浪鼓吵架而決鬥）：「一份勞工報紙今日刊登了司法部長（克倫斯基）的一個聲明，該聲明相當於是說外交部長（米留科夫）在接受專訪所說的話只代表自己，不代表政府。」「今天黃昏司法部長打電話給我的時候，我問他為什麼要發表這個聲明。他回答說，那是因為外交部長的發言沒有諮商過同僚。他還認為這發言非常不圓滑，讓政府的處境變得非常艱難。」[15]清楚的是，構成那麼大破壞力的不只是論證的細節，還有幼稚的吹毛求疵。只要這種情形持續下去，臨時政府就難望建立一個大眾信賴的基礎，甚至不可能和它的軍事同盟做出前後一貫的磋商。另外，它也有可能招來蘇維埃內左派的反對。就像布坎南在第二天早上指出的：「臨時政府將不會成為主人，除非它能把自作主張並代表少數極端份子的委員會放到恰當位置。」[16]

帶著差不多同樣多的疑慮在心頭，采列捷利一直為蘇維埃執委會工作。他表示自己仍然是國際主義者，但希望蘇維埃能夠和資產階級攜手合作，推出共同的外交政策，贏得戰爭。自從回到首都之後，他作為政治家的聲譽持續上升，而在三月二十二日（四月四日），執委會同意接近李沃夫的政府，以制定一份清楚的戰爭目標聲明，他們打算以此聲明作為國家防禦團結運動的基礎。[17]蘇哈諾夫對此持懷疑態度。他一直催促「一個全國性和系統性的和平運動」，所以他的目標是揭發然後困住一票資產階級部長，不是和他們合作。[18]畢竟，他們關起門來達成的協議正是人民革命要推翻的那一類東西。

不過，蘇哈諾夫還是帶著戒心加入了采列捷利領導的執委會磋商小組。黑色轎車在三月二十四日（四月六日）把他們載到了馬林斯基宮。主人和主席是李沃夫親王，他的內閣除了克倫斯基以外，每個成員都出席了。蘇哈諾夫寫道：「采列捷利設法說服各部長，尋找一些和他們接近的出發點。」儘管如此，雙方都不熱中於妥協，所以「一個無聊、冗長、徒勞的討論開始了」。[19]刀也在部長之間出鞘。有謠言說，有一個涉及克倫斯基和百萬富翁財政部長捷列什岑科的共濟會陰謀。稍後，米留科夫又宣稱他發現一個對他不利的陰謀，而製造陰謀的成員包括李沃夫親王、采列捷利、克倫斯基和喬治．布坎南爵士。[20]經過拉鋸但禮貌的觀點交換之後，執委會的代表離席，留一天時間給部長們制定戰爭目標的聲明。

三月二十六日（四月八日），李沃夫把執委會的代表再次找到馬林斯基宮，讓他們聽準備好的聲明。聲明的措詞讓人失望：華而不實、模糊和高高在上。它一開始說：「不惜一切保衛我們繼承的財產，以及從入侵的敵人解放我們的國家，成了我們戰士保衛民族自由的首要任務。」這宣言堅稱，自由俄羅斯並不致力於「宰制其他民族，或奪取他們的民族財產」。但臨時政府不選擇採取蘇維埃的措詞（「沒有兼併或賠款的和平」），表示它尋求的是「一種基於民族自決的穩定和平」，又保證（米留科夫想必為此爭取了幾小時）「我們會完全遵守對盟國的責任」。[21]

領土擴張是一個蘇維埃無法容忍的戰爭目標。執委會的代表只好徹夜長談。捷列什岑科一度從座位上跳起來，指責蘇哈諾夫不應該把當前的一批部長和丟臉的遜位沙皇相提並論。他跑到外頭，等到入黑和怒氣冷卻後才回座。午夜過後，有電話找齊赫澤。是他太太打來的，事態緊急：

他們十五、六歲的兒子因為槍枝走火意外受傷，預計活不了一個小時。齊赫澤選擇留在會議。[22]等他回到家裡，兒子已經死去。不管怎樣，談判都沒有成功。李沃夫看來支持米留科夫，他知道執委會被綁著手腳。

蘇維埃的領袖們處於放棄邊緣。不過，第二天早上，要匆匆忙忙接電話的人換成是采列捷利。他聽見的是李沃夫的聲音。親王告訴他，一份修改過的文件正在送往塔夫利宮途中。文件抵達時，執委會的成員聚在一起，發現昨日的聲明裡插入了六個以紅筆畫了底線的字。這句重要的新句子表明放棄「對任何外國領土的暴力奪取」。[23]采列捷利勝利了。他得到了他要的宣言，又和資產階級政府達成了合作關係。他也挫敗了蘇維埃內部那一大群要求即時和平的左翼主義者。至於文件中的措詞對在前線作戰士兵的真正意義為何，是一件可以留待遲些再討論的事情。

這個妥協並沒有擴大宣言簽署者的聲譽。采列捷利和他的朋友們都盡了力，而作為馬克思主義者，他們把革命視為自己整個人生的核心，但執委會小組現在卻原形畢露：一群資格有問題和對真實生活只有寥寥無幾了解的政治人物。它的一個參與者回憶說：「這個委員會的歷史可以分為兩個階段：采列捷利到達之前和到達之後……他平靜地領導委員會，充滿信心和勇氣，讓這個大雜燴突然被轉化為一個機構……然而奇怪的是，就在委員會變得組織化之際，它失去對群眾的領導權——群眾對委員會轉身而去。」[24]

三月二十七日，就是列寧的火車開出蘇黎世車站往德國而去的同一天，臨時政府的戰爭宣言（獲得蘇維埃的完全背書）在俄國發布。細心的讀者馬上知道，革命所承諾和人民所夢想的和平，被無限期地延後。歡快的羅江科第二天對英國武官說：「親愛的諾克斯，你想必輕鬆了。俄羅斯是一個大國，可以同時打一場戰爭和管理一場革命。」[25]當布坎南要求李沃夫親王對蘇維埃珍視的「沒有兼併的和平」一語做出解釋時，親王同樣沾沾自喜：「如果戰爭進展順利，那麼現在所謂的永久占領君士坦丁堡和加利西亞將會被視為把它們從敵人的牛軛解放。」[26]正是這一類評論讓列寧指出：「呼籲臨時政府締結民主化的和平，相當於向妓院老闆宣講美德的好處。」[27]

士兵是沒有人想要討論的難題。不管李沃夫親王會說些什麼，俄國的外交政策都依賴軍隊，但沒有人知道軍隊裡的人心裡想些什麼。地方部隊很難有代表性，但除了靠地方部隊以外，大部分人又無從判斷軍隊的心態。布坎南在三月二十八日（四月十日）的電報上知會倫敦：

> 彼得格勒駐軍發出了一份同時由軍官和士兵草擬的宣言，強調必須戰爭直到新贏得的自由獲得保障為止。宣言指出，戰爭必須要以勝利為目標，因為軍隊認為沒有得到協約國同意的和平（即使可以恢復俄羅斯原有的邊界）乃是可恥的……決議呼籲蘇維埃制止彼得格勒工廠工人和技術人員的爭吵……最終，為了增加彈藥生產，必須取消一天工作八小時，而改以在高壓下無休無止地工作，因為要知道，軍隊是日夜無休的……[28]

總的來說，消息是正面的。但凡曾赴前線巡視的人看到士兵脆弱的情緒狀態，不免感到憂心忡忡。

首先派出視察員的是臨時政府。三月，杜馬兩個前成員亞努什科維奇和菲洛年科受命到北方前線巡視。他們的報告完全正面：「士氣歡快且良好，讓人愉快。」[29]在其他地方，其他視察員看到的都是表面，沒有人知道裝出來的微笑背後是什麼情況。陸軍總司令阿列克謝耶夫比任何政治人物更清楚軍隊的情況，他向古契科夫抱怨軍隊的彈藥短缺和食物缺乏。沒有人能夠掩飾大部分時間軍紀散漫的事實。[30]不過，快樂情緒不一定受歡迎。四月一日（十四日），倫敦的總參謀長威廉．羅伯森爵士拍電報給諾克斯和漢伯里－威廉斯，要求了解俄羅斯軍隊的戰鬥狀態：「給我你們的意見。別講他們有戰勝的決心，或決心為自由而戰的無聊話。要記住，沒有軍紀和合理的管理效率，一支軍隊只是一群群龍無首的烏合之眾。」[31]

他得到的不是完整資訊（至少從諾克斯得到的那些是如此）。這位英國武官對彼得格勒的駐軍沒有好感，而管理軍隊的官僚也讓他生氣。他在三月十八日（三十一日）向倫敦報告說：「他們所秉持的主要觀念看來是做愈少事情愈好。總參謀部的辦公室在五點關門，大砲部要早一個小時下班。這些人都是小孩子。他們其中一個在杜馬對我說：『我們當奴隸當了三百年，你應該不會介意我們輕鬆幾星期。』」[32]他在四月二日的電報寫道：「彼得格勒的部隊驅逐了四分之三的軍官，無所事事又毫無軍紀。在我看來，政府已經放棄了一切保護可憐的軍隊不受政治煽動者的努力。」[33]

到前線視察時，諾克斯的感覺好一點點，但沒有好太多。他在三月底參觀了彼得格勒附近的衛兵營，在四月到了北方前線。他的發現是偏頗的，因為其主要目的是促成英國的目標，但他能夠說俄語（說得不好）和聽得懂士兵的抱怨。當他發表演講和擺出西線的地圖和照片時（英國學者佩爾斯回憶說：「他來來去去只有一篇演講，我都會背了。」[34]），他經常會遇到對英國不信任的情況。但他認為這些他處理得來：需要的只是男人與男人間的輕快談話。更嚴重的是士兵所講述的關於他們軍官的故事——有些軍官被趕走，甚至被殺。一群俄國士兵曾經這樣問他：「在英國，如果一個軍官喊他的部下為『一群豬臉牛』，會發生什麼事？」[35]是否有人能捱過一場漫長的戰役，目前混沌未明。在彼得格勒出現的支持戰爭示威有可能是由右翼報章策劃和付錢，但前線軍隊卻對此抱持懷疑態度。他們說那些穿著乾淨軍服要求「作戰至最後勝利」的人應該花幾星期到戰壕待一待。這樣，他們就會知道何謂真正的打仗，而「我們這些吃了快三年苦頭的人就可以回家去享受應得的休息」。[36]

不過前線還有一點希望。大部分士兵都歡迎三月十四日（二十七日）的蘇維埃宣言，特別是它有關槍枝裝彈的段落（到處都是彈藥短缺），而《言論》和《俄羅斯意志報》等主戰報紙的宣傳攻勢也加強了應該為俄羅斯及其軍事榮耀持續作戰的觀念。雖然軍官仍然害怕控制他們的部隊，但最初的憤怒情緒已經消退。沒有人能保證士兵是不是會服從進攻的命令，但至少他們自稱想要戰鬥。畢竟，軍隊持續有著強烈的反德情緒。諾克斯在四月二日（十五日）寫道：「毫無疑問，極端社會主義者和他們的『停止戰爭』綱領已經失勢。在那些對德國佬有實際經驗的部隊裡，這個觀念極少獲得支持。」[37]

真正讓諾克斯和任何依賴軍隊在春天作戰的人發愁的是開小差的比率。沒有力量（當然也沒有任何政治人物）可以阻止前線的士兵不斷開小差。在四月，每天有一千人抵達基輔火車站。根據諾克斯收到的情報，到了四月第二個星期，已經有大約一百五十萬人離開了崗位。[38]德國人新一波的宣傳（再次是透過飛機空投單張）讓情況雪上加霜。[39]眾人傳說在復活節假期將會有一個命令重新分配全俄國的土地，所以很多士兵都急著回到家鄉分取屬於自己的那一份土地。[40]

有一部分是為了對付這種恐慌，蘇維埃在三月二十六日（四月八日）的《消息報》上發表了一個聲明。它承諾，「一直浸泡著人民汗水的土地」到了適當時候自然會分給農民——不過「不是透過暴力、縱火、謀殺或任何專斷措施，而是由全部人民選出的制憲大會作主決定。」[41]換言之，聲明要求農民留在現在的位置，然後等待時機到來，亦即當俄國有了一部憲法和一個國家元首之後，整件事情將會有圓滿結局。問題是，處在刀尖上的人恐怕會等不及了。一個士兵說：「如果我死了，將不再需要任何土地。」[42]

土地問題有可能在春天來到的時候變得更尖銳，因為那時正值播種時間。[43]俄羅斯軍隊的士兵幾乎全是從農村徵召而來，他們隨時都有可能會奔回家。臨時政府因為廢除了死刑，幾乎制止不了他們。與此同時，在彼得格勒，蘇維埃正在準備召集一個全俄羅斯代表的會議。蘇維埃第一次全俄會議預訂復活節週末舉行。不管采列捷利做出了哪些妥協，人民都將有另一次機會去享受他們對公共會議的新體驗。

在那個月的事件中，布爾什維克並沒有扮演重要角色。多年之後，共產黨對一九一七年的官方記載將會把黨描繪為一個統一和不懈追求改變的力量。這當然是謊言，但並不是蘇聯政權最糟糕的謊言，因為布爾什維克確實有足以讓其他社會主義政黨嫉妒的大批草根追隨者。問題是布爾什維克的精英份子還未就任何問題達成共識。一個彼得格勒的同志日後寫道：「必須承認，在列寧回來之前，黨裡面相當混亂。沒有明確一貫的路線。一個多數派把奪取國家權力說成是遙遠的理想，不是一個近期、緊急和即時的目標。他們認為光是支持臨時政府就已經足夠……搖擺和一盤散沙是典型現象。」[44]托洛茨基在退休之後得到相同結論。他說：「一個人可以針對沒有列寧的列寧主義者的領導方式寫下深具啟發性的一章。列寧的身影比他最相近的弟子還要高大許多，以致於只要有他在場，他們就無須獨立解決理論和戰術問題。若他們湊巧在某個關鍵時刻與列寧分開，便會驚訝於彼此竟然如此不知所措。」[45]

三月四日（十七日），也就是沙皇退位兩天後，一群幹勁十足的活躍份子重新推出布爾什維克黨的《真理報》。他們沒有印刷機，但知道要去哪裡找一部。在一個酷寒星期六的凌晨，一群武裝男人破門進入莫伊卡河河岸上一棟房子。衝上樓梯之後，他們去到《農村快報》的報社。這是一家私人經營的報社，有著寬敞辦公室和一部精良印刷機。在《農村快報》印刷工人（大部分是社會主義者）的鼓勵下，布爾什維克份子在一張大桌子上清出一片空間，拉來幾把椅子。從那個晚上開始，他們強迫承租戶分享從輪轉印刷機到燒水壺等一切設施。[46]

可惜的是，在中斷出報三年後，搶得一部印刷機比確定編輯路線要容易得多。復刊號的第一期（三月五日出版）列出它有哪些著名寫手，以吸引讀者訂閱。[47]不過，該報卻引不起人民購買的興趣，因為它的社論頂多只會說「當今的根本難題是建立一個民主制共和國」。除此以外，它的編輯覺得刊登《國際歌》的歌詞和打油詩比定義黨對當日任何緊急問題的立場安全。站在外頭觀察《真理報》，蘇哈諾夫指出它「完全沒有『路線』，只有一種模糊的、集體迫害的形式」。[48]《真理報》的缺乏方向反映出布爾什維克黨本身的內部分歧，它的彼得格勒組織（地方和全國性組織）看來正在打一場長期的內部戰爭。

左翼路線的維堡區委員會仍然和全國性領袖步調不一。特別是，它的成員繼續相信，在召開一個會議決定俄羅斯的未來憲法之前，任何看管政府者都必須是由工人蘇維埃組成，不是由資產階級主導。[49]在一些老牌布爾什維克份子看來，這種主張是異端，他們主張除非臨時政府攻擊工人階級，否則蘇維埃不應該反對臨時政府。就連什利亞普尼科夫都相信，布爾什維克（或任何工人階級政黨）不可能像米留科夫和李沃夫那樣，負擔得起組織政府的責任。到了三月底，有些黨的第二梯隊領袖開始主張，是蘇維埃而不是任何形式的議會應該準備好不久之後掌權。不過，這個過程需要時間，而人民也需要被武裝和為這任務作準備——包括擴大被布爾什維克稱為「赤衛隊」的民兵。[50]

就是這個時候，卡米涅夫和史達林在三月十二日（二十五日）從西伯利亞回到了首都。他們在火車站受到歡迎（哪怕蘇哈諾夫指出過，他們不會需要一大群人歡迎），但彼得格勒的同志和這兩個人之間早有嫌隙。卡米涅夫在一九一五年受到叛國審判時背叛過黨和表現出可恥的懦弱。

作為懲罰，《真理報》的編輯認為應該禁止他為該報寫文章和為他的路線投票。黨成員也不信任史達林，他們以不具體的「個人性格」作為理由，禁止他在中央委員會有完全投票權。[51]不過，不多久，卡米涅夫和史達林就把手伸進了《真理報》，把原來的編輯晾到一邊去。這個變化的影響相當直接而且極端。卡米涅夫私底下承認，他原先是想把《真理報》關閉，但後來卻改為改革它，物色持不同觀點和有個人風格的作者。他告訴蘇哈諾夫：《真理報》「有一種完全不體面和不適合的調子，現在我設法吸引一些供稿者或拿到有點聲譽的作家的幾篇文章」。[52]

布爾什維克原先並不重視多元觀點和有風格的文章，但卡米涅夫就像許多「西伯利亞人」（包括采列捷利在內）那樣，對於社會主義者彼此應該攜手合作的想法心有戚戚。他主張社會主義者也有短期責任去支持資產階級，雖然總是著眼於迫使他們進行民主改革。重要的是，卡米涅夫深信俄國必須繼續作戰和贏得戰爭——主要是為保護革命成果不被普魯士的暴政摧毀。這是他第一篇嚴肅文章的主題，標題作〈沒有祕密外交〉，發表在三月十五日（二十八日）的《真理報》。他在文中稱：「當一支軍隊和另一支發生衝突，最荒謬的政策乃是主張其中之一放下武器回家去。那不是一種和平政策，而是一種奴役政策……自由的人民會堅守他們的崗位，會以子彈回應子彈，以砲彈回應砲彈。」[53]

黨內的左翼團體大驚失色。什利亞普尼科夫回憶說：「改版的《真理報》出版的第一天是護國主義者歡天喜地的一天……他們在執委會對我們露出惡毒的微笑。」莫伊卡河的辦公室發生了一場憤怒的會議（廚房是唯一留給《農村快報》員工的避難所）。卡米涅夫受到譴責（史達林默不作聲地拋棄了他），但報紙的路線已經被推到右邊。[54]下一個星期，《真理報》登出了一系列觀點相互衝突的文章，就像是已經完全失去方向感。被亂哄哄和火爆的辯論弄得疲倦，什利亞普尼科夫等活躍份子等著列寧「像重砲一樣」回到彼得格勒。[55]

就像算準時間那般，載著一個傑出乘客的火車從瑞士一路開到了彼得格勒。這一天是三月三十一日（四月十三日），也是東正教的「聖週五」（編注：聖週五又稱「耶穌受難日」），是重要的宗教節日）。到芬蘭車站接車的群眾比平常多，在車站四周插著的紅旗也比從前任何時候多。已經成為慣例的是，有一支軍樂隊在場。到了預定時間之後，一個歡迎委員會聚集起來，這一次包括外國人。火車頭的燈光接近，夜間的空氣瀰漫著水蒸氣，然後貴賓從火車上下車。穿著毛皮大衣和黑色靴子，他個子高但卻累癱了，年紀已過了中年好些。大批群眾的歡迎雖然讓他感到高興，也讓他感到疲倦。畢竟，從日內瓦回到彼得格勒這段旅程非常累人。他轉過身跟上同行旅人，匆匆走進接車大廳，在那裡聽了更多的發言後坐車到首都去。

這位新回來的人是普列漢諾夫。得到英國的祝福和支持，這位來自日內瓦的大老獲准回到俄羅斯。重點是，普列漢諾夫雖然是馬克思主義者，但也是一個對大戰有明智見解的人，一個會告訴其他社會主義者他們責任何在的愛國者。為了表示感激，他從海路一路被護送至卑爾根，不用吃密封火車的苦頭，同行的有另外六個社會主義者。這六個人全是外國人，挑選他們是希望他們也會懂得說普通勞工階級的語言。起碼理論上是這樣。帕萊奧洛格在日記裡指出：「穆泰是大律師，卡金和拉豐是哲學教授，奧格雷迪是櫥櫃匠，索恩是水管工。所以，法國社會主義是由受過古典教育的知識份子作為代表，英國社會主義是由工人作為代表。」[56]

這個法國人誇大其詞了。索恩不是水管工而是磚匠，是在社會主義討論小組裡由馬克思最小的女兒愛蓮娜教會閱讀。在一九一七年，作為一個工會領袖和西漢姆南區的國會議員，他和里茲的國會議員奧格雷迪（真的是櫥櫃匠）以及費邊社的祕書桑德斯一起出任務，要調教蘇維埃。派他們出擊的想法出自巴黎，但英國白廳馬上附和。[57]他們都是經驗豐富的公眾演說家，在自己的世界裡是領袖人物，但這些使節（布坎南稱他們為「傑出的類型」）對等著他們的接待卻沒有做好心理準備。

火車站裡的演說十分累人，特別是在經歷一趟火車之旅後。現在他們發現（從別人的一言半語得知），他們的到達和一個大型會議湊巧同時，而他們有責任參加。這會議就是蘇維埃第一屆全俄會議，參加的除了彼得格勒的社會主義精英，還有來自帝國四面八方的工人、士兵和農民，他們在一個大禮堂裡齊聚一堂。普列漢諾夫被推到台上，就像一隻困惑的純種公牛。根據蘇哈諾夫所述，他「穿著毛皮大衣一動不動地站著，沒有說半句話」。[58]其他外國人只能默默看著，心裡盼著上床睡覺。

第二天沒有好多少。彼得格勒的協約國外交官帶他們被馴化的社會主義者參加會議，卻沒有人理會他們。蘇哈諾夫指出：「不管作為公民他們有多麼值得尊敬和懷有善意，他們事實上都是盟國政府的代表和英法帝國主義的代理人。」[59]洛克哈特回憶說，從一開始，整件事情就是一場鬧劇，因為英國三人組和法國人「在俄羅斯革命措詞的荒原裡完全暈頭轉向」。[60]當晚，在把水加進自己的威士忌時，索恩告訴布坎南，他沒有碰過一個蘇維埃代表看起來是曾經用自己雙手工作過一天。大使的結論是：「極端社會主義者不是那麼容易受外國影響力左右。」[61]

全俄會議的最後一天（東正教復活節的星期日）是最有收穫的。再一次，外國訪客被帶到會議廳，但站在台上的普列漢諾夫現已得到一覺好眠和一個簡報的加持。他發表了一場讓外省代表人人鼓掌的激勵人心的演講，又指指他的傑出外國客人，彷彿他們是國際團結的化身。不過，到這些外國人說話的時候，讓大眾印象深刻的是他們的音色而不是他們說些什麼。記者威廉斯指出，聽眾雖然聽不懂卡金說些什麼，但對其聲調中充滿戲劇性的抑揚頓挫和手勢卻大有反應。奧格雷迪「把他的聲音提高到整個特拉法加廣場都能聽到」，把「陣陣如雷聲音」傾瀉到「那些不能理解的士兵和工人身上」。[62]狂喜持續至普列漢諾夫和他的客人對聽眾鞠最後一次躬，「呈現出同盟民主一個真正且讓人悸動的象徵」。就連蘇哈諾夫都承認：「氣氛帶有節慶的歡樂色彩且友好。」[63]大概正因為那天是節慶，沒有人真正討論到大戰的問題。

在稍後的小組討論中，當話題最終轉到槍砲和條約責任時，英法訪客的好運用光了。卡金發現他是那麼不受蘇維埃歡迎，甚至恐慌起來，拋棄了他預備好的講稿，告訴每一個人法國準備要放棄它對阿爾薩斯和洛林的權利要求。[64]這是任何神智清楚的法國人都不可能說的話，而他的發言（就像他本人一樣）受到奚落。索恩和奧格雷迪的情況沒有比較好。這些懷著善意的英國人的智慧永遠不可能重新振奮俄國的戰爭努力。英國大使館的一個翻譯哀嘆說：「如果英國人停止給俄羅斯和俄國人出主意……以及明白革命份子不是由頭髮散亂者、遊手好閒者和戴眼鏡學生組成的烏合之眾，而是包括所有這個國家最優秀的份子，那我們應該會變得比較受歡迎。那是一個能夠讓我們從我們的朋友得到拯救的方法。」[65]

第八章　列寧在拉普蘭

英國政府決定阻止流亡的國際主義者返回故土，並阻止他們參與反對帝國主義戰爭的抗爭。

——列寧

列寧交代過他們不必理會記者：一如往常，他是負責應付報界的人。問題是，火車上多了幾十個人，他們跑到俄國人的車廂，問東問西。這一大群人嘰哩呱啦說著北歐語，一等這班來自馬爾摩的慢車停下就一擁而上——當時天剛破曉，火車停在斯德哥爾摩外圍一個郊區的車站。這一天是四月十三日星期五（普列漢諾夫和他的朋友抵達俄羅斯的同一天），而列寧的一些同行旅人開始想念密封的車廂和寂靜的德國平原。他們不想在這個不恰當的時機點當名人。他們緊張不安，睡得不好，衣服黏在皮膚上，已經四天沒有享受清潔的毛巾、自來熱水和五分鐘的隱私。

在斯德哥爾摩走下火車看見歡迎隊伍時，他們顯得既疲倦又沒好氣。左翼社會主義者斯特倫前一晚雖然不能到特瑞堡，現在卻在月台上。和他站在一起的還有一些其他瑞典議會代表，和斯德哥爾摩極有權勢的行政首長林德哈根。另有一小群人也聚在一起，其中包括至少兩個瑞典祕密警察和好幾個外國間諜。[1]列寧一行人將會在瑞典首都逗留大半天。他們所做的一切將會有人做成紀錄。

列寧也許寧願繼續趕路，但在黃昏之前沒有到諾爾蘭的火車。為了好好利用這段多出來的時間，他安排了緊密的行程，大部分用來取得瑞典人同意他取道德國回國的決定。除此以外，他想弄懂瑞典同志對戰爭、和平和革命的看法，他需要錢，希望在斯德哥爾摩設立一個永久的布爾什維克辦公室。做完這些事之後如果還有時間，他打算到附近的朗霍爾曼監獄探望齊美爾瓦爾德時代的老同志赫格倫德。

那是一個春天早上，灰濛濛但寧靜，環境最適合攝影師拍照。他們其中一位拍下邁著大步的列寧，是整段故事最著名的照片之一。照片中的列寧臉轉開，快步行走，業已要去辦當天第一件事。他腳上穿著一雙沉重的登山靴，衣著像稻草人，包括一件不合身的羊毛外套。他的右手緊握著一把像尖頭登山杖的雨傘，左手因為寒冷而隱藏著。即使他意識到有人拍照，也完全看不出來，因為他正在聚精會神和另一個瑞典齊美爾瓦爾德主義者紐曼談話。紐曼比他高一個頭，穿著也更優雅，但引起注目的卻是像一團能量的列寧（見彩圖18）。

他的妻子和其他同志則凌亂地站在他身後。斯特倫要快步走才跟得上他們。瑞典人為他們的訪客在附近皇后大街的雷吉納飯店訂了六間房間。這家飯店在布雷蕭的火車指南的廣告上自詡：「每間房間都有冷水和熱水供應，各種最新便利設施應有盡有。」[2]斯特倫回憶說：「列寧幾乎是用跑的到達飯店。他的唯一念頭是回家。」他腳上的登山靴（由他在蘇黎世的補鞋匠房東所製作）看來和他的未來世界領袖身分格格不入。在斯特倫看來（他更習慣瑞典的起居室），列寧就像「一個在天氣不穩定的星期天下午遠足的工人」。[3]雷吉納飯店的員工望了列寧一行人一眼，有鑑於他們疲累不堪的狼狽模樣，拒絕他們任何一個人進入飯店。直到斯特倫保證訂好的房間已經事先付費，一行俄國人才拿到房間鑰匙，最終可以洗一個愉快的熱水澡。

其他人也許會去盥洗和休息，但列寧的一天才剛要開始。在大部分同行旅人吃完早餐以前，他已經去尋找那個預先訂好的飯店會議室。林德哈根將會在那裡發表一篇歡迎演說（他的主題是「來自東方的光」），也會有人代表瑞典工會致簡短的祝詞。他耐心聽講，但他要在那裡替自己辯護。他必須告訴瑞典人，他沒有和潛在的德國間諜接觸；他必須告訴每一個人，是帝國主義者英國佬封閉了所有從瑞士返回俄羅斯的路線，才逼得他要取道德國。不錯，德國人是希望從他的回國中得到好處，但他們犯了一個錯誤。「比起克倫斯基和米留科夫，布爾什維克的革命領導層對於德國帝國主義勢力和資本主義的危險性要更大些。」[4]

和斯特倫私底下單獨交談時，列寧對自己的計畫談了更多。他擔心瑞典左派的未來，也擔心斯特倫不是布蘭廷的對手（「他比你聰明」）。列寧反覆強調拿起武器的必要，這是他和瑞典同志的一個分歧點。他解釋說：「你不能用禱告面對沙皇的軍隊。你必須有武器。」當斯特倫問列寧會做些什麼來阻止武裝接管時（他預期克倫斯基會是一個拿破崙），列寧回答說未來的自由只有寄託在他所謂的無產階級專政。[5]

這些話鼓舞人心、讓人害怕且強硬，但列寧也需要幫忙。他已經要求過瑞典左派為他取道德國的旅程背書，而斯特倫注意到，列寧得知布蘭廷願意簽署之後，為之鬆了一口氣。接著他想要錢。「在你的國家旅行需要花很多錢。」他說。當天下午，斯特倫向一些工會募到一些款項，一個叫孟遜的議員也幫忙向其他議員湊款。據說右派的外交部長林德曼提出一個要求作為付錢條件：「列寧今天就離開。」[6]

當孟遜正在湊錢時，拉迪克帶著列寧去採購。拿著一個照顧本地俄羅斯難民的慈善組織提供的現金，他把列寧帶到專門為資產階級服務的PUB百貨公司。這家百貨公司很著名，但三年後會更著名：一個名叫葛麗泰·嘉寶的跑腿少女將會為它的女帽充當模特兒，接著成為光芒萬丈的紅星。對列寧來說，是丟棄他腳上登山靴的時候了。除了買新鞋子以外，他又選了一件西裝（日後，他幾乎會在每個公開場合都穿著它，直到一九一八年過了大半年為止）。選購了這兩樣東西已經讓他覺得足夠。他拒絕了拉迪克的建議，沒有買一件新大衣和新內衣，指出自己回俄羅斯是進行革命，不是開紳士用品店。[7]

演講和購物用掉了他本來可以拿來探望赫格倫德的時間。列寧的忙碌行程讓他不可能有任何其他社交活動，但他清楚知道帕爾烏斯就在斯德哥爾摩。這位鉅子每日都追蹤列寧的行程，部分是因為他覺得整個主意是他提出的。預期列寧將會來到，並帶著他在柏林外交部的支持者的祝福，帕爾烏斯四月初去了斯德哥爾摩。[8]雖然布爾什維克領袖不會同意彼此會面，但兩人一整天下來只不過相距幾條街。檯面上，列寧避見帕爾烏斯，聲稱他是個不可信賴的叛徒和德國走狗。

不過私底下，他卻有其他管道可以和這位德國人最喜歡的俄國奸商聯絡。透過菲爾斯滕貝格，過去兩年來他們一直保持暢通的溝通管道。這一次，銜命去做這事的人是拉迪克（當然是在百貨公司採購的事告一段落之後）。

已經養出了胃口，列寧回到雷吉納飯店之後在餐廳裡大啖牛排，灑上更多的胡椒粉，邊吃邊和為他買單的瑞典同志有說有笑。這時，拉迪克就在斯德哥爾摩的某處和帕爾烏斯會面。他們的談話完全保密，沒有留下紀錄，但列寧必然交代過拉迪克要談些什麼。清楚的是，他的布爾什維克黨最需要的是能夠支持大規模革命運動的資金，而這筆錢大胖子知道可以怎樣弄到。就像帕爾烏斯的傳記作者所說的，拜他和德國外交部有密切接觸所賜，他「在布爾什維克爭奪俄羅斯政治權力一事上，他的立場是承諾會提供大量支援：拉迪克被授權接受。接下來幾個月的事件提供了充分證據，證明這就是四月十三日發生在斯德哥爾摩的事」。[9]

列寧當然否認一切，而且始終堅定強烈否認。不過，他倒是承認（因為否認不了）了他要求拉迪克留在斯德哥爾摩，在菲爾斯滕貝格旁邊工作。因為是奧地利公民，拉迪克不可能指望獲准進入俄羅斯，而有機會和一個富有的拍檔在漂亮的郊區共事，足以彌補對一些革命行動的缺席。表面上，兩人是管理布爾什維克的外國基地──一個宣傳和蒐集消息的中心、社會主義國際的雛形。不過瑞典警察從一開始就起了疑心，而且過不了多久俄羅斯也開始調查菲爾斯滕貝格的金錢往來。[10]

在少了拉迪克的情況下，休息過、吃飽和換上乾淨衣服的列寧一行人前往斯德哥爾摩火車站，搭乘黃昏的火車。天色差不多已經暗了下來，但列寧路過的消息已經傳開，所以有大約一百名支持者帶著旗幟聚集火車站大廳。在司爐裝煤的時候，有更多紅旗在火車頭招展。隨著列寧和同伴們往布賴克的六點三十七分臥鋪火車前進[11]，眾人唱起了《國際歌》。在他們前頭，是通向北極圈的一千公里路程，是全程中最長的一段行程。拜菲爾斯滕貝格的辦公室的支援，還有瑞典朋友（和敵人）給他們的錢，列寧一行人才負擔得起火車廂的多個隔間（每間有四張硬鋪）。根據他們的保守估計，他們在瑞典的旅費相當於四百二十四盧布六十五戈比。[12]有人遞給列寧一束花，然後有更多花是送給女士們。隨著另一聲笛聲響起，布爾什維克領袖把瑞典首都留在了後頭，看著另一片地貌永遠消失在火車頭噴出的煙霧中。[13]

他們在破曉剛過醒來。五點半必須在布賴克換車。吃過一頓睡眼惺忪的早餐後，一行俄國人登上一列開向極北地區的慢車。星期六一整天，他們看著山巒和森林深深地滑進了冬天。積雪每個小時都變得更厚。在有些地方，雪的重量把整排整排小樹壓彎，形成一些弧形和古怪的環形，看似一些滅絕已久的巨獸的肋骨。森林的距離是那麼的近，有時會讓人瞥見鹿和北極兔，或是一隻在雪中滑行回家的紅狐狸。麋鹿要比人更多。位於鐵軌外緣的人口稀疏小鎮有著所有邊界小站的粗獷風貌。而較大城鎮的火車站建築對這片荒原來說則過於都市感，但再過去盡是木頭小屋和貨倉：溫德恩、巴斯蒂特賴斯克、約恩。到一行俄國人抵達布登時，已經是晚上十點多，但他們在瑞典還有一個晚上要度過。剛過午夜，他們把行李搬到另一列火車，然後朝哈帕蘭達出發——

這趟路程耗時七小時以上。

太陽在這個極北地區早早升起。當所有人吃喝完早餐的三明治和茶之後，列寧把大家召集來開會。他大部分晚上都沒能睡好，但一定找得到時間閱讀。在斯德哥爾摩，他買來所有能買到的俄文報紙，花了三十六個小時爬梳它們的內容。新聞主要環繞臨時政府最近發表的戰爭目標宣言，和蘇維埃執委會對宣言的背書。「這些叛徒！」「這些豬！」列寧對著報紙咆哮。他對社會民主黨的姑息主義者表達了最強烈的厭惡之情，特別是齊赫澤、采列捷利和他們的朋友。[14]他的喃喃咒罵在他每一次開始打盹時減弱，但在每一個停靠處，他都會帶著愈來愈好鬥的心情醒過來。找大家開會時，他的情緒仍然不太穩定。

會議內容被記錄了下來。議程共三個主題：在俄國邊界應該怎樣做；拉普滕的旅行計畫；抵達彼得格勒後如果受到米留科夫的間諜盤問，該怎樣回答。最後一個主題顯示出列寧的專業法律知識，哪怕他就俄國僑民權利所寫的仔細聲明對那些擔心自己也許會被直接吊死的人，不能帶來多少安慰。列寧決定，不管遇到任何盤問，一律由他領導的五人委員會代表所有人作答，其他人應該緊閉嘴巴和拒絕簽署任何東西。

不過彼得格勒還在一日路程之外。托爾尼奧的邊界關卡才是迫在眉睫的問題。拉普滕因為是瑞士人，不太可能會被允許通過，但一行俄國人是否會獲准入境一樣毫無保證。他們有所不知的是，就在當天，一個叫伯爾傑格的丹麥社會主義者（他是要把和平建議遞交給蘇維埃）才在托爾尼奧被請回。根據資助他的德國間諜所述，這個決定是「彼得格勒的臨時政府應英國的要求而發出。」[15]

看來英國人才是真正的敵人。但列寧一行人也許也聽過一個謠言：德國官員會把可疑的邊界旅客泡在化學藥水裡，以查出他們的皮膚是不是寫了祕密文字。[16]感覺有人正在邊界等著他們（也許是躲藏起來甚至是帶著武器）讓一行俄國人在旅程的最後幾小時心裡忐忑不安。他們在星期日凌晨四點轉乘通往哈帕蘭達的新支線，向南朝海岸區的沼澤地帶而去。三小時之後，他們的火車爬到了一座高崖上一個半完成車站的止衝擋。在它下方是一段灰色的河道。結了冰，堆著雪，托爾訥河標誌著一個世界的最外緣邊界，而一行俄國人現在意識到，他們在那個世界裡一直過著安全和多少還算輕鬆寫意的生活。一座漂亮的教堂出現在對面，它的拱頂就出現在骷髏骨架般的樹木上方。放眼更遠處一點，他們看得見托爾尼奧的俄國火車站屋頂上的一面紅旗。該是離開溫暖的繭的時候了。在外頭，冰冷刺骨，湊合的車站裡的唯一設施是一個販售咖啡和三明治的小店。食物沒有什麼滋味，但伊蓮娜．烏謝維奇回憶說：「我們無心進食。」[17]

如果列寧一行人有花時間觀察，一定會發現英國人比任何時候更接近他們。雖然這個簡陋的邊界小鎮地處偏遠，卻是一個具有戰略意義的生命線。在一個盟國亟需維持和增加它們對俄國政治和軍事影響力的時期，這個交叉口是唯一安全的陸橋。[18]在伊蓮娜．烏謝維奇的記憶中，哈帕蘭達是一個漁村，但這是一個錯誤印象。它因為生意興隆而嗡嗡作響。根據一九一七年的一個估計，它的稅關在僅僅六個月內就處理了兩千七百件郵件和包裹。[19]假定邊界官員一天工作十二小時（這是非常樂觀的假定），那麼他們大概每秒鐘要處理三件郵件，而且還不包含笨重的貨物。

瑞典一邊的貨倉堆滿各式各樣的貨物，有些是要寄到東京和北京之類的遙遠城市。有木桶，有板條箱，有木箱，有一大袋一大袋的香橙（見彩圖20）。哈帕蘭達的稅關很久以前就拙於應付，冬季月份固定往返於結冰河面的雪橇也是如此。因為仍然沒有鐵路橋梁，解決方法只能依賴建造懸空的纜索系統。它由一些聳立在河上的塔橋和鷹架構成，於一九一七年四月落成啟用。[20]

另一個伊蓮娜．烏謝維奇抑制不住的思緒，是河岸邊的北極幽光可以提供絕佳掩護。走私戰爭相關商品的貿易業已在這些森林裡繁榮興旺，而一場可以隱藏厚重板條箱的濃霧當然也可以讓人消失。[21]這一帶有很多外地人，他們的身分難以辨識。從大戰的第一個冬天開始，國際紅十字會就利用邊界的陸橋交換殘廢的戰俘。在夏天，傷病者會乘坐一艘特別的醫療船渡河，但在冬天，那些能走路的戰俘（甚至拄著枴杖的）只能在衛兵的監視下蹣跚走過陸橋。交換過多少戰俘很難估計，但有可能至少七萬五千人，大部分是奧地利人、匈牙利人和土耳其人。這從來不是最安全的作業，就在列寧一行人抵達前不久，一度爆發傷寒。許多戰時旅人無法走得更遠。死者仍然堆疊著，新的墳墓不斷被填滿，也有一兩個外國人會消失得無影無蹤。

列寧不容許任何疑慮困擾他。雖然距離最近的一個大城市有數十公里遠，自己還被一大堆貨櫃和麻布袋包圍，這位布爾什維克領袖一心只想著革命。[22]他的同伴在被帶到河岸和兩兩被扶上十五輛雪橇時，擔心的是自身的安危。雪橇湊合成計程車，由結實的小馬拉動，每年有幾個月往返於兩公里半的結冰河面。伸手抓著雪橇上的毛毯，上頭的乘客想到，他們在策林根霍夫飯店吃告別午餐不過是六天前的事，定睛看著一泓湛藍湖水也不過是六天前的事。當他們被拉到接近俄國一側時，他們好些人（包括伊蓮娜．烏謝維奇）一想到自己在冒多大風險，幾乎陷於恐慌。季諾維也夫在回憶錄裡說他當時只望著天空，但大部分人卻是想著邊界和越過邊界後未知的命運。

英國人對於彼得格勒的布爾什維克形成了一種悲情觀點。在革命後的幾星期，大使館的林德利向倫敦報告了他們的煽動言論、綱領和報紙。他在三月底說：「《真理報》從一開始就對臨時政府和大戰採取一種不妥協的敵視態度。它把前者說成最危險的反動份子，把後者說成是他們和外國同路人的詭計……主要是因為這份報紙，彼得格勒的中產階級非常驚惶，他們受到它的無情攻擊。」唯一的好消息是「政府適時發現它的一個編輯拿了祕密警察的錢」，但該報似乎已安度危機。[23]不過，看來無人知道，它的新編輯是些什麼人，經費從何而來。

這種缺乏具體資訊的情形是當時常見的問題。林德利能喊出名字的唯一一個蘇維埃政治人物是齊赫澤。其他演講者和活躍份子的身分仍然不清楚，抱持懷疑態度者對他們所有人都抱有最深的恐懼。不過，林德利認為他可以確定臨時政府非常健全。他在四月初寫道：「它完美無缺。」[24]不過更精明的諾克斯將軍並不信服，所以倫敦方面不知道可以相信誰。如果布爾什維克（英國稱之為「極端份子」和「極大化主義者」）能讓俄羅斯的態度轉為反對戰爭，那麼他們肯定不只是討厭鬼。

當列寧在星期天早上穿過邊界時，盟國之間的團結問題不再是一個理論問題。尼韋勒在西線的進攻預定在星期一第一線曙光出現時發動。本來的構想是，俄國在同一時間發動攻擊，但法國和英國現在同意俄國部隊只要守住整條東線，卡住敵人的師團和重要戰爭物資就好。盟國能要求的已不能再少，但整件事仍然被在彼得格勒挑撥離間的人拿來做文章。就連克倫斯基看來都突然傾向迎合強硬左派的立場。[25]這位司法部長反覆重申兼併和賠款是不可接受，又提醒盟國，蘇維埃是操在社會主義者手中，奉勸它們放棄原有的戰爭目標。倫敦或巴黎擁有的唯一槓桿是經濟援助。一九一七年四月，英國留住了一批原定運往俄國的大砲，所持的理由是把它們部署在別處會更加有用。美國政府也表示，如果俄羅斯向反戰主義者就範，將會考慮取消所承諾提供給俄國的一筆龐大戰爭貸款。[26]

在尼韋勒發動進攻的前一星期，每個盟國的俄羅斯觀察家都大大鬆了一口氣，因為反戰的左派看來已經撤退。《真理報》改變了調性（這是拜卡米涅夫的影響所賜），而采列捷利也在蘇維埃變出了戲法。在莫斯科，洛克哈特仍然認為，布爾什維克是「最不能讓人滿意的成分」，指出它的隊伍中「看來包含德國的內應，而且很有可能得到了德國的金錢資助」。他繼續說：「在革命這麼早期的一個階段，表達任何意見都是極端魯莽，但我有一種感覺：社會主義的陣營正在失去支持。他們的報紙沒有就像當初一樣那麼多人閱讀。一旦對他們所做的種種抨擊的新鮮感消失，他們也許就很難取得所需的宣傳資金。強烈的反宣傳業已開始，一個結果是，社會主義陣營開始聯合其他更溫和的民眾。」[27]在彼得格勒的布坎南傾向於同意此說。[28]

所以，盟國最不需要的就是列寧的突然現身。白廳對這個人沒有一幅一致的側寫（一份報告把他和其他「外國無賴」歸為一類），但英國檔案（列寧訪英時所做）暗示他有讓人不安的才智。[29]更近期，最荒誕不經的謠言已經形成。根據哥本哈根一個社會主義者代表施滕寧所說，列寧逗留在斯德哥爾摩的那一天「對英國表現出兇猛敵意」。他這話又讓一個在阿姆斯特丹流傳的謠言有了可信度：「俄羅斯和德國之間的和平將會在兩個星期內宣布。」[30]有片刻時間，英國考慮以一隻自己的特洛伊木馬報復。既然德國人可以利用列寧，那英國人何嘗不能派出其他俄國活躍份子告訴俄羅斯，不積極作戰的話將會有什麼後果？他們已經向普列漢諾夫招過手，但有些人認為一個叫亞歷丁的前虛無主義者會更有效果。但因為沒有自己的一批追隨者，所以亞歷丁不只是自走砲，根本是顆啞彈。他的檔案上有這樣的批注：「讓他睡覺吧。」[31]

搞不清楚狀況的瑞士人讓列寧一行人登上火車真是不幸。就連溫和的李沃夫親王都通知伯恩一個官員，讓列寧等人離開蘇黎世是一件「相當令人尷尬的事」。[32]有謠言說，米留科夫已經列出一張名單，企圖驅使他的同僚禁止名單上的人進入俄羅斯。[33]真是這樣的話，列寧和他的朋友就無法繼續在東方製造麻煩。但盟國阻止他返國的最好地點是托爾尼奧（見彩圖23）。英國人有一個軍官在那裡任職。他可以偷偷摸摸行事，利用繁忙和混亂之便——更不用說利用濃霧之便。他要做的只是讓某個特定的布爾什維克份子永遠回不了家。

俄國人的雪橇去到芬蘭那頭的警衛崗哨。這裡的景色為旅人所熟悉，因為邊界管制（大聲發出的命令、小桌子和格柵）是每個歐洲革命份子生活的一部分。在過去，什利亞普尼科夫曾發現，托爾尼奧的警衛戒心極高，但現在屋頂上的旗幟既然換成紅旗，他們的心情想必有所改變，甚至連人員亦有所改變。德國人一樣指望新政權變得寬鬆。就像他們其中一份報告所說的：「從前在托爾尼奧共有六十五個官員，他們以極度謹慎的態度搜查所有旅客，但現在只有十六個士兵，他們讓旅客快速通過。」[34]一群當地人業已聚集在芬蘭稅關四周，急於向列寧一行人問東問西。列寧他們拖曳著行李，牽緊兩個小孩的手，快速走進了海關。

他們沒有料到的是，他們被要求分為男女兩群。隨之而來的盤問仔細且持續很久。他們的行李被細細檢查了幾個小時，就連小孩子的書本亦不放過，有些旅客被要求把衣服脫到只剩內衣。在沙皇的時代，一個革命份子也許真的會把祕密文件縫在胸衣，所以仔細檢查並不為過，只不過沒想到自由俄羅斯也會如法炮製。正如每個人預期的，拉普滕馬上被要求折返。這個忠實的瑞士人將會在哈帕蘭達逗留三天，希望可以扭轉情勢，但徒勞無功。[35]但俄國公民有不同權利。列寧被盤問了幾小時，過程看來是蓄意放慢。他被迫一次又一次說自己是一個回國的報人。幾個小時過去了，沒有人敢問接下來要怎樣。與此同時，在另一扇門的背後，通往彼得格勒的電報線劈啪作響。一個在托爾尼奧的英國軍官設法聯絡米留科夫。

這個故事始終朦朧：好些人日後都宣稱他們當時在同一棟屋子裡。一九一九年在《紐約時報》一篇文章裡，美國退伍軍人克利福思表示是他同意讓列寧通過海關。他國家的反蘇維埃情緒是那麼的高漲，乃至他在文章裡會寫出這樣的句子：德國人讓列寧一行人「坐在密封火車裡旅行，以免列寧的政治宣傳會在德國洩漏出去」。雖然對事實有這樣不精確的掌握，但克利福思聲稱自己曾經在托爾尼奧工作，擔任盟國護照檢查官。他寫道：「最先來到的是愛國者，他們單獨一個人或三三兩兩，要加入軍隊對德國作戰。」但當列寧和他的同伴出現時，情況截然不同。克利福思的同事打電報給在彼得格勒的克倫斯基，想知道事情是不是出了什麼差錯：他不太相信這樣一個人可以入境。結果司法部長帶著一種最終會讓他倒台的浮誇回答說，民主俄國不會拒絕它的公民入境。聽到這個，克利福思別無選擇，只好讓一票顛覆份子回家。36

不過，這故事有另一個版本，而這一次的壞蛋是一個英國軍官。根據臨時政府草創的反情報小組頭子尼基京所述，他的英國同僚阿利（現在是少校）曾在四月初找他幫忙處理「由列寧領導的三十個叛徒」，他們預計「在五天內」穿過邊界。尼基京打電話給外交部，想要找到米留科夫，但外交部長卻出城了。他的副手涅拉托夫不願意簽署所要求的保證。37這樣，阿利便只剩下一個選項。他在托爾尼奧的人格魯納——在同夥中以暱稱「間諜」（the Spy）知名——將會在邊界處理列寧，而不管俄國人說些什麼。

格魯納做了他一切所能做的。他仔細搜查和盤問列寧，翻閱他的書本和文件拖延時間，不過到最後，就在傍晚六點前，他向負責蓋圖章的俄國官員點點頭。因為他認為自己是個資淺顧問和外國人，已經沒什麼別的事能做了。但他將永遠不會忘記，自己「其實就是那個把列寧放進俄羅斯的人」。他的朋友格哈迪指出，如果格魯納「是日本人，便會切腹自殺」。38另一個無法忘記這件事的人是列寧自己，他一等奪權成功，便下令殺死格魯納。不過，這個死刑從來沒有執行，而格魯納後來也加入了到西伯利亞對付布爾什維克的英國遠征軍。所以，他遭遇的不是一次而是兩次英雄式失敗。為了表示感激，喬治五世授予他官佐勳章（ＯＢＥ）。39

一群布爾什維克份子興高采烈。列寧在芬蘭總是呼吸得更暢順，而現在眾人圍繞著他，問他他們的大公在這個後沙皇的新時代可以期望一些什麼。芬蘭議會的一個特別會議在幾天前召開。由社會主義者主導，它的辯論掀起了芬蘭人民的希望。就連北方農村的農民對進一步的消息也是如飢似渴。列寧雖然疲倦，還是就芬蘭的自由說了一些鼓勵打氣的話，但當然圓滑地避開世界內戰的議題。之後，他去了郵局，發了一封電報給在彼得格勒的兩個妹妹：「星期一晚上十一點抵達。通知《真理報》的人。烏里揚諾夫。」

一行俄國人因為太高興，幾乎沒有注意到座位的粗糙不平。車廂裡乘客稀落（列寧一度一個人坐一節空車廂），設備簡陋，是俄國式的硬座。沒有其他座位更適合列寧一行人。他們沿著芬蘭海岸的行進過程給人一種膨脹感，好像終於吐出一口氣，也像正在習慣俄國寬軌鐵軌提供他們的額外空間。他們在黑暗中向南行進了幾個小時。和其他俄國人聊天，湊合著睡了幾小時。到了破曉，車窗外已看不見積雪，但大地一片灰褐色，還沒有春意。車輪帶撫慰性的轉動聲在赫爾辛基以北中斷了一、兩小時，他們在此轉車，改坐通往特里約基再到彼得格勒的火車。列寧極少從閱讀中抬頭。他曾和一些士兵交談（他在空盪車廂的安靜時光為時短暫），但他更感興趣的是大腿上的報紙。

列寧一到芬蘭就買了幾份《真理報》。這份報紙仍然不易找到，特別是在離彼得格勒那麼遙遠的地方。所以他視如珍寶，還在托爾尼奧海關時便開始翻閱。在撫平報紙的時候，他容許自己有片刻為他的黨報可以在自由俄羅斯出版而高興，繼而認真讀了起來。就像大部分作者那樣，他理應是先看看自己的投稿，因為他曾經透過柯倫泰把兩篇文章（他的〈遠方來信〉的頭兩篇）送入俄羅斯。不過，不管找得多仔細，他只找到一篇。文章登在三月二十一和二十二日（四月三至四日）的內頁底部，但是呼籲抵制臨時政府的段落被刪除。[40]他疑心頓起，隨即注意到有更多地方遭到刪除。它們顯然是有計畫地蓄意刪節。

另外，隨著他繼續讀下去，他發現彼得格勒有些布爾什維克顯然積極地想和一個志同道合的孟什維克派系結盟。左翼布爾什維克莫洛托夫在三月二十八日（四月十日）發表的一篇批判文章，只能以這種方式解讀。這不是因為列寧沒能把自己的觀念表達得絕對清楚。他在三月初發出的電報裡說得明明白白：不要支持臨時政府，不要和其他黨派合作。[41]他在〈遠方來信〉中也呼籲把權力從「英國首都的代理人」手中，轉移至工人的民兵或蘇維埃。他的路線排除與孟什維克有任何聯合。他堅持，大戰是資本家的血腥勾當，不是卡米涅夫現在所謂的革命自衛之戰。

談到卡米涅夫，列寧當然很快就讀到他那篇呼籲保衛俄羅斯對抗德國槍砲的文章。他知道他的老朋友喜歡賣弄學問，但是列寧始終不願承認革命份子的戰時責任，是協助前線保持嚴明紀律來對抗德國佬。《真理報》的政治立場看來混亂不明，用字遣詞幾近平淡無味。隨著他讀下去，列寧意識到，黨（至少是他自己的副手）偏離他一直鼓吹的觀念有多遠。列寧是個不懈的溝通者和死咬不放的大師，而他現在計劃透過自己犀利的談話和健筆，抨擊他搖擺不定的追隨者，讓他們啞口無言。他將會拍桌子，用文字回擊，聚集信徒，努力說服卡米涅夫。然後，他突然嚇了一大跳。季諾維也夫回憶說，當時列寧的臉色有如死灰。「馬利諾夫斯基原來是個線人。」他失聲道。[42]

這一次的打擊是切身的。（「這隻豬，」列寧怒道，「槍斃他還便宜了他。」）讀著《真理報》痛斥馬利諾夫斯基和祕密警察打交道的報導，列寧必然會回想起一九一四年的指控——當時他在波羅寧的那次簡短審訊中沒有把憤怒的謠言當一回事。他也許還會記起，他幾星期前才寄給馬利諾夫斯基一封信，談到他們夫妻在瑞士的最新消息。[43]這個雙面人背叛的證據現在白紙黑字擺在他面前，再來還有大戰前《真理報》編輯切爾諾馬佐夫的不利證據。兩人原來都為沙皇的祕密警察工作多年。這個故事到了四月已經不新鮮，但從葉列梅耶夫在三月二十九日（四月十一日）所寫的一篇文章中來判斷，《真理報》還是必須為此付出代價。情況比列寧所知道的還要糟糕得多。有些作家已經開始暗示：布爾什維克黨和它的報紙收了德國人幾百萬馬克。[44]彼得格勒有一堆以此為題材的笑話，而在一些圈子，《真理報》本身被稱為「線人」。不難想像，列寧取道德國回國的旅程將會怎樣被人拿來做文章。

當列寧的火車因為接近位於邊界的別盧斯特羅夫而減速的時候，天色已經暗下來。雖然芬蘭是俄國的一個外省，但仍然保有一些自由。真正的俄羅斯監獄、憲兵和嚴刑峻法是從別盧斯特羅夫開始——這個事實讓它有需要設立另一個人力充沛的警衛站。根據尼基京所述，愛國的乘客在這裡會被敦促向警察指出任何樣貌可疑的旅人。[45]剛讀過《真理報》的列寧已經準備好接受長時間的盤問。不過，他的火車卻被群眾包圍起來。卡米涅夫曾經提醒各同志：「列寧不喜歡任何種類的儀式。」[46]但一如往常，他的話沒起任何效果。

要組織一個恰如其分的歡迎會相當困難。菲爾斯滕貝格固然寫過一封電報，把列寧火車的抵達時間告訴布爾什維克，但電報卻被攔截，所以，消息到得很晚：要到了星期一早上，列寧的妹妹瑪麗亞才把哥哥從托爾尼奧捎來的訊息告訴中央委員會。這時已剩下不到十五小時。什利亞普尼科夫在彼得格勒的芬蘭車站準備歡迎事宜，而一支小分遣隊，成員包括卡米涅夫和拉斯科爾尼科夫，到四十公里外的邊界迎接領袖搭乘的火車。一群彼得格勒的工人興致勃勃地加入他們的行列，擠上夜班火車到別盧斯特羅夫看熱鬧。不過，月台上最大規模的一群人是從外省城鎮謝斯德羅列茨克徒步來到邊界車站。這些人——來自軍工廠的布爾什維克老兵——為了看他們的領袖走了近十六公里的路。

月台一片漆黑，眾人在雨中等待，幾乎看不見旁人的臉，當然也看不見他們所攜帶的自製橫幅。「最後，」拉斯科爾尼科夫回憶說，「三盞火車頭的刺目燈光從我們身邊疾馳而過，接著後面跟著一個個亮燈的車窗——速度愈來愈慢。火車停下來之後，我們一望過去，便看見列寧同志的身影出現在工人群眾上方」。[47]

列車長曾告訴謝斯德羅列茨克的工人，列寧坐哪個車廂。他們在火車未停定前便湧了上去，簇擁著他，將他高舉過肩。在震撼、害怕然後是感動的情況下，這位領袖被抬到了車站大廳。他因為能夠安全回國而如釋重負，親吻了看見的每一個人，包括素未謀面的拉斯科爾尼科夫。這位年輕工人日後回憶說：「笑容沒有片刻離開他的臉。」稍後，卡米涅夫加入人群，抓住季諾維也夫的手。在大部分布爾什維克流亡者都擠進了火車站大廳後，列寧站到一把椅子上發表了一場即興演講。當火車要開往彼得格勒的鈴聲響起時，他還在說話、微笑和眨眼。[48]所有同志立即跑向同一節車廂，七嘴八舌地一起說話。一度，列寧轉身問卡米涅夫：「你在《真理報》寫了些什麼？我們看了幾篇，把你臭罵了一頓。」[49]在當時，在一片歡樂氣氛中，這話並沒有威嚇意味。

他現在可以相信卡米涅夫了，將不會有警察在芬蘭車站把他逮捕。讓列寧想像不到的是他的支持者搞了多麼大的歡迎會。在復活節星期一，只剩下非常少的時間準備，黨把所有地方網絡，包括那些不熟悉列寧名字的團體，動員起來。國定假日沒有報紙，但彼得格勒較貧窮的地區都是以口耳相傳方式傳遞訊息，所以，很快就有幾千人開始談論他們領袖回國的事。布爾什維克各工廠委員會開會選出代表參加歡迎會。橫幅展開重新縫好，和彩繪歡迎的標語牌。一支軍樂隊被組織起來，但因為它演奏過同一批樂曲太多次，所以用不著彩排。水手們在他們位於克隆施塔德的基地開過一個會之後，派出一支分遣隊到彼得格勒充當儀仗隊。[50]

蘇維埃執委會也驚覺到列寧的臨近。因為不願意為一個來自外國的麻煩製造者背書，采列捷利拒絕到火車站接車。這個任務落在了齊赫澤和斯科別列夫身上——兩人都不情願在復活節星期一的深夜外出，像個孤伶伶的女儐相那樣在芬蘭車站的「帝國候車室」守候。蘇維埃執委會不反對列寧回國，甚至不反對他接受德國人的幫助。但齊赫澤曾經吃過列寧很多記悶虧，可不想再遭遇一次。他擁有很多東西，因為革命已經來到一個敏感階段，他和李沃夫的關係正在改善，而歐洲有希望進行和平談判。這位蘇維埃主席仍然為兒子的死傷痛，落寞地彩排一篇歡迎致詞，而斯科別列夫則說些無聊笑話打發時間。

雖然沒有受到特別邀請，蘇哈諾夫在深夜加入了他們。他花了好些時間才能接近火車站，要走進去更是難上加難。擋住他去路的群眾非常龐大，有士兵、水手和許多汽車。就像他說的，「擅長於組織的」布爾什維克顯然「準備好了一個真正盛大的歡迎儀式」。51 對一些旅人來說，正在發生的事不只是個歡迎會。策劃者設法要用這個歡迎會抵消列寧接受德國人幫助所造成的印象。如果說資產階級的報章曾經低聲謠傳《真理報》接受了德國人幾百萬馬克的資助，那麼它們現在更有了一個活生生的叛徒可以怒罵。讓自己的領袖看起來就像個超級巨星是布爾什維克回應報章宣傳攻勢的一個方法——但就連蘇哈諾夫都認為這個宣傳攻勢「充滿惡意」。

彼得格勒的布爾什維克把歡迎會搞得有聲有色。蘇哈諾夫發現火車站的主月台閃耀著紅色和金色。一路上布滿橫幅，呼籲和平、手足情誼、對勞工階級公道、世界的自由和革命。火車軌道上布置著凱旋拱門。在火車將要停定之處，一支樂隊正在等待，還有一些捧著大花束的女人。策劃者盡情利用這段深夜時間。蘇哈諾夫觀察到，在兩三個地方，「裝甲車令人生畏的輪廓從群眾裡冒出來。而一條小街道，有隻奇怪的怪獸穿過群眾，向廣場方向移動：那是一盞架高的探照燈，它陡地投射進大片大片黑暗的無底空虛裡，照亮了屋頂、多層樓房、柱子、電報線、電車軌道和人形」。52

第九章 從芬蘭車站開始

用甜言蜜語扼殺革命的先生們（齊赫澤、采列捷利、斯切克洛夫）正在扯革命後腿，使其從工人代表蘇維埃倒退到資產階級「單一政權」，倒退到一般的資產階級議會制共和國。

——列寧

列寧的火車晚到了。隨著深夜路人加入火車站外頭的群眾，期待感也跟著大大增加。雖然很多路過的旁觀者多半不知道列寧是何許人，但這個歡迎會明顯被塑造為一個典型的維堡之夜。當有人遠遠看見一個火車頭的燈光，時間已接近午夜。只有一班火車是預訂這個時間到達。樂隊奏起了馬賽曲（這是一個錯誤：列寧更喜歡《國際歌》），水手們立正敬禮。就像蘇哈諾夫多次指出，要看有看頭的場面，找布爾什維克準沒錯。

煞車聲持續，車輪停止了滾動，列寧踏入了刺骨的濃霧中。車外空氣的凜冽讓人震驚。一個女人（是柯倫泰嗎？）往前走去，遞給他一把花束——在他看來是無謂之物，他並不想要。[1] 迸發的色彩帶來新鮮的刺激：他的眼睛攝入了紅色的橫幅、火車站的燈光、更多的花朵和閃爍的黃銅樂器。在意想不到的人海的某處，來自「第二波羅的海艦隊」的儀仗隊剛剛持槍敬禮。穿著藍色制服和戴著鴨舌帽，這些年輕人就像舊帝國的遺物。列寧對這一套感到惱怒，認為它散發著資產階級的虛飾與誇耀。在水蒸汽的環繞下，他抓住這個機會告訴水手和他的忠實朋友們，他們在他們的階級分析中犯了錯誤。他高聲說，臨時政府永遠只會出賣他們。說完，列寧從月台逕直跑到了「帝國候車室」。蘇哈諾夫寫道，這位領袖「匆匆忙忙走到房間中央，停定在齊赫澤面前，就像遇到了一個始料未及的障礙物」。[2]

那「障礙物」現在開始講話了。蘇維埃執委會一直致力於包容性的團隊工作，而齊赫澤準備要提供的建議差點把自己噎到。他說：「革命民主的主要任務是防衛革命遭受從內或從外的任何侵蝕。我們認為要達成這個目標，需要的不是各自為政，而是民主隊伍的結合。」[3]一個水手高喊說他希望列寧成為臨時政府一份子。[4]布爾什維克領袖沒有回答。在把玩手上的花一下子之後，他轉頭看向群眾（人數不多，因為他還在候車室），為一場行將席捲全球的革命歡呼。「海盜性帝國主義戰爭是全歐洲內戰的開始……從今日起的任何一天，歐洲資本主義都有可能崩潰。你們所完成的俄國革命已預備好道路並開啟了一個新紀元。世界性的社會主義革命萬歲！」[5]

這番話讓人震撼且一新耳目，用蘇哈諾夫的話來說「是一個明亮、刺眼的奇異信號燈直接從火車射來，新穎、嚴厲又有點震耳欲聾」。[6]有一會兒，他感受到他在二月時經歷過的希望火焰，甚至瞥見了有多少希望已經在過去六星期的策略操作中失去。不過，雖然他的心「上千次」

告訴他列寧是對的，卻得強迫自己不去認同。他就像當晚的其他人一樣，無法容許自己被任何異端支配。當面對革命所達成的脆弱妥協遭受這樣的挑戰時，正確的反應是感到震驚。

明明白白地，列寧準備鬥爭。他回國不是要參加一個聯盟，也沒預料到會有這麼一段歡迎他的演說和軍樂隊。在來彼得格勒的火車上，他和妻子更擔心的是走出火車站之後要怎樣找到交通工具。畢竟，就像克魯普斯卡婭所指出的，這一天是國定假日而他們又到得那麼晚。但現在，不耐煩取代了他們對沒有電車的擔心。如果不是什利亞普尼科夫在群眾中清出一條路，列寧一行人大概永遠走不出車站。就在幾碼之外，有很多輛汽車在等待著。既惶惑又興奮的列寧被面帶微笑的陌生人高舉過頭，傳遞過群眾上方，送到一輛汽車的閃亮引擎蓋上。他不能就這樣，他必須抓住機會演講。站在人群裡面的蘇哈諾夫只聽得見片片段段的句子：「可恥的屠殺……謊言和欺騙……資本主義海盜……」7

裝甲車本來只是為了作秀，但現在它的大小和形狀卻讓它派上一種新用場。在一片混亂和刺目的燈光中，蘇哈諾夫看見列寧被帶上了裝甲車的砲塔。這部分的表演完全未經彩排。但布爾什維克領袖馬上善用他的舞台。既然他現在站在群眾上方，所有人都可以聽見他說話。當駕駛開始把車開出火車站廣場時，他仍然聲嘶力竭地演講著，就像是個穿著翻飛大衣的狂野彌賽亞。探照燈尾隨在後，在車隊開過桑普森橋前往彼得格勒區的沿途左右照射。幾百個市民尾隨著車隊，他們當中有些人一定是忠實的布爾什維克，但大部分人都是被這等場面和列寧的驚人話語吸引。

據悉，站在裝甲車上的那個人正在告訴他們，他們被出賣了。他似乎一方面承諾期盼已久的和平，但又談到階級鬥爭和勝利。沒有人搞得懂每一個細節，但他的口號在經過六個星期的妥協和混亂之後感覺像是突如其來的電擊，是對未來的炫目一瞥。車隊在沿途每個十字路口都會暫停下來，好讓列寧可以對一批新的群眾大聲疾呼，召喚無產階級去實現它的歷史使命。蘇哈諾夫承認：「效果非常地好，這是一場勝利。」[8]

布爾什維克的目的地是他們在首都的新總部。一度，他們的總部是一間不起眼的公寓，但這時裝甲車卻開向一座府邸，地點是離彼得與保羅要塞不遠的一個綠葉扶疏地區。府邸是芭蕾舞女星瑪蒂爾德·克謝辛斯卡婭所有，她曾經是尼古拉二世的情婦。作為一座裝飾風藝術的宮殿，瑪蒂爾德的府邸有一個很大的表演大廳、一個種植亞熱帶棕櫚樹的冬季花園和開向寬闊大街的二樓陽台。整個宅邸（包括一個放得下一隻犀牛的涼亭）大致就在英國大使館對面（它自己的陽台面對涅瓦河的另一邊）。

布爾什維克徵用這宅邸時，英國的外交官看見了發生的喧囂。瑪蒂爾德當時就住在裡面，但當第一雙褻瀆的靴子踐踏過她的地板後，她就跑到了別處避風頭。沒多久，紅色的橫幅便垂掛在房子的前窗，一段時間之後，整棟建築到處都掛滿了橫幅。諷刺的是，府邸的女主人不到兩星期前才在盟國代表面前表演過《睡美人》。[9]當地居民相信，瑪蒂爾德會成為箭靶，是因為當時全城燃料短缺，但她家裡卻有大量的煤，是一個關係良好的大公所贈。[10]不管怎樣，這座一度非常女性化的府邸成了布爾什維克中央委員會的所在地。它的古董家具被搬走，棕櫚樹奄奄一息，閨房瀰漫著洋蔥味和廉價手捲菸的味道。

在列寧返回的當晚，當汽車引擎在院子裡冷卻的時候，在一樓一個廳裡舉行了一場豐盛的自助餐宵夜。與此同時，在瑪蒂爾德的白色演奏室裡（裡面有一台來自柏林的三角大鋼琴），老朋友們互相擁抱、發笑和七嘴八舌地說話。一個無足輕重的人也許會和同僚一起待在茶炊旁邊，但列寧沒有流連在鬧哄哄的人群之中。相反地，他上了二樓，走出陽台。

那是在花園圍牆外面經過的路人唯一看得見的建築部分。瑪蒂爾德最近的鄰居是彼得格勒的清真寺（在這個深夜時分只是黑暗中一個暗影），四周盡是開闊空間，長著一些鬼影似的無葉樹木。列寧看出現下是演講的絕佳時機。他對還流連在下方陰影的一小群群眾說：「德國正陷入動亂。」他高聲說：在英國，反戰鼓吹者麥克萊恩被關到獄中。他提到的名字和細節聽在俄國人的耳朵裡也許有一點點陌生，但是演講者嘶啞的狂怒聲調完全引人入勝。要等到列寧開始抨擊大戰是資本家發起的戰爭，氣氛才開始走調。一個士兵喊道：「我們應該把我們的刺刀刺入這個傢伙身體裡……他一定是德國人。」[11]（見彩圖26）

雖然列寧最後走進了屋內，但他要過了一會兒才會去喝茶。大約凌晨兩點，招待列寧的東道主召集所有人，發表正式的歡迎演說。演說都經過細心彩排，開口閉口都是「民主」和「自由」之類的陳腔濫調。「列寧就像一個站在門口不耐煩等雨停的路人般忍耐著他們。」托洛茨基指出（不過他當時人不在現場）。[12]這些演說就像這位芭蕾舞伶窗戶上的褶襉飾邊窗簾一樣讓人窒息。前波掌聲尚未止息，列寧就立刻做出一個咄咄逼人甚至引起驚恐的回應。他的表演以任何標準來說都精采至極，但對一個剛剛坐了八天八夜慢車的中年人來說更是奇蹟。

他教育了他的同志整整兩小時。唯一有做紀錄的人是蘇哈諾夫，他是被卡米涅夫夾帶進來。他說：「我永遠不會忘記那場如雷貫耳的演說。我很肯定沒有人預期到會出現任何那樣的東西。情形宛如一個全能的破壞精靈，無人攔阻，無可懷疑，沒有人類的局限，也沒有人可以預測，就那樣盤旋在克謝辛斯卡婭客廳裡，在一眾困惑弟子的頭頂上方。」[13]托洛茨基形容，列寧的演講就像老師用一塊溼海綿抹過黑板，把一個非常笨的學生的亂寫一通抹掉。[14]

列寧指責自己的老朋友時雷聲隆隆。他攻擊臨時政府，把任何與之串連的企圖稱為「社會主義之死」。他也譴責革命護國主義，反對與任何社會主義黨派（特別是孟什維克）聯合，因為它們對戰爭的持續採默認態度。不過，他最具震撼性的發言則是他堅稱革命的第一階段已經結束。「目前的處境是社會走過了革命的第一階段……來到它的第二階段。在這階段，必須把權力交到無產階級和最窮的農民手中。」[15]這種主張可說聞所未聞，讓一整屋子的人鴉雀無聲。

列寧整個演講的重點在於釐清被掩蓋的階級政治。列寧指出，資產階級永遠不可能放棄戰爭，因為他們的未來和戰爭息息相關。同樣錯誤的是希望他們會放棄對掠奪的追求，而他們表現出的任何讓步都不過是陷阱。因為和資產階級合作，蘇維埃執委會的孟什維克份子已經背叛了革命的整個未來，而且任何鼓吹和他們結盟的布爾什維克也是如此。「《真理報》要求政府放棄兼併。但要求一個資本主義者政府放棄兼併是沒有意義的，顯然是白費氣力。」[16]那些字斟句酌的會議，那些戰時目標的小勝利，那些晚上達成的協議，全都被說成是無意義又愚蠢。是時候無產階級能期盼一個將會掌權的未來。蘇哈諾夫回憶說，這番演說的效果是證實了「列寧在知性上完全孤立——不只在社會民主黨人之間是如此，在他自己的弟子之間也是如此」。[17]就連克魯普斯卡婭都被聽到這樣對一個朋友說：「我恐怕列寧大概是瘋了。」[18]

幾乎沒有人認為俄羅斯人已經準備好掌權了。當初，當杜馬的政治人物答應組成臨時政府，孟什維克份子（包括蘇哈諾夫）都鬆了一口氣。他們全都相信，除非有一些體面人物（將軍和銀行家之類）介入和領導革命，革命才不會失敗。這種盤算部分是基於害怕反革命的軍事力量，但是也有其理論上的考量。因為幾乎在每個社會主義者看來，發生在一九一七年二月的事都是一次向民主和自由改革的邁進。從世界的標準看，這邁進的步伐也許有一點點急，但俄羅斯的任務應是要追隨英、法走過的道路——一八四八年布爾喬亞革命——通向議會、政黨政治和新聞自由的道路。社會主義因為要求人民控制從經濟生活到戰爭與和平的一切，所以不被認為有可能在一片以粗野農民為主的土地實現。另外，彼得格勒有相當多的社會主義者對任何形式的責任都感到害怕。

雖然起初有些布爾什維克不同意，但他們在俄國首都的領袖大致是這種思路。事實上，他們的行動和想法早就更像是一個忠實的反對派而非一股革命力量。現在，列寧告訴他們，他們犯了一個錯誤。《真理報》那些讓人糊塗的爭執和複雜的論證是不恰當的。雖然他同意二月的妥協每個人都有錯，他認為這個錯誤是來自「無產階級的階級意識和組織的不充分」，但現在再無藉口。布爾什維克必須為工人和貧窮農民接掌國家權力做準備。在他的大部分聽眾聽來，他的這一套不只有違馬克思的理論，還是政治自殺。

唯一讓人鬆口氣的，是列寧沒有要求立即採取革命行動。他意識到他的觀念和當前的主流意見不同調，所以有必要「以極大的耐性持續地把他的觀念向革命群眾徹底解釋清楚。因為他提到耐性（一個不常出現在列寧口中的字眼），這似乎意味著還有時間在他睡過一覺之後和他好好談談，動之以理。但這是一根極端脆弱的稻草，在座幾乎沒有人選擇要抓住它。那個晚上唯一捍衛列寧的人是柯倫泰，她的同理心評論帶來了「嘲笑、笑聲和喧嚷」。[19]列寧看來並不介意別人的批評或冷落。他以一個他的黨以前就聽過的威脅結束冗長的講話：「各位同志對政府採取一種信賴的態度。如果是這樣，我們就要分道揚鑣。我寧願繼續當一個少數派。」[20]

接下來幾天，列寧在布爾什維克中央委員會和彼得堡委員會的會議上（開始於那個晚上，直到第二天中午，一九一七年四月〔十七日〕）捍衛自己的觀念。他的建議在每一個場合都沒有被接受：彼得堡委員會以二十三票對兩票否決了它們。[21]第一次討論結束得很早，因為中央委員會原定要在當天下午和孟什維克舉行一個聯合會議。蘇哈諾夫回憶說：「在這個聯合會議上，列寧本人就是分裂的化身。」[22]這位領袖看來和俄羅斯失去了接觸，是漫長流亡的受害者。但列寧沒有放棄他的爆炸性理念。在克謝辛斯卡婭府邸發表過這些理念之後不久，他又把它們概括在他迄今寫過的最短文章：這篇題為〈四月提綱〉的文章發表在四月七日的《真理報》，全文只有五百七十九個字。

提到列寧的影響力時，有關革命的教科書常常都會引用這句短口號：「麵包、和平和土地。」事實上，有好幾星期，它是布爾什維克咒語的一部分。列寧帶給它的新東西（衍生自他的階級分析），是對於戰爭和革命的立場。雖然列寧圓滑地避提一場世界範圍的內戰，但他的第一個提綱是直接攻擊當前的社會主義正統學說。他堅稱，當前的戰爭「毫無疑問是一場掠奪性的帝國主義者戰爭」，所以「任何對『革命護國主義』的最小讓步都不允許」。應該走的道路是發起一場反對資本主義的革命，因為「如果沒有推翻資本，就不可能以一種真正民主的和平方式（一種不是由暴力外加的和平）終結戰爭」。[23]第二個提綱重申他曾經在四月三日至四日晚上把他的同志嚇一跳的以階級為基礎的革命分析。「我們應當巧妙地、謹慎地、循循善誘地引導無產階級和貧苦農民前進，從『雙元政權』進至工人代表蘇維埃掌握全部權力。」[24]

他力主，沒有必要等待資產階級轉成為一股革命力量。它業已傾向於保衛財產、利潤和階級。「不可給予臨時政府任何支持。應該揭發它的所有承諾的絕對虛偽性，特別是它有關放棄兼併的承諾。」在其捍衛這種立場的私人筆記中，列寧把蘇維埃執委會裡的孟什維克領袖指為「革命的扼殺者」：「齊赫澤、采列捷利、斯切克洛夫等人的工人代表蘇維埃，其『革命護國主義』是極端有害的（因為是用甜言蜜語掩蓋）沙文主義思潮，它企圖使群眾容忍臨時革命政府。」[25]

剩下的提綱處理的是未來任何一個革命國家要如何管治的方針。以簡短和近乎狂躁的筆觸，列寧勾勒出一個蘇維埃系統：「不是一個議會制共和國……而是一個工人、農工和農民的蘇維埃共和國。廢棄警察、軍隊和官僚組織。」列寧還建議銀行系統應該國有化，官員的薪水應該有所限制，就連高階官員的薪水也不超過「能幹工人的平均薪資」。土地方面（這是關乎最大量蘇維埃未來公民的議題），列寧並沒有計劃把土地分給農民。他反而呼籲把土地託付給國家。就像限制官員薪水和廢除警察一樣，這個建議將會被證明比無產階級專政更難落實。但沒有人能在早春的當時猜到這個。大多數讀者都聚焦於好奇列寧是怎樣把頭殼弄壞掉。

他的批評者把他取道德國回國一事拿來做文章。右翼的報章最直接，公開攻擊這位布爾什維克領袖和德國的血腥政府達成協議。米留科夫的報紙《言論》取笑道：「非常可惜的是，布爾什維克領袖因為是以那麼不堪的方式回國，以致就連在社會主義者陣營中也只能引發沮喪的感受……沒有俄國公民會認為，他可能透過為一個蹂躪他國家的敵人服務來表現他愛好和平。」[26]這種抹黑被證明是擦拭不掉的，但列寧早已預備好他的回應。他同一天在《真理報》發表了一篇文章，譴責英國和法國政府基於自己的軍事利益，拒絕讓所有要回國的俄羅斯公民可以安全返國。一場有關列寧和敵人的關係的辯論業已在蘇維埃執委會發生。列寧繼續說：「我們將會就我們的旅程向執委會遞交一份報告……我們希望後者會批准所有僑民返回俄羅斯，不光是批准愛國者。」[27]

列寧在執委會得到的是好壞參半的反應。雖然沒有人公開譴責他，但采列捷利仍然成功暗示列寧也許會被德國人利用。[28]這場會議的氣氛當然因為列寧的倔強態度而更僵。他不但沒有溫順地解釋「我們是怎樣回來的」，反而很快就回到〈四月提綱〉的論點。「列寧昨天在蘇維埃徹底失敗，」歡快的米留科夫報告說，「他如此激昂地為和平主義辯護，出言不遜和有欠圓滑，以致被迫停止發言，在一片噓聲中走出房間。他的論點勢將難見天日。」[29]雖然米留科夫不是個公正人士，但看來在場的每個社會主義者都對列寧的談話感到反感。一個聽眾稱列寧的發言為「瘋子的語無倫次」，而跟采列捷利同是「西伯利亞人」的菲德・丹形容這會議是「布爾什維克黨的葬禮」。[30]就像克倫斯基稍後向一個政府同僚透露的，列寧「看來生活在一種完全孤立的氛圍中。他什麼都不知道，看什麼都是透過自己的狂想，也沒有人幫助他對正在發生的事建立方向感」。[31]

他自己的黨也不買帳，但只有卡米涅夫敢於為文挑戰列寧的觀點。他在《真理報》指出，工人應該奪權的觀念「衍生自資產階級民主革命已經完成的假設，建立在民主革命轉化為社會主義革命的當下」。[32]這是一種每個孟什維克份子都會呼應的批評，它呼籲要有耐性、保持冷靜和團結。但列寧沒有要求立即引入社會主義，也不是想要馬上創造一個人間天堂。他反覆強調，重點不只是要在任何革命的成果上建設，還要捍衛它們，讓它們不被一個本性上反對民主與和平的階級侵害。馬克思主義者那套有關資產階級民主革命的主張已經過時：「它毫無好處。它已死去。想要恢復它是白費心機。」[33]

在接下來的二個月，如果列寧不能夠收服自己的黨，也無法在黨外找到追隨者，〈四月提綱〉也許會消失在某個檔案庫的發霉角落。他得勝的原因之一是他對自己那一套深信不疑。當其他人在談判和讓步，就像為了避開地雷而在革命的道路上覓路而行時，列寧知道自己要往哪裡去和為什麼要去。他有無窮精力，不知疲倦地寫作和辯護，反覆提出同一批論點，直到對手疲倦於去構想新的反駁意見為止。蘇哈諾夫寫道：「列寧表現出那麼驚人的力量，那麼超人般的攻擊力，因而鞏固了他對社會主義者和革命份子的巨大影響力。」34布爾什維克黨本來就是他創立，而他也有打敗黨內任何其他對手的長長紀錄。對於其他人，他的觀念有時會奏效，不過，當其他方法都行不通時，他讓追隨者始終保持效忠的是他的過人精力。

不過，列寧的勝利絕對不只單靠蠻力。最重要的是，他談到了人民很快就會想要聽的真理。憲法改革的細節跟飢餓的工人或不耐煩的衛戍部隊並不相干。采列捷利固然帶領蘇維埃執委會在戰爭目標的談判上有所斬獲，但原先人民在街頭上發起革命是為了得到和平、工作和麵包。隨著推翻一個可恨政權的暈陶陶幸福感開始消退，當初讓他們冒生命危險追求自由的理由重新浮現，而且經常是以翻倍的力道再現。

大戰破壞了歐洲的貿易系統，而且為了打這一場仗，俄羅斯用光了從食物到藥物和燃料的所有庫存。百物因為短缺而騰貴。工廠因為同樣理由關閉，讓工人沒有薪水可領。運輸危機並未減緩，麵粉和煤的供應仍然稀少。雖然俄羅斯面臨的問題不是獨一無二（幾乎所有歐洲經濟體都面臨類似災難），但讓人訝異的是，彼得格勒的自由派份子想要給大戰前的統治方式另一次機會。他們想要秩序、財產和正當的法律程序，他們想要讓受過教育的選民去創造一個新的國家，問題是國家正處於戰爭。每一個血腥的日子都在摧毀一個新民主政體的前景。不管米留科夫說些什麼，也不管采列捷利有哪些妥協方案，沒有人明白俄羅斯為什麼還要打仗。

這個問題如此明顯，以致不是只有列寧一個人看得出來。布爾什維克黨有些底層幹部在沒有他的幫助下開始得到相似的結論。維堡區委員會對雙元政權的概念從來不滿意，左派批判卡米涅夫的《真理報》，還有些彼得格勒的極端份子不能接受和孟什維克主義的任何停戰。就此而言，列寧之所以達成預定目標是因為他的部分聽眾已經做好心理準備。但再來還有新一波活躍份子的湧入。在一九一七年二月，布爾什維克還是一個成員相對較少的派系（共二萬三千六百人），至四月底已膨脹為近八萬人。[35]有別於黨的中堅份子（他們的人生教會他們怎樣打長期抗戰），新的成員都是工廠極端份子，想要的不只是空談和承諾。

他們較年輕、樂觀和常常準備好一戰（彼得格勒的反間諜頭子尼基京稱他們為「民族的渣滓」[36]），對於齊美爾瓦爾德國際主義的意識形態或細節所知甚少。他們會加入布爾什維克黨，是因為它是最極端的黨派，是身無長物之輩的政黨，它的成員總是堅持最強硬路線。到了四月，他們有些人已經開始討厭當前領導階層的猶豫態度。這是幾乎每個革命都得面對的過程，解放的喜樂開始被忌妒和虎視眈眈的不耐煩態度取代。托洛茨基寫道：「在各省，幾乎每個地方的左派布爾什維克份子都被指控為美克齊美黨（maximalism，編注：過激黨之意），甚至是無政府主義者。這些工人革命份子只是缺乏理論資源去捍衛自己的立場。但他們已準備好回應第一個召喚。」[37]並不需要一個列寧去點燃這些人的狂熱。在很多方面，他們都走在他的前頭。

他們有些人走得那麼前面，列寧很快就發現自己有必要呼籲群眾冷靜。彼得格勒的緊繃氣氛幾乎每小時都在升高。列寧在四月十五日（二十八日）的《真理報》向讀者宣布：「我們收到了許多報告，有書面也有口頭，是關於暴力威脅、炸彈威脅等等，我們不只沒有直接或間接對某些個人發出暴力威脅，正好相反，我們總是主張我們的任務是向所有人民解釋我們的觀點。」[38]不過，光是「解釋」，在一些刻苦工作的彼得格勒窮人眼中，開始顯得有一點點軟弱。托洛茨基解釋說：「生活變得愈來愈困難；物價上漲驚人；工人要求最低薪水；老闆抗拒加薪；工廠裡發生的衝突持續增加；食物供應狀況愈來愈差；麵包配給被削減；穀物卡的制度被引入；駐軍的不滿情緒增加。」[39]然後來了一個暫停。四月十八日（五月一日），市民再一次走上街頭。

這一次的機緣是一個國定假日（國際勞動節），而它也是慶祝二月的夢想的最後機會之一。示威的一個見證者是兩星期前到達俄國的法國政治人物托馬，他當晚所寫的日記像是為天真無邪譜寫的安魂曲：

> 示威……像是一場宗教巡遊。群眾溫和、平靜而有秩序。在涅夫斯基大道，一群戰俘分發傳單呼籲繼續作戰，直到打敗德國為止。在冬宮外面的廣場上，群眾人山人海。一群穿白色衣服的修女聚集在王宮的陽台上。在紅橋，一支巨大的遊行隊伍穿過，它由形形色色的團體構成：有革命份子團體，有來自彼得格勒四周村莊的團體，有來自植物園的教授和學生團體，有大棕櫚樹和紅色蠟菊十架裝飾的大花冠。橫幅要求自由科學和自由人民之間的一致，一群群來自土耳其斯坦的穆斯林高舉著橫幅，要求良知自由、宗教自由和用任何語言寫作的自由。四面八方的人群唱著慢節奏的馬賽曲。戰神廣場上飄滿紅旗……[40]

米留科夫就是在這一天發布導致他下台的外交照會。他的時間點拿捏得恰到好處，所以要到了四月十九日（五月二日），等棕櫚樹和紅色橫幅被清光之後，報章才搞懂他的措詞。整個彼得格勒都知道，蘇維埃執委會曾經對臨時政府施壓，要澄清它在戰爭目標上對各盟國和世界的新政策。一段時間之後，部長們同意他們的三月二十七號宣言應該重新發布為一份正式外交照會。[41]一份這樣有約束力的文件當然會毀掉俄國在黑海地區的任何擴張計畫，所以受到米留科夫強烈反對。就像采列捷利回憶說，外交部長「帶著明顯不悅接受我們的建議」。[42]不過，來自同僚（特別是克倫斯基）的壓力逼得他轉彎抹角尋找別的表達形式。

一小群人聚集起來檢視他起草的外交照會。因為戰爭部長古契科夫臥病在床（最近幾星期的工作壓力影響了他的心臟），內閣成員同意在他的公寓舉行會議。「我記得非常清楚，第一次唸出米留科夫的草稿時，包括克倫斯基在內，每個人都刮目相看。」老納博科夫回憶說。[43]克倫斯基認為，外交照會的措詞「應該可以讓對米留科夫的『帝國主義』批評最激烈的人感到滿意」。[44]

然而，當眾人知道照會裡另有伏筆後，滿意轉變為憤怒。米留科夫為照會加入一個附加解釋，把它偽裝為一個非正式聲明。他日後聲稱，他的出發點只是「消除可能對我們有害的詮釋」。但是他的措詞顯示他心裡有自己的優先順序。他在附文裡聲稱「俄國全體人民決意將大戰進行到徹底勝利」，又承諾俄羅斯將會「完全遵守」既有條約中規定的義務，而這不啻是表示要兼併博斯普魯斯海峽。[45]雖然米留科夫把整件事情說成只是注解，但他顯然讓俄羅斯重新承諾從事一場為兼併和帝國主義而戰的戰爭，一場蘇維埃極力棄絕的戰爭。

列寧在四月二十日（五月三日）《真理報》的一篇短文上開砲：「這份外交照會有著砲彈般的效果。」[46]不管部長們怎樣抗議說他們只是批准了主文，內閣裡的意見分歧讓他覺得這是大利多。更棒的是，因為達成妥協協議而自鳴得意的蘇維埃執委會將會因此顏面掃地。一個社會主義評論家回憶說：「列寧就像梅菲斯托費勒斯（編注：《浮士德》中的魔鬼名）一樣幸災樂禍，愉悅溢於言表，馬上明白情勢對他的運動多麼有利。我當天看到他，就在彼得堡被轉變成為民眾動亂舞台的那個下午……他好沾沾自喜。」[47]

群眾在天黑之前大批出動。他們的橫幅上寫著「戰爭去死」、「米留科夫去死」，甚至寫著「臨時政府去死」。第二天的示威要更大規模，隊伍中央是大批來自維堡區的工人。一場由米留科夫支持者舉行的反示威堵住了涅夫斯基大道。[48]自二月後便消失的槍枝再次出現，其他示威者則帶著棍棒。因為馬林斯基宮被包圍起來，部長們再一次在古契科夫家聚集。然後傳來消息，說是彼得格勒的軍事總督科爾尼洛夫正在把大砲搬運到冬宮廣場。這場危機大有演變成為全面內戰的趨勢。

蘇維埃的領導人對此早有一定程度的預見。就像是預期會發生一場政變那樣，執委會要求城中士兵除非收到蘇維埃的直接命令，否則就留在營房。這樣遏阻科爾尼洛夫的任何陰謀之後，采列捷利偕運輸部長涅克拉索夫一起到李沃夫親王的府邸，商討解決米留科夫危機的方法。外頭的街道一片喧囂，有吟唱聲，有怒吼聲，也有打破玻璃的聲音。李沃夫拒絕向不合法的力量屈服，

20.（上）在第一次世界大戰期間等著從哈帕蘭達—托爾尼奧轉運的木桶。雖然這些木桶說是裝著焦油，但類似的木桶被用來走私違反禁運規定的物品。

21.（下）在托爾尼奧國際郵局的布袋。這間辦公室對歐洲、俄國和遠東的戰時通訊至關重要。

22.（右）在密封火車前往彼得格勒途中的列寧。這是蘇聯藝術家瓦西里耶夫（P. V. Vasiliev, 1899-1975）的浪漫化作品。真實的車廂很小，容不下這麼多人聚在一起，而且車廂內的俄國人區也沒有武裝警衛。

23.（下）第一次世紀大戰期間的托爾尼奧海關。

24.（上）列寧抵達芬蘭車站的情景，索科洛夫所畫。畫家罔顧歷史，把史達林畫入畫面中。

25.（下）一九一〇年代的芬蘭車站。

26.（左）列寧在瑪蒂爾德·克謝辛斯卡婭府邸陽台演講的情景，柳比莫夫（1879-1955）所畫。

27.（上）克謝辛斯卡婭府邸和它的陽台今日的樣子。

28.（下）聖彼得堡葉利扎羅夫公寓博物館船艏形狀的起居室。

29.（左上）名聲如日中天時的克倫斯基。
30.（右上）偽裝成英國人的死神：德國諷刺雜誌《砰砰》一九一七年四月八日號的封面。這一天是列寧離開蘇黎世的前夕。
31.（下）列寧一九一七年五月在彼得格勒的普季洛夫工廠對工人演講的情景，布羅德斯基（1883-1939）所繪。

32.（上）一九一七年五月一日，群眾聚集在冬宮廣場。他們的橫幅呼籲共和國、土地和自由。

33.（下）列寧在《真理報》報社的辦公室。這房間被重新布置成如同遠處的油畫所見的那樣。

34.（左上）芬蘭蒸汽火車頭293號。一九一七年四月拉過列寧火車的火車頭沒有保存下來，所以圖中這一輛（它曾幫助列寧在七月逃到芬蘭）取代其地位受到紀念。

35.（右上）普拉滕對密封火車之旅的回憶錄。這書在一九二四年出版（列寧同年逝世）。

36.（下）薩斯尼茨的紀念館。圖中的車廂是建於一九一二年的太后車廂。雖然不是「密封」火車本身，但這遺物給了薩斯尼茨的小小列寧博物館一個吸睛焦點。

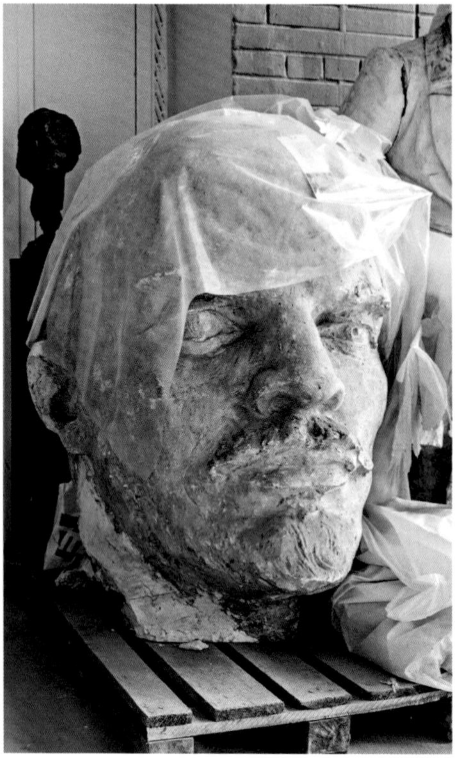

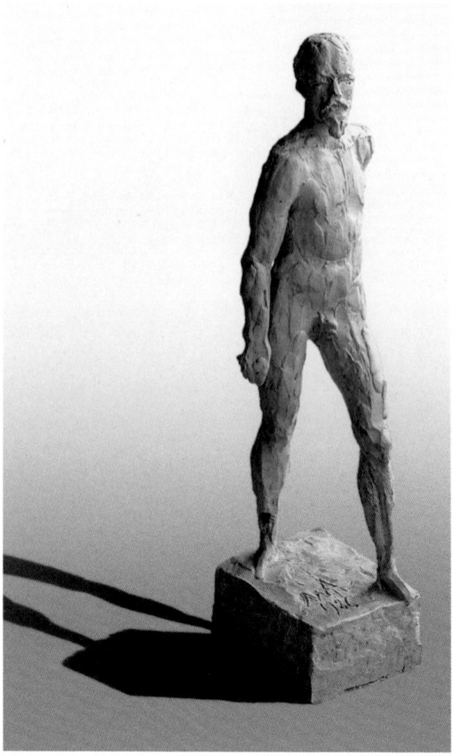

37.（左上）雕塑家阿尼庫辛（1917-1997）的工作室丟棄的石膏頭像模型。
38.（右上）裸體的列寧，阿尼庫辛製作的石膏模型。
39.（下）聖彼得堡芬蘭車站外頭的列寧銅像，一九二六年由葉夫謝耶夫製作。

決定站在惹了麻煩的外交部長一邊。不過這批政治人物別無選擇，必須起草一份新的照會注解，取代米留科夫所擬的那一份。

在四月二十二日（五月五日）發布的新注解顯得有氣無力。據它自己所稱，它的目的是澄清對上一份注解可能引起的誤解。它規定，「防衛」所指的是「防衛入侵者」（不是征服或者穩固邊界），而「保證和批准」則與君士坦丁堡無關，而是和「軍備限制」有關。當蘇維埃執委會的成員一字一句檢查這份新草稿時，他們先是感到驚訝，繼而是鬆了一口氣，因為這表示他們再一次免於喝下權力的毒酒。大概只要再來一次讓步，再跟和氣的李沃夫親王來一回討價還價，他們就可以把心思轉回到為工人找工作的問題去。當一個布爾什維克份子費多羅夫建議蘇維埃應該利用這個機會奪取政府的韁繩時，他受到極有敵意的回應，以致房間裡沒有左翼份子敢再說話。[49]

不管李沃夫親王說些什麼，米留科夫十之八九已經打算辭職，也在幾天之內這樣做了。因為他拒絕放棄這個觀點：除非控制了黑海到地中海的海路，俄羅斯不會獲得絕對的安全。另外，作為一個自由派和老派的愛國者，他無法忍受他的政府被煽動家挾持。就像他說的，當他聽見憤怒群眾高喊「米留科夫去死」時，「我沒有為米留科夫害怕，卻為俄羅斯感到害怕」。[50]

不過，他的著名照會卻是一件列寧馬上抓住的禮物。他在四月二十一日（五月四日）寫道：「任何有覺悟的工人，任何有覺悟的士兵，再也不會擁護『信任』臨時政府的政策。信任政策破產了……我們甚至沒有預料到事件的發展如此迅速……工人們，士兵們，現在你們必須大聲疾呼：我們要求我國只有一個政權——工兵代表蘇維埃。」[51]

但要做到仍然有一段長路要走。在那段多事之秋期間，浮上檯面的暴力並不是全都對列寧有利。在四月二十日晚上九點至十點三十分之間，布坎南必須三次走出大使館的陽台，「去接待演講者和對那些示威支持政府和盟國的群眾說話。其中一次，政府的支持者和列寧派之間發生了打鬥」。原來有一些布爾什維克份子在未經列寧授權的情況下，私自呼籲起義，要求蘇維埃馬上奪權。到了第二天晚上，根據布坎南在政府工作的一個熟人所述，工人們變得「厭惡列寧」，而後者有望「在不久之後被捕」。[52]因戰爭受傷的士兵公開指控布爾什維克為德國工作。[53]四月二十五日（五月八日），右派的《俄羅斯新聞報》把最近一次士兵支持大戰的示威稱為「對政府的一次信任投票」。

米留科夫的辭職也為一個新內閣鋪平道路，而李沃夫傾向於讓它成為聯合政府。就像他告訴布坎南的，臨時政府已經變成「一個沒有權力的權威」，而蘇維埃則明顯是「一個沒有權威的權力」。兩者必須結合。經過一些禮貌性推辭之後（畢竟，蘇維埃的社會主義者曾發誓不加入任何資產階級政府），切爾諾夫接受了農業部長之職，斯科別列夫成為了勞工部長。克倫斯基取代古契科夫成為戰爭部長。采列捷利繼續宣稱入閣會妨礙他在蘇維埃執行更重要的工作，最終仍勉為其難接受了郵電部長之職。

撇開意識形態和階級不談，就常識而言，這個聯合政府也許是一個勝利。就像克倫斯基在四月底的一次晚餐聚會中，向他的客人英國社會主義者索恩和奧格雷迪所說的那樣：「列寧宣揚的共產主義主張已經讓社會主義者失去優勢。」[54]據帕萊奧洛格觀察，沒有一天沒有示威，但大部分都是反對和平主義。因為戰爭而導致傷殘的退伍軍人全都走上街頭，很多都帶著寫著「列寧去死」的橫幅。[55]另一個英國使團的成員格哈迪每晚回家時都會繞路經過瑪蒂爾德．克謝辛斯卡婭的府邸，因為列寧在其陽台上發表慷慨激昂的演說已成了每晚的固定景觀。他回憶說：「我會停留一會兒，但不會待太久。因為這個人的演說和長相都不讓人覺得他的事業有未來。」[56]

儘管如此，列寧的所有演講和勸說慢慢收到了效果。轉捩點發生在四月二十四日（五月二十七日）的布爾什維克春季會議。列寧的提綱起初仍然遭遇反對，但幾天下來，他讓自己的建議一一被接納。[57]該黨拒絕和資產階級民主制合作，主張權力應該交給蘇維埃。一個譴責帝國主義戰爭的決議獲得無異議通過，一同被譴責的還有卡米涅夫和史達林在《真理報》鼓吹的革命護國主義。基於與護國主義者聯合是不可能的，會議也排除了與孟什維克及社會革命黨人聯合的可能性。[58]

沒有人提到起義。但是列寧獲得了兩個勝利。首先，透過個人魅力和埋頭苦幹，他恢復了自己對黨不容置疑的領導地位，他以最高票入選新的中央委員會。其次，也更為關鍵的是，他把布爾什維克定義為雙元政權的唯一替代選項。當俄國大眾最終厭倦了塔夫利宮（蘇維埃）和馬林斯基宮（臨時政府）之間喋喋不休的談話，當艱苦和筋疲力竭開始孕育出一種憤怒的被背叛感，只有一個政黨能夠宣稱它沒有跟外國資本、地主、將軍或為戰爭搖旗吶喊者勾結。

列寧也成功培養出一些他在第一次重大演講中所鼓吹的耐性。他堅持工人應該得到良好資訊和良好組織，而為了做到這一點，他日夜待在《真理報》報社一個小房間（見彩圖33），高速生產文章。這份報紙無處不在，說的話看來說到了一無所有者的心坎裡。與此同時，一份姊妹報《士兵真理報》在軍隊裡傳播。列寧在它的發刊號寫道：「大部分士兵是來自農民……地主的全部土地必須交給人民，國家的全部土地必須轉歸全體人民……為了正確地支配土地，同時維持良好的秩序，避免任何財物遭到損壞，士兵必須幫助農民……只要他們很好地組織起來，只要他們有覺悟，只要他們武裝起來，任誰都阻擋不住他們。」59

語氣和措詞都恰到好處，《士兵真理報》大獲成功。沒有人知道它的資金來自何處。不過，在一九一七年四月八日（二十一日），也就是列寧的〈四月提綱〉登出的翌日，德國外交部聯絡官格魯瑙把一份電報轉交給他的同僚。電報來自斯德哥爾摩總參謀部的政治部（也就是控制間諜的人），它的訊息洋洋得意：「列寧成功進入俄羅斯。他完全照我們所希望的樣子工作著。」60

第十章　黃金

社會主義者犯不著幫助較年輕和較強壯的強盜（德國）搶劫年紀較大和較臃腫的強盜。社會主義者必須在兩幫強盜的鬥爭中漁翁得利，同時推翻他們。

——列寧

早在列寧踏下火車的時候，謠言已經滿天飛。尼基京指控說：「列寧帶到俄羅斯的是階級仇恨、德國金錢和在俄羅斯實踐馬克思主義的精密方法。」[1]這位警察頭子的觀點很極端，但他不是唯一懷疑有個陰謀存在的人。克倫斯基日後寫道：「列寧要不是得到德國宣傳機構和間諜系統的所有物質和技術力量的支持，他永遠不會成功摧毀俄羅斯……列寧回到俄國不只是德國政府知道、同意和渴望，就連在俄國，他也是靠著自己國家的敵人的龐大金援來活動。」[2]他是淒涼的北方格林曼特，是帶著德國黃金的先知（編注：間諜小說角色，見本書三十二頁介紹）。

唯一的麻煩是沒有人有一絲一毫證據。列寧的觀點無庸置疑，不確定的是德國對他的金援程度。在彼得格勒那個氣氛緊繃的夏天，他的聲譽主要是由這點決定，因為一個和平主義者也許是出自由衷的信仰讓他呼籲即時停火，但列寧的呼籲卻被說成是遭敵人買通。在為黨的四月會議準備的一份決議中，他如此宣稱：「戰爭每天都為金融資產階級和工業資產階級增加財富，使所有交戰國以至中立國的無產階級和農民貧弱。而在俄國，戰爭拖延下去還會給革命的成果和革命的進一步發展帶來極大的危險。」[3]這些話在任何時間都是易燃物品，但主戰陣營渴望證明的是它們乃是預先策劃的叛國。

到了四月底，「搜捕」如火如荼進行中。第一批可能的證據來自法國。五月初，剛從巴黎來到的政治人物托馬告訴戰爭部長克倫斯基和新任外交部長捷列什岑科，他國家的情報機構正在追蹤可以一勞永逸擺平列寧的文件。彼得格勒法國情報小組的洛朗上尉會把任何最新發展知會俄國政府。司法部長佩列韋爾澤夫和尼基京也被告以這個懷疑。它們是和一系列被攔截的電報有關，通電報的兩邊是列寧在彼得格勒的總部和斯德哥爾摩一批被瑞典警察監視了幾個月的人物。[4]

兩個調查同一時間祕密展開，一個由李沃夫和捷列什岑科領導，另一個（更無所顧忌的一個）由尼基京上校領導。李沃夫和同僚很快就決定結束調查，這部分是因為列寧的影響力在四月短暫暴增之後，目前已變得不重要且快速萎縮。但尼基京在法國情報人員的協助下繼續搜集攔截到的電報。司法部長讓尼基京的團隊利用沃斯克列先斯基（今稱羅伯斯比爾）堤岸路一幢大房子的底下兩層辦公。不過，尼基京在到達他的新總部之後，發現頂層的使用者是一群自稱布爾什維克黨里特尼區戰鬥部的人。他抱怨說：「這地方業已布滿他們的橫幅、海報、小冊子和武器。刺刀也明顯存在。我們當然不會容許我們正在調查的人坐下來和我們親吻面頰，因為那表示我們所有外部探員都會暴露在敵人的視線下。」[5]

這些布爾什維克份子始終沒有搬走，尼基京的上司也沒有給他換一個新總部。事實上，大部分人都有更緊急的事情要處理。克倫斯基批准了對加利西亞發動新的進攻——盟國需要這攻勢來減輕他們在西線受到的壓力。這是一個大膽乃至莽撞的決定，因為沒有人知道俄國軍隊會怎樣回應進攻的要求。不過，克倫斯基對自己的說服能力有著無邊信心。他脫掉深色西裝，換上一件軍官的排釦外衣（這服裝後來成為了布爾什維克幹部的制服），前往前線用手舞足蹈和口水激勵士氣。就連蘇哈諾夫都談到他的浮誇作風：「他去到哪裡都會被高舉過肩，灑滿花瓣。整個資產階級都跳了起來，血液的愉快氣味又再次傳到它的鼻孔，而幾乎被拋棄的帝國主義幻象得以復興。」[6]

布坎南的辦公室一直期盼有一些好消息可以報告。混合著害怕和放鬆的心情，布坎南爵士轉述了克倫斯基的「演說在整條前線都獲得熱烈歡迎」的說法。倫敦應該會感到高興：克倫斯基「被認證為革命運動的真正領袖」。[7]這位高視闊步的政治人物看來陶醉在聚光燈中。他向將士保證：「你們流的每一滴血都會是流得其所。你們不是為了征服和暴力，而是為了拯救自由俄羅斯，才會在指揮官和政府的領導下前進。靠著你們刺刀的刀尖，你們將會帶來和平、權利、真理和正義。」[8]這些話本身很動人心弦，但士兵仍然困惑。厭倦世情的托洛茨基評論說：「克倫斯基視察前線，懇請和威脅部隊，跪下親吻土地——換言之是在每個可能的方面扮演小丑，卻回答不了任何使士兵們煩惱的問題。」[9]

作為一名俄羅斯軍隊的觀察者，諾克斯也對進攻計劃感到懷疑。他指出：「俄國的農民士兵從前會作戰是因為害怕軍官和懲罰。現在，他已不再尊敬軍官，也知道自己不會被懲罰。沒有驅使他熱情作戰的愛國心或任何可能動機。」[10]隨著軍隊開始解體，諾克斯只有更悲觀。他在三月三十日發給倫敦的電報上說：「昨天，基輔出現了失序，因為煽動者唆使大批逃兵……解除民兵和軍官的武裝。每天都有報告說逃兵在俄羅斯內陸殺人、搶劫或強奪土地。」[11]有些單位仍然可以作戰，但一場爭奪俄羅斯剩餘部隊的仗顯然已經開打，而列寧的觀念正在轉居上風。「俄羅斯和奧地利士兵一起打牌，自由互相探訪。」諾克斯補充說。他在軍隊的一個老朋友仍然認為「仗也許仍然會打，但全是為了宣傳」。[12]

六月進攻變成了七月大敗。沒有任何顧盼自豪和天花亂墜可以在現階段重建俄羅斯軍隊。就像後來成為紅軍強悍領袖的托洛茨基指出：「部長們以為，士兵大眾因為內心深處受到革命的激動，就會像軟黏土那樣任憑他們捏塑。」[13]事實上，士兵們有自己的想法。有關他們恐慌和撤退的消息在彼得格勒引起歇斯底里的反應。城中的緊繃氣氛已經累積了好幾個星期，至此終於爆發，群眾帶著紅旗、黑旗、刀槍湧上街頭。來自克隆施塔德海軍基地的武裝水手扮演了一個關鍵角色。看到彼得與保羅要塞外頭出現很多大砲，英國大使館準備撤離。連續兩天，布坎南一家人都沒有吃早餐，隨時準備好逃走。保護他們的武裝警察在一些地方受到右翼的「黑色百人團」的極端主義流氓撐腰。在三天的街頭混戰中，超過七百名示威者被殺。七月結束時，工人階級並未能奪權，但他們已經把國家帶到深淵邊緣。

布爾什維克不是示威的始作俑者，但他們宣傳的觀念，特別是呼籲把權力轉移給蘇維埃，卻讓他們成為理所當然的代罪羔羊。克倫斯基感覺遭背叛和羞辱。他同時很脆弱，因為李沃夫的政府雖然垮台，讓他可以出面組閣，但潛在政變的道路也被打開了，會政變的人大概是軍隊中的君主派。七月四日，在危機的高峰期，司法部長佩列韋爾澤夫因為一個個人倡議而讓一切變得更複雜。在沒有得到官方批准的情況下，他釋出一份資料裡的一部分，希望以此推動一個公審和促使列寧被捕。第二天，報紙大幅報導。列寧是個間諜。他和德皇簽有合同。德國人一直付他錢，而他的任務是在神聖的俄羅斯大地上，進行一連串謀殺和散播恐慌。[14]

這些指控得到一個叫葉爾莫蘭科的英國人作證配合。他本來是個戰俘，在四月自首，承認收了德國人的錢做了非法勾當。他告訴審問他的人，他的任務細節是一九一六年在柏林一個會議上敲定，而在該會議上，他看見了列寧。德國總參謀部一個叫史坦寧的上尉在和列寧談過之後寫出合同。葉爾莫蘭科自稱簽下一份類似的合同，承諾答應炸毀一些重要的彈藥工廠。另外，如果他能夠暗殺喬治．布坎南爵士，就可以獲得二十萬盧布。列寧的批評者希望並祈求，列寧曾做過同樣陰暗的承諾。[15]

就連尼基京都對這種童話故事感到有一點點不相信。出於恐懼，葉爾莫蘭科在向警察作供之後逃到了西伯利亞，但一些年後還是被布爾什維克份子殺死於克里姆林宮的地牢。[16]不過，到了這時候，尼基京已經掌握了一些可以作為呈堂證供的真實材料：一批攔截得來的電報。對這批電報的草草閱讀會讓人認為布爾什維克、德國外交部和瑞典一間商業銀行關係匪淺。其中的細節也許有一點模糊，卻是從克倫斯基到布坎南和盟國的情報機構一直渴望讀到的間諜小說材料。作為改組過的臨時政府的首腦和擁有一連串的緊急權力，克倫斯基在七月中發起了一個調查。短短幾個月內，調查就蒐集到超過二十冊的證據。

托洛茨基對大部分證據有一評語：「人從來沒有像在偉大解放戰爭期間說過那麼多謊。如果謊言可以爆炸，我們的地球早在《凡爾賽條約》之前便會爆炸成灰燼。」[17]葉爾莫蘭科是因為狗急跳牆而說謊。列寧絕對不可能簽過一份合約，承諾會把一個死掉的布坎南送給魯登道夫將軍，但亂槍打鳥的遊戲一旦開始，可供調查的謠言就多到沒完沒了。例如，當列寧在四月越過瑞典沒多久之後，霍華德就曾經發電報給倫敦，為拼圖提供一片有用的方塊。根據一個三手故事，這位駐斯德哥爾摩大使這樣說：「在俄羅斯爆發革命前的某個時候，列寧和他的俄羅斯極端主義政黨接受了德國政府發給的安全通行權。所以清楚的是，德國人已經準備好一個計畫……以防普羅托波波夫失敗。」[18]這個特別故事的消息來源據說是齊赫澤。

為了不被斯堪地那維亞人比下去，歐洲其他國家的密使也出發去尋找消息。在八月，一個叫切斯特的美國人出現在蘇黎世。他自稱，出於壓力，他在四月時在伯恩被德國間諜吸收，任務之一是和列寧聯絡。他的上司弗倫肯給了他清楚的命令：「你去告訴列寧先生，五十五號合約已經準備就緒。你也必須竭盡所能協助列寧先生。」切斯特相信，弗倫肯曾在一九一七年春天提供列寧四百萬盧布。他猜想，這筆錢是經過一些中間人傳遞，其中一個是住在斯德哥爾摩的女人，名字好像是蘇曼森。[19]

切斯特的扯蛋到此為止，但很明顯地，背叛和間諜故事非常受歡迎。根據一個英國消息來源稱，柯倫泰是「列寧的演講稿寫手。列寧的教育程度相當低，一切演講都需要依賴她」。另一個傳言（也是出於英國）說「列寧的妹妹以間諜的身分去了薩洛尼卡……從德國那裡收到一筆三百萬盧布的錢，大概是為了支付列寧的間諜費」。在六月，「列寧已經被追隨者謀殺」的謠言短暫流傳了一下。拒絕落在人後，各報紙投入其他種類的猜測——其中不乏反猶太主義色彩的猜測。《早晨郵報》宣稱：「列寧的真名是齊德布魯暗，不過多年以來他都是化名烏里揚諾夫。」《每日電訊報》也插嘴說：「據說列寧的真名是米頓布拉達姆。」[20]

背叛、間諜和謀殺——這些都是這時候每個人能夠想像的罪名，尤其如果被告明顯是一些陌路人，像是異議份子和猶太人。本來已經白熱化運作的宣傳機器被開到極限，每個人都想要分享驚悚。克倫斯基後來宣稱：「我們已經成功消滅列寧。他和德國的瓜葛已經確定無疑地被證實。」[21]佩列韋爾澤夫在司法部長任內的最後舉措之一，就是批准警察突擊搜查《真理報》的印刷廠和辦公室。印刷廠被關閉，紙張被弄得亂七八糟。不多久之後，托洛茨基被下獄，與他一起坐牢的還有現已知名的蘇曼森和律師兼商人科茲洛夫斯基。列寧則逃脫了，於七月十日晚上在忠心的季諾維也夫陪同下離開彼得格勒，躲到了謝斯德羅列茨克的軍火工廠附近的農莊。[22]後來他又刮去鬍子和戴上薑黃色假髮，跑到了芬蘭去躲藏。他的這個消失被認為證明了每個人渴望相信的：這個人必然是個叛徒。那些曾經在芬蘭車站給他當儀仗隊的水手全都表示，一想到列寧就覺得想吐。

布爾什維克的誹謗者有好幾個星期胡猜瞎猜。不知疲倦的《每日電訊報》聲稱列寧已經在芬蘭被捕，後來才發現根本找不到他。英國、法國和俄國的情報機構批准了一個全歐範圍的搜尋。有人認為列寧在瑞士，有人認為他在哥本哈根，但最讓人心寒的可能性是他去了柏林，接受新的命令和另外一袋德國鈔票。就像列寧逃離彼得格勒時躲在乾草堆中，身上沾著成束的乾草一樣，有關他的各種謠言緊緊纏身。三個月後，當列寧潛回彼得格勒策劃奪權事宜時，仍然需要偽裝。當時的俄羅斯已經有了很大改變，但他的敵人沒有忘記他。

在後來的危機年月，對德國人金援列寧證據的搜尋仍然是一門生意。一九一八年二月，即布爾什維克奪權成功的四個月之後，一個叫美國公共資訊委員會的組織派出一個新的代理人前往彼得格勒。他的名字是西森，曾經當過《柯夢波丹》雜誌的編輯。他去到的是一個被憤怒、害怕和寒冷撕碎的城市。身為一個對地方謠言沒有經驗又有大量美元可花的人，他很快就成為了故事的磁石。他也進入了一個任何文件皆可買的市場，才幾星期就搜購到一大批可證明列寧和托洛茨基跟德國最高司令部關係匪淺的材料。它們有些是從佩列韋爾澤夫的調查流出的被攔截電報，但最有爭議性的一些則顯示出德國曾經對布爾什維克高層口授和談條件。在這些材料中，托洛茨基的形象就像列寧一樣差，因為它們顯示兩人只要同意放棄烏克蘭，就可以獲得大筆金錢作為回報。西森相信每一個字。公共資訊委員會在一九一八年十月把這批所謂「西森文件」印成小冊子——

拜世界大戰結束帶來的暈陶陶幸福感所賜，這事情才沒有演變為世界性醜聞。[23]

之後，「西森文件」有一代人的時間沒有受到檢視，對事情更沒有幫助的是它們被鎖在白宮一個保險箱超過三十年。直到史達林死後，前外交官和俄國專家凱南才找到時間研究它們。在一九五六年所寫的一篇文章中，他主張整批文件都是偽造。但這沒有讓整件事情完全結案。相反的，這件醜聞在英語世界之外意外重生。一九九〇年代初期，在尾隨蘇聯解體出現的大漩渦中，一隊俄國歷史學家獲准研究蘇聯祕密警察的檔案庫。他們在那裡找到了「西森文件」的副本。這些俄國人沒有讀過凱南的文章，所以毫不懷疑自己挖到寶。畢竟，既然它們當初是被列為機密，就代表它們是好東西。

那時候最先讀到這批祕密資料的人是沃爾科戈諾夫上將，也是他把其中的故事向世人披露。正如他解釋的，他慢慢相信列寧是個罪犯，而且他的罪行可回溯至世界大戰。他向俄國讀者和輕信的西方學者透露[24]，布爾什維克在奪權後展開了一個掩蓋行動。在國家危機的時期，兩個受信任的同志被免去其他職責，專門負責剷除臨時政府的文件和摧毀任何也許會構成危險的材料。他們在一九一七年十一月十六日告訴托洛茨基，他們至少移除了一份文件：〈德國帝國銀行命令第七四三三號〉，其日期為一九一七年三月二日。就像其他他們查過的銀行細節一樣，這個細節關係到付款給在俄國進行的和平宣傳，提到的名字包括「列寧、季諾維也夫、卡米涅夫、托洛茨基、蘇曼森、科茲洛夫斯基和其他人」。[25]

沃爾科戈諾夫確定自己找到了鐵證。但如果他讀得懂英文，也許會問幾個困難的問題。三十年前，凱南已經把研究做得非常徹底。他核對了文件的筆跡，辨別出打字機的類型，從浮水印和圖章追溯出當初它們是從哪些辦公室寄出。他斷定，最具爆炸性材料的偽造者是一個叫奧森多夫斯基的反德記者，這個人和臨時政府進行的早期調查也有關聯。他有好些動機這樣做，但需要錢十之八九是最主要原因。對於文件中最有破壞性的部分，即沃爾科戈諾夫所引用的〈德國帝國銀行命令〉，凱南運用了他自己作為一個前外交官的經驗加以判斷：「一個政府把對它不利的資料寫成書面是不尋常的。」如果蘇聯的領袖有心壓抑這一類證據，那麼他們最不想要的就是用另外一份官方文件把它傳播出去。[26]

位於這個故事中心的角色都非常小心謹慎。就連德國那邊的人都不一定能完全確定是誰在幫助誰。一九一八年三月，當德國代表團在布列斯特－利托夫斯克準備和蘇俄簽署他們期待已久的條約時，一個德國外交官思考了這個讓西森非常著迷的和平過程。外交部長辛慈容許自己這樣沉思：「我們在東方想要些什麼？俄羅斯的軍事癱瘓。布爾什維克比任何其他俄國政黨更能關照這件事，用不著我們出一個人或一文錢。我們不能要求他們……像榨橙汁那樣壓榨他們國家來愛我們。我們不是在和布爾什維克合作，是在利用他們。這就是政治。」[27]

不過，那些在一九一七年四月到六月被攔截到的電報卻是真的。一知道蘇維埃裡面的布爾什維克成員利用電報機把消息傳給列寧，尼基京就在塔夫利宮裡部署了一個密探。[28]這位上校讀了每一通被攔截到的電報，而且讀得很快，汲取的是他的想像力容許他得到的結論。法國人和英國人也在查這案子，它們的間諜把一九一七年八月花在研究「那些可清楚證明列寧涉及德國一些動搖俄國政府威信的陰謀文件。這些文件顯示，錢從柏林寄出，透過斯德哥爾摩德國大使館某個叫史雲遜的人交給蘇曼森女士，再經由科茲洛夫斯基把錢轉給列寧和其他德國打手」。[29]

這些電報滙聚在斯德哥爾摩，而這表示菲爾斯滕貝格必然牽涉其中。這個衣冠楚楚的無賴仍然是「進出口公司」的經營者，但他始終是列寧最親密的助手之一，也斷然是瑞典最活躍的布爾什維克份子。帕爾烏斯和科茲洛夫斯基被懷疑是菲爾斯滕貝格所經營的公司的幕後老闆，而兩人都是已知的德國間諜。問題是那些電報事實上相當無聊瑣碎。蘇曼森女士是一間波蘭出口公司在彼得格勒的代理商，專為菲爾斯滕貝格在俄羅斯西北部處理一些業務。其他時候，正如她的電報證實的，她也為瑞士雀巢公司處理食品進口事宜。科茲洛夫斯基（一個和列寧走得非常近的律師）是帕爾烏斯在俄羅斯的公司主要代表，而他的大部分電報只和生意有關。

總數六十六封的電報從沒有被克倫斯基的法律團隊出版，而在列寧政變之後，蘇俄當局把它們鎖在櫃子裡。不過，在一九九一年，這批檔案開放給研究者使用。現在讀它們，它們看來重複、簡略和透明。蘇曼森的電報主要是有關庫存，科茲洛夫斯基的電報則是有關付款明細和發貨的時間。當初爬梳這批資料時，克倫斯基的人員因為找不出可疑之處，所以斷定某些字眼必然是暗語。一封發自莫斯科的電報這樣說：「賣出兩百五十支鉛筆和三十七個盒子。」[30]在舊日俄國的地下世界，一切都是使用暗語，所以沒有道理現在不是這樣。托洛茨基生氣地指出：「這些調查由在沙皇政權底下受訓練的執法人員進行。他們不習慣忠實處理事實或論證。」[31]

一九一七年八月，俄國檢察官宣稱自己很滿意。路透新聞社把這個故事帶給全世界的報紙。從列寧和季諾維也夫開始，所有布爾什維克領袖都被判有罪。英國的報紙這樣報導：「檢察官補充說，一項調查顯示有一個龐大德國間諜組織在全俄羅斯活動，而某些事實無可避免會指向一個結論：列寧先生是德國間諜，他的任務是回到俄羅斯，在那裡促成德國的目的。」根據這份公告，列寧的地方網絡包括了帕爾烏斯、科茲洛夫斯基、蘇曼森和菲爾斯滕貝格。一個新名字亦出現在名單中：帕夏爾。

問題是仍然沒有真憑實據。沒有人可以在布爾什維克份子的帳戶查到德國的錢；甚至沒有人可以直接指出，列寧和帕爾烏斯之間有直接聯繫。菲爾斯滕貝格抗議說他和帕爾烏斯的關係純粹是商業性質，而他本人也對親德政治不感興趣。拉迪克仍然住在菲爾斯滕貝格的漂亮別墅，忙著為德國左翼社會主義者與反戰的報章寫東西。至於那個神祕的帕夏爾，根據一份直接寫給英國首相勞合．喬治的備忘錄所述，他的真名其實是柏仕威，原本是彼得格勒的美國肥皂廣告商，「為人有幹勁又有說服力」，拿了德國人的錢在俄國報紙寫一些煽動性文章。[32]

所以，與其說是證據，不如說只是揣測和謊言。有很多事情當然有待布爾什維克解釋。根據他們在一九一七年的謹慎記述顯示，他們的收入穩定增長（部分收入來自會員費），但在他們自稱擁有的財富和他們資助的行動之間仍然存在很大的落差。在一九一七年四月，他們的收入大約是一萬一千五百盧布，而他們的支出不多於五千五百盧布。在五月，拜成員增長和報紙銷路上升之賜，它的收入是一萬八千盧布，到六月接近三萬盧布。[33]他們不需要為他們的場地付租金，他們搶來一部印刷機，而列寧也為省儉的生活樹立了榜樣。但是每日光印刷八萬五千份的《真理報》便是一筆昂貴支出。另外，印刷和分送其他文章和小冊子、設計和製作海報，以及在一個廣大和備受戰爭蹂躪的國家經營一個成長中的黨派，這一切都要花大錢。在一九一七年七月所發布的報告〈在俄國宣傳的建議〉中，一個有企業精神的英國將軍估計，布爾什維克投入和平主義宣傳的經費非常驚人：最初三個月是二百萬英鎊，第四個月是五百萬英鎊。[34]

德國毫無疑問在俄國投入了大量金錢。光舉一個例子：一九一七年四月三日，德國外交部批准撥款五百萬馬克作為宣傳用途，大多是由帕爾烏斯經手，但他總是拒簽收據。[35]為列寧在密封火車的廉價座位買單的是德國外交部，但其他部會一樣有自己的預算。軍隊雖然也許準備靠潛艇打敗敵人，但它一九一七年一整年都在東線投入大量宣傳經費。就像英國戰爭內閣在四月指出的：「德國打手和德國金援看來要為俄羅斯的許多動盪不安負責。」[36]說俄羅斯「有一個龐大的德國間諜組織」純屬空想，但既然有大批外幣在流通（很多都是偽造），要研究出是誰在資助誰乃是很大的挑戰。

在伯恩，德國人用了一個叫摩爾的間諜。他是德國公民，從一八七〇年代起便定居瑞士，事業涵蓋報界和法律界，但後來開始為流亡的社會主義者提供融資。一九一七年三月，他還同意為德國和奧地利工作。他的新外號是「拜耳」，而他的主要職責是把社會主義社群的資訊傳遞給他在伯恩的聯絡人納塞博士。一九一七年夏天，他去了斯德哥爾摩好幾次，但沒有和帕爾烏斯的團體打交道。他的活動範圍直到第二次世界大戰結束前始終隱晦不明，但現在有些作家把他形容為布爾什維克的「二號軍需官」（「一號」是帕爾烏斯）[37]。解密文件透露他在一九一七年八月至少交了二十三萬馬克給布爾什維克。不過，會讓那些以為終於找到證據的人失望的是，這筆錢從來沒有離開斯德哥爾摩。就我們所知，錢始終在拉迪克手上，他用它來資助一個左翼社會主義者國際和平會議的一個方案。[38]

非法資助也是一個任何人都可以玩的遊戲。不過，光砸錢不保證一定會有結果。在伯恩，納塞驚見一波「英國黃金」。他報告說：「協約國為了支持戰爭努力和收買有影響力的人物，投入了鉅款。」[39]若論到在地的間諜，從打板球的英國人到布洛姆海德上校和他的電影攝影隊。法國人在彼得格勒設有一個宣傳局，由舍維伊伯爵領導，他是電影的另一個熱心提倡者，也是里昂私人銀行的代表。[40]這些人的努力，還有小冊子、禮物和演講之旅全都所費不貲，但稱之為「英國黃金」則有一點誇張。事實上，布坎南曾經在五月要求倫敦撥款，理由是「軍隊、工人和農民都絕對無知，不曉得戰爭的起源或我們戰鬥的目標，盡是相信無數煽動家對他們說的謊話，以致於反對協約國和不惜代價追求和平。」但他只獲得區區的一萬英鎊之數。[41]

英國有很好理由看緊荷包。在白廳，當官員計算他們花在俄羅斯的宣傳經費時，最讓他們驚訝的是異乎尋常的失敗率。好些人被派去了彼得格勒，但不知怎地從來沒有一個是真正稱職的人選。所以，他們需要的也許不是黃金，而是改變政策。英國到了五月想必已經猜到普列漢諾夫在促進俄國的戰爭努力一事上毫無效果。他們的其他方法包括把作家派到防線缺口，彷彿俄國人需要睡前故事慰藉似的：蘭塞姆和他一些不刮鬍子的朋友就是因此去了俄羅斯。一九一七年七月，美國的威爾遜政府加入計畫，同意派作家毛姆取道東京前往彼得格勒。[42]

就像許多人一樣，一到達俄羅斯首都之後，作家毛姆就會和英國宣傳事務的首腦——小說家沃波爾——發生爭吵。兩人在這個過程中都為日後的著作搜集到不少材料，但兩人在爭取俄羅斯大眾一事上都沒有多大進展。就像諾克斯在一九一七年十月一封私人信函上說的：「最近負責宣傳工作的沃波爾不是勝任的人，因為他不認識俄羅斯，只是一個小說家和一個舞會需要的人。」[43]從來沒有人會這樣說列寧。不管他是受到誰的支持，他傳揚的訊息都正中人心。到了五月底，任何到過前線的人都會看出列寧和他的追隨者造成的影響，以及對他們起不了作用的英國黃金，兩者之間的差異。

德國人一直不太挑。他們的間諜願意資助從芬蘭分離主義者到愛沙尼亞分離主義者到土庫曼聖戰士的任何人。不過，當他們把列寧和部分這些人物比較時，外交部的官員可以為自己願意冒的風險自豪。這位布爾什維克領袖沒有他們喜歡的那類血緣，也沒有承諾把忠心的哥薩克騎兵派到西線，但他的文章為士兵的倦怠發聲，他的黨也是夢想和不滿的焦點。列寧的德國資助者需要的只是俄國保持中立，他們甚至不用考慮他的未來，更遑論他的政權是否可存活。漫畫中的起義者會把刀咬在黃牙齒裡，但這一位只靠手上的筆就做了大事。

儘管如此，把列寧送回國都是一個賭局，花費不是小數目，特別是把帕爾烏斯要的錢算在內的話。不可避免地，接受這個責任的一小群人有時會覺得他們必須為自己辯護。當外交部長庫爾曼在一九一七年十二月三日寫信給大本營的外交部聯絡官時，距布爾什維克軍事政變成功不到一個月，他容許自己自誇了一下。這時候他的主要目標是在布爾什維克安排單獨媾和的細節，強化對列寧的進一步支持。他不認為布爾什維克會掌權太久，所以急於在俄羅斯再次改變軌道前為和約創造最佳條件。

庫爾曼把自己的目的說得很清楚。「打亂協約國和創造一個有利於我們的政治組合，構成我們外交政策的最重要戰爭目標。」他寫道：

俄羅斯在敵人的鏈索上看來是最弱的一環。因此，任務是逐漸鬆動它，在可能的時候把它移除。這就是我們在前線後方的俄羅斯進行顛覆活動的目的——首先是促進分離主義傾向和支持布爾什維克。直到布爾什維克從不同渠道收到我們穩定釋出的資金，他們才能夠建立起他們的主要喉舌《真理報》，從事活力充沛的宣傳和把黨原來的狹窄基礎擴大。[44]

德國資金是怎樣向東流始終只能用猜的。完全有理由假設，帕爾烏斯的幾百萬馬克有一些進入了列寧的戰鬥基金。有可能，大胖子是利用他在丹麥的研究機構把錢輸送給布爾什維克——其途徑由他和拉迪克在四月的祕密會面敲定。有些研究者提到一個名叫沙辰斯泰恩的密使。[45]其他移動資金的路徑也許是透過斯德哥爾摩。最方便的中介應該是菲爾斯滕貝格為帕爾烏斯和他的德國朋友斯克拉爾斯管理的公司：它把部分利潤導回生意經營，但把其他利潤用在俄羅斯進行政治運作。[46]檔案已經打開，但很多文件已經消失。唯一可以確定的是，列寧在一九一七年四月計劃前往俄羅斯時，接受了菲爾斯滕貝格給的兩千盧布，又為季諾維也夫要了八百盧布。[47]他並沒有對這個部分的「德國黃金」猶豫不決。對於那些仍然拒絕相信世界上最偉大的社會主義者會在拿德國鈔票一事上撒謊的人而言，他們選擇說服自己列寧是用從鉛筆和保險套黑市貿易獲得的利潤補貼自己。

列寧顯然沒有必要永遠撒謊。他起初當然是出於害怕：他無法知道他的計畫會有什麼結果。雖然自由俄羅斯已經廢除死刑，但在一九一七年夏天，他有足夠的理由擔心自己會以叛國罪被審判。他也認為自己是被暗殺的目標，所以不管去到哪裡都會帶著武裝保鏢。[48]但如果是一個對人民有更多信心的人，也許會認為自己可以贏得最後的辯論，因為〈四月提綱〉的主旨正是資產階級的統治和資產階級的正義將要破產。一個更勇敢的領袖也許最後會以拿了德國人的錢自誇，因為他很快就會用這些錢來幫助一個無產階級打敗德皇。德國的後方長期空虛：人民在捱餓，列寧品牌的革命已威脅到柏林街頭的寧靜。奧地利的情況則更加嚴重。[49]列寧對世界革命的呼籲是同時對俄羅斯和德國的軍隊發出，就像他反覆強調的：「我們認為德國的資本家就像俄國的資本家一樣充滿掠奪性。」[50]就連他鼓吹的手足情誼也是一個雙向過程。如果列寧真是像邱吉爾形容的那樣，是一種病毒，那他理應可以同一時間感染兩個受害者。

他本來大可以反過來，迎頭攻擊他的指控者。如果拿德國人的錢是一種罪，那麼踐踏人民的夢想，強迫他們違背自己的意願作戰，甚至讓他們挨餓，就是一種更嚴重的罪行。一個真誠信賴俄國人民正義感的人會指出，從搶劫窮人的強盜手中拿錢自有一種正義。從米留科夫的決意兼併博斯普魯斯海峽到克倫斯基發起的前線攻勢，從停工和長工時到麵包配給，俄國資產階級看來都是走上了一條重新壓迫的道路。他們在海外的堂兄弟一樣有所貢獻：對脆弱的俄羅斯民主來說，來自倫敦和巴黎的壓力，所帶來的破壞力尤甚。不理會自己的間諜的建議，英國和法國的戰爭領袖繼續要求俄羅斯切實遵守它在協議中承諾過的義務。

這種政策讓蘭塞姆覺得噁心。當俄國軍隊在七月打敗仗後，他寫信給母親，指出英國對俄羅斯的態度就像「一個人對一件用舊了的工具的態度」。結果是一種自招失敗的麻木不仁態度。「出於某些原因，戰爭並不會像是刺痛歐陸國家那樣——特別是俄羅斯——持續刺痛英國每個男女老幼。你不會看見街上有瘦得像皮包骨的馬匹。你不會看見你的門房的妻子因為沒有足夠麵包給小孩吃，求你分享你的麵包配給份額……正因如此，承諾一個立即太平盛世的德國間諜和極端主義者，才會成功地拐走頭腦簡單的俄羅斯士兵……也許有一天，英國會成為俄羅斯人最痛恨的國家。」[51]

如果列寧承認收了德皇的錢，他大可對英國的不老實大做文章。德國人已經夠壞的了，英國人卻更貪心。奧格雷迪和索恩在從俄羅斯首都回國後報告說：「帶著極大的敬意，我們主張俄羅斯是一個面積廣大的帝國，擁有一億八千萬人口，不只有成為大市場的巨大潛力，還有可能發展成為世界最大的經濟強權。它的礦藏、石油和食物資源幾乎還沒有被開採。如果大不列顛現在不做出努力，那麼等到大戰結束，爭取這些資源的鬥爭將會發生在美國和德國之間——後者又更有優勢。」52

把貪心表現得更露骨的是一個叫比布爾的英國商人。對他來說，沙皇統治的結束創造了一個巨大市場。只要德國被排除，英國將可望從俄羅斯的中產階級賺一大票：這些經驗缺乏的客戶至今仍然沒有意識到他們對腳踏車、攝影機和薩納托根滋補酒的需要。在一九一八年最黑暗時刻發表的一份報告中（當時俄羅斯內戰導致大量小孩挨餓），比布爾列出最有利可圖的市場部門：製藥、科學和光學儀器、攝影器材，以及（「因為刮鬍子已經成為時髦」）剃刀和專利肥皂。比布爾指出：「鋼琴生意是俄羅斯提供的大好機會之一。」53

理論上，只要列寧有提到任何一點這些關鍵字句，他關於大戰具有帝國主義和資本主義性質的主張，對任何人都會變得相當清楚明白。他還可以更加強調英國拒絕允許俄羅斯流亡人士返國——這是另一個讓資產階級本質更加昭然若揭的政策。他無法說出要在世界上實現社會主義需要多久時間，但他確定這計畫會成功，然後所有債務將會消失，所有腐敗將會匿跡。他也許可以補充說，他的回國之旅符合德國人需要的事實雖然讓人遺憾，但這是不相干的。正如托洛茨基後來指出的：「對魯登道夫來說，這個冒險行動取決於德國的嚴峻軍事情勢。列寧利用魯登道夫的計畫來推進自己的目的。」54

問題大概在於，就像後來的歷史所證明的，到頭來，大部分俄國人會喜歡比布爾先生的腳踏車多於列寧的階級戰爭。列寧自己對此當然早有懷疑：一些馬克思主義者用「虛假意識」（fasle consciousness）一詞來形容人民的耽於安逸。他還知道，真正的農民只希望得到正義和一片土地。為了把他的革命落實，這位領袖必須準備好扮演羅伯斯比爾的角色。如果人民看不出來他們的真正自由繫於什麼，他就必須強加一種革命獨裁政體給他們，直至他們準備好並明白為止。這期間，他必須讓自己高於尋常百姓，變成歷史的理想工具：一個清廉、無罪的新人。就像帕萊奧洛格在一九一七年四月所說的，列寧看來「是個薩佛納羅拉和馬拉的混合體。」[55]（編注：薩佛納羅拉是十五世紀佛羅倫斯領袖，反對文藝復興，執政嚴厲。馬拉是法國大革命領袖之一，建立恐怖統治的雅各賓專政。）在現實生活中，他把那些不可達到的理想混合於一個教師的賣力苦幹和一個擁有整齊排列的鉛筆和珠簾裝飾燈罩的男人那強烈的控制欲。

非法資助是骯髒的小罪惡，但說謊長期來說具有侵蝕性。列寧不是選擇把自己接受德國金援的真相告訴大眾，而是訓斥他們。他不是選擇相信他們，而是選擇說謊。為了拯救他們的軟弱，這是他短期要付出的代價。然後為了讓一億五千萬人得到自由，他又把他們置於一群無情的政治精英的控制之下。

在接下來的年月，布爾什維克成員始終強烈懷疑有外國間諜和叛徒置身在他們中間。它的活躍份子必須看似完美。想要開始重建任何帝國（更遑論是第一個無產階級帝國）都是一個不可能的重擔，而到了一九一七年年底，條件更是差得無可再差。托洛茨基在回顧這些可怕的月份時寫道：「國家是那樣的絕望，經濟是那樣的低迷，讓人懷疑是否還剩下足夠的力量可以支持一個新政權和保存它的獨立性。」[56]最不為人知的祕密是所有主事者私下也懷有疑慮。雖然他們向世界宣講自己的政治信條，但他們自己並不太相信。

第十一章 同行旅人

二十世紀的雅各賓派不會把資本家送上斷頭台——追隨一個好榜樣不代表要照抄。

——列寧

聖彼得堡有很多革命神龕，其中最怪的一所（只對預約的團體開放）是一棟位於高樓層的小公寓。它是史達林第二任妻子的父母親阿利盧耶夫妻在二十世紀頭二十年住過的地方，一九三八年，時值史達林恐怖政策的高峰期，開放作為博物館。雖然史達林經常來，但因為列寧在一九一七年七月在這裡躲藏過，所以讓這地方在蘇聯期間成為了一個聖地。博物館經歷了很多轉變，但一幅讓人錯愕的繪畫始終掛在它的小小展示空間。那是一個叫索科洛夫（一八七五～一九五三）的藝術家的作品，主題是列寧在一九一七年四月三日抵達芬蘭車站的情景（參見彩圖24）。在博物館三個房間中（都是小小間和充滿印花棉布），它是最明亮的展品。

藝術史家會知道這幅畫的風格稱為「社會主義寫實主義」——在一九三〇年代，蘇聯所有繪畫幾乎都是這種畫風。就像很多這類構圖一樣，全都看起來陽剛且表現出樂觀的意向，它長於社會主義多於現實，不過，作為主要焦點的列寧仍然足夠清晰。穿著黑色西裝、黑色領帶和揮舞著他的招牌帽子，這位布爾什維克領袖從清楚標示著「三等」的車廂踏下火車階梯。他的表情有一點呆板，但畫家也許是為了讓他顯得像是聖像畫裡的聖徒。在其他方面，這都是一幅俗世的繪畫。就在銅管樂隊與他們的樂譜奮鬥之際（很難看出來前景處的長號手要怎樣移動他的手肘），其他每個人都圍攏在火車的暗綠色車門四周，有些人揮舞著鴨舌帽，其他人把橫幅高舉過頭。臉蛋光亮，顏色鮮豔，每個人都心情愉快。

除了列寧，只有一個畫中人被容許整張臉往外看。這個人的凝視在灰暗的火車中炯炯有神，他的黑色八字鬍別無分號（就像彎曲的眼眉）。不理會一個令人尷尬的事實，索科洛夫把史達林畫成列寧的同車夥伴之一。事實上，史達林從未出現在列寧的火車廂，畫家卻讓他站在比已故領袖還要高一階的階梯，就像他是個導師或監護人。這一類謊言在一九三〇年代並非不尋常。例如，在一九三七年四月，當蘇聯慶祝列寧凱旋回到在芬蘭車站二十週年紀念時，《真理報》感覺有責任假裝史達林一直是彼得格勒的真正當家。[1]索科洛夫更進一步，創造出一個視覺童話，讓人預嘗到即將來臨的共產主義歡樂。僅僅看一眼這幅畫便足以知道，花束和閃閃發光的鋼鐵有朝一日都將會為史達林所有。這種繼承關係是直接和絕對穩固。列寧固然是蘇維埃社會主義共和國聯盟毋庸置疑的創建人，但他的繼承人和真正的弟子史達林卻將會是那個建立世界上前所未見最偉大、最自由和最快樂國度的人。

破解這個迷思的解藥在房間另一個角落裡——一個齊腰高的暗淡玻璃箱。在史達林專政期間受到打壓，那是一張打字的名單，字體是西里爾字母，內容是那些在著名密封車廂裡完成旅程的乘客。[2]這一次史達林不見蹤影。很多名字看來都讓人覺得陌生，因為很多人用的都是假名。普拉滕和拉迪克的名字都不在名單上，因為他們沒有獲准進入俄國。這份展品沒有提供評論，但我們不可掉以輕心，因為它一度是稀有的祕密之物。大部分名單上的名字都已經從蘇聯的歷史書上刪除，而到了史達林死去的時候，擁有這些名字的個人大部分都已經被遺忘。他們的問題是知道得太多：他們知道列寧並沒有把史達林看成繼承人，知道其他可能繼承的人選是誰。他們甚至多少知道，在醉人的夢想幻滅之前，他們希望建立的是哪種國家。

密封火車在德國警衛的看守下穿過歐洲距今已經一百年，但這個故事仍然重要，甚至發出讓人困擾的回響。在俄國，那裡的國民很少擁有希望的時刻，特別讓人感覺強烈的辛酸。那些在一九一七年初春被推上位子的政治人物對於掌權感到恐懼。另外，他們沒有把權力用於解決讓他們得到權力的悲憤情緒，反而用它們來擺布群眾。民族主義報紙和飢餓的退伍軍人聯手勒索筋疲力竭的大眾，逼他們接受又一年的戰爭。右派把一切怪罪猶太人和社會主義者，左派使所有人反對被他們稱為資產階級的類型，所以到最後民主只能像條生癬狗那樣偷偷摸摸圍著革命邊緣打轉。反觀列寧提供的答案也許有一陣子看似有魅力，但人民不會透過獨裁得到自由，而暴力也不是為他們帶來和平的方法。

這齣戲劇一樣為外國人提供了引人好奇的角色。一個本來只供霍爾和諾克斯之類參與的高級冒險故事，很快就轉變成為每個人都被捲入其中的悲劇。以同樣的方式，近年來曾經有過很多個滿懷希望的春天（不獨是在斯拉夫世界），全都見證著喊著口號的群眾帶著鮮花、旗幟和蠟燭去追思神聖的死者。現代隨著暴君被趕下台，世界強權思考敏捷的僕人仍然計畫介入，資助一些他們幾乎不了解的派系。在一九一七年，他們的前輩對俄羅斯也有著一組清晰的目標。他們希望擁有贏得大戰的優勢，希望自己的全球影響力可以持續下去。他們也希望在和平中是贏家，買下俄國的礦產，把自己品牌的刮鬍肥皂賣給它的繁榮城鎮的商人。後來，目標的先後順序也許已經有了改變，但政府顧問的性格和他們的基本目標並未改變。在一九一七年，俄羅斯悲劇中所有外國演員的計畫都弄巧成拙。在這個過程中，歐洲強權成功摧毀了俄羅斯成為一個自由民主政體的第一個也是最後一個機會。

對這個故事中的歐洲演員來說，最不受歡迎的教訓便是最終的買單費用。德國外交部官員一度對於帕爾烏斯的獅子大開口猶豫不決，但在列寧政變成功之後，大胖子的開銷如今看起來只是零頭。到了一九一八年五月，俄羅斯這時是所有紅和白兩色的戰場，歐洲各交戰國的祕密使者全都累積出龐大帳單。德國駐俄羅斯新首都莫斯科的公使米爾巴赫寫信向柏林請示：「我仍然設法反擊協約國的努力和支持布爾什維克。不過，我希望知道整體的情況是不是足以支持更大的花費。」他得到的回覆毫不含糊：「如果需要更多的錢，請來電報告知是多少。」米爾巴赫相信，他的需要是一個月三百萬馬克。兩星期後，一份祕密德國備忘錄把估計提高為四千萬馬克或更多。理由之一是應付英國和法國的競爭壓力。[3]

不過，花錢如流水還不是最糟糕的。另一個讓人不快的發現是，原來列寧及其追隨者有一些連德國軍官都控制不了的計畫。布爾什維克上台不到兩個月，拉迪克在斯德哥爾摩的總部就在德國內部進行煽動，呼籲德軍放下武器，提倡革命和詆毀德皇的臣下。柏林一個憤怒的副部長抱怨說：「我們被描繪為奴隸監工和工人的壓迫者。我們被說成把工人領袖關到集中營，用子彈和火藥來安撫婦女和老人的飢餓。」[4]隨著德國平民在大戰最後一個冬天受的苦愈來愈深，這一類宣傳（出自拉迪克的流利德文）肯定會找到一批現成讀者。

最難讓人接受的教訓是，沒有任何在俄國發生的事可以拯救得了德國。外交部原計劃只把列寧利用至俄軍解體：一旦他達到了這個目標，他們就可以把他留給狼群。這種表裡不一被認為是取得戰爭勝利所必需，也沒有人被認為應該為附帶傷害哀悼。米爾巴赫在一九一八年四月寫道：「在布爾什維克手中，聖城莫斯科代表的大概是俄國革命對品味和格調最刺眼的破壞。」對此，德皇威廉二世評論說：「這不關我們的事。這場大戰本身就缺乏格調。」兩星期後，讀了米爾巴赫有關克里姆林宮內一個會議的悲觀報告，威廉斷定「他〔列寧〕已經完蛋」。[5]事實上，在六個月之內，完蛋的將會是威廉自己。

戰敗把災難帶給德國政府，把悲慘留給大多數德國人民，但每個人都隨著壓力的增加而受苦。蘭塞姆在一九一七年夏天告訴母親：「如果有一天我回得了家，我會喝一大堆啤酒，避開所有知道一個自由派和一個保守派區別何在的人……我將**永遠**不讀報紙。」[6]喬治・布坎南爵士的健康幾度崩潰，但幾乎彼得格勒的每個外國官員莫不如此。當威廉斯回顧俄羅斯革命時，首先感受到的是興奮和快樂。他寫道：「有一些重大的情緒。有一種很深的喜樂，一種激烈的絕望、憤怒、鄙夷和敬畏，而在這一切之外，是充滿樂趣。」但就連威廉斯都成了一個失望的人。他在結論裡說：「有時你會感覺有太多幻象被撕破，感覺你看見了此生中不宜看見的東西。」7

布爾什維克上台之後，布坎南無法繼續留在俄羅斯。他於一九一八年一月離開，筋疲力竭得近乎解體。倫敦沒有一個目標獲得實現。作為一個整體的協約國如今瓦解了。英國和蘇俄雖然會在一九二一年簽署一份貿易協定，但兩者的關係總是敵對，欣欣向榮的通商夢想從未達成。雖然有著明顯意識形態差異，但德國和蘇俄是兩次世界大戰期間的主要夥伴，這部分是第一次世界大戰的戰勝國將它們同時排除在歐洲主流之外導致。直到一九四一年夏天，在納粹德國空軍飛進俄國空域摧毀史達林一千二百架軍機之前，莫斯科仍然和柏林保持戰略聯盟關係。霍爾爵士在革命爆發前就離開了俄羅斯，因此沒機會從錯誤中學習——雖然這種錯誤是沙皇統治解體後，每個人都可能會犯的。不過，在當年稍後，他被外派到義大利，繼續從事間諜遊戲。戰爭的壓力考驗著英國在歐陸的所有盟友，而在義大利，士氣進一步被以彼得格勒蘇維埃為精神導師的左派和平主義者的活動挫傷。為了抵消這些和平抗議者的影響力，霍爾授權暗中支付每月一百英鎊給一個前途看好的義大利記者。三十四歲的墨索里尼當時業已顯示出自己是一個有說服力和剛猛的人物。他和霍爾一些年後將會再次碰面。在一九三五年的時候，作為英國外交大臣，霍爾是《霍爾－拉瓦爾協定》的設計者：這惡名昭彰的協定從未落實，原意是放任墨索里尼在阿比西尼亞一些地區動用坦克和毒氣。[8]

對戰敗方德意志帝國的清算在一九一九年上演。當德國外交官列隊進入凡爾賽宮的鏡廳時，他們沒有多少老朋友可以依靠。德國代表團的領導人是帕爾烏斯從前的資助人：駐哥本哈根公使布羅克多夫－蘭察伯爵。就像帕爾烏斯那樣，他最快樂和最有創造性的日子已經過去。列寧並沒有向舊時的恩人報恩，而大部分人在發現為時已晚以前都不明白會發生什麼事。

已經歸化德國籍的帕爾烏斯在聽說《凡爾賽條約》的內容之後非常驚恐。他從位於柏林附近的新基地警告戰勝國：「如果你們摧毀德國，將會讓日耳曼民族成為下一次世界大戰的發動者。」[9]大胖子開始相信歐洲和人類的未來有賴於一個強大的德國和一個統一的西歐。他對列寧的俄羅斯沒有心存幻想，認為它只是沙皇制的輪迴轉世。讓他不爽的當然還有列寧沒有獎賞他，而蘇俄又把他定位為叛徒，讓他被排除在一齣他一度夢想指揮的戲劇之外。瑞士警察因為他戰時的經濟犯罪下令逮捕他。[10]雖然受挫但仍然有著戰鬥精神，他用一部分財富在柏林外圍的施瓦能島給自己蓋了一座府邸。這座位於「萬湖」中的府邸雖然有自己的浪漫海灘，不過論豪華仍然是不能和包爾拉克飯店比。他在寫給一個年輕朋友的信上說：「真是可怕，我需要的是轉變和生命，但我看見的盡是衰敗、黏滯和錯位……我想要有知性的創造、希望的歡愉、精神成就的勝利、新發現的喜樂——我樂於再一次感受到文明的心跳。」[11]

這種喜樂永遠離他而去。帕爾烏斯死於一九二四年，得年五十五歲。拉迪克寫道：「年輕一代都知道他是工人階級的叛徒，一個社會主義愛國者。他結合了一個德國社會民主黨人和一個投機者的精神於一身。」[12]出自一個從前的朋友之手，這段文字相當殘忍，但更糟的還在後頭。史達林很快把他的名字加入敵人和過氣者的名單。莫斯科不再提起這位家財百萬的社會主義者，不存在他的牌匾、塑像或提到他的書本注腳。就像預期到自己會湮滅不彰，他在人生最後一個月摧毀了自己的大部分文件。他的財富也消失了，被燒掉、埋掉和揮霍掉，讓他非凡的生涯不留下一絲痕跡。

帕爾烏斯低估了列寧的冷酷無情，而德國人也未能及時意識到，列寧的個人使命感讓他認可任何暴力。不過，最大的受害者還是列寧自己的社會。在舊的仇恨還沒有機會痊癒之前，新的仇恨（由階級語言作為燃料）像火焰一樣席捲群眾。高爾基年老時曾帶著阿諛奉承的心緒指出：「一個領袖沒有一些暴君性情是不可能擔任領袖的。死於列寧之手的人八成比死於閔採爾（一四八九～一五二五，編注：宗教改革時期的激進派領袖，發動德國農民戰爭的代表人物，一五二五年五月，閔採爾在戰役中被俘，牽連六千個農民被殺）之手的更多，但如果不是這樣，對列寧領導的革命的抗拒將會更廣泛和更強勁。」[13]

雖然沒有目擊過任何一場戰爭，列寧是在一個被機械化屠殺扭曲的世界裡奪得權力。藉口要終結這場屠殺，他使用戰爭的新科技，在三年的內戰中，他的人民的血肉受到乾草叉、十字鎬、刀和牙齒的撕裂。沒有感情用事或者後悔的餘地。生存鬥爭口號、謊言和意識形態。當時的一首詩這樣交代：「炸開／劈開／舊世界！要無情／扼死／命運的皮包骨身體！」[14]

因為是信得過和有經驗的同志，和列寧一起乘坐密封火車的同伴注定被革命的風暴捲走。烏謝維奇是第一個死去，死於內戰的一場早期戰爭。不過，作為新的銀行政委，一個叫索科利尼科夫的經濟學家卻找到別的辦法償還前往彼得格勒的廉價火車位票價。一九一八年當列寧的政府需求現金孔急之時，他主導了對俄羅斯資本家財產的侵占：打開數以十萬計的私人保險箱，取走裡面的東西。到了這一年年底，這種大規模搶劫得出了五億沙皇盧布（約合兩億五千萬美元）。[15] 與此同時，忠心的菲爾斯滕貝格被委以他專長的貿易和供應工作。他花了幾個月時間大量購買靴子，然後被升為國家銀行的行長，這個角色讓他可以剝削在斯德哥爾摩的金融人脈。

但不是每個人都是這麼輕鬆。經過多年不知倦怠的地下工作之後，什利亞普尼科夫犯了一個錯誤：和彼得格勒工廠的工人繼續保持直接聯繫。他覺得自己別無選擇，因為他們都是他的老戰友，而作為一個熟練的車床加工工人，他認同他們的擔憂。所以，就像他們一樣，當他看到列寧變得像過去任何工業鉅子一樣專制和無情時，他滿心驚恐。什利亞普尼科夫的人馬從一九二〇年開始便就工人控制和工會權利的問題跟列寧發生碰撞，不過卻是混合經濟的引入（所謂的「新經濟政策」）和向資本主義的讓步，導致他的「工人反對派」全面造反。在一九二一年，列寧形容這個新派系是「威脅我們繼續生存的最大危險」。[16] 什利亞普尼科夫在革命前表現的忠心不被當一回事，他的追隨者和他們的觀念受到槍彈驅散。從此，任何派系活動都被禁止。所以，才四年時間，布爾什維克便對當初促使列寧奪權成功的動力背過身去。

蘇維埃的專政——它承諾帶給所有勞動人民自由——創造出一個暴政政權。但它當初鼓吹的夢想仍然有力，所以當列寧在一九二四年去世時，國人由衷悲痛。史達林則是另一回事。在一九三九年，前彼得格勒活躍份子拉斯科爾尼科夫在公開信中告訴這位人民領袖：「你的社會主義只在監獄裡為建設它的人找到空間。你的個人專政和無產階級的專政沒有任何共通之處。」[17]哪怕已經逃到了法國，但拉斯科爾尼科夫在寫下這番話沒有多久就死了，大有可能是被毒死。不過沒有人找到元兇，也沒有幾個人費事去找。問題在於共產主義者一般來說不太信任究責。他們的意識形態教導他們，沒有個人可以質疑集體事業。史達林的未來受害者緊緊抓住列寧的馬克思主義修詞，企圖自圓其說，藉助社會力量和階級鬥爭來遮掩個人的邪惡。

從來沒有人挑戰革命作為一個目標的必須性。相反地，他們想出各種理由來解釋為什麼俄羅斯未能達成革命的要求。當他們怪罪完農民之後（這是俄羅斯的國民遊戲），他們又回復破壞性的自我檢討。畢竟，歷史不可能錯誤，所以必然是歷史召喚來為它服務的人不知怎地有所不足。有幾十年時間，各種共產主義者都批評他們幾近磨損的意識形態，定義和斥責彼此的錯誤。這些辯論和一九一七年蘇維埃的辯論相呼應，因為它們都是抽象、立意良好、有文化和注定徒勞的。一個當時候的人寫道：「在反對舊政權的革命鬥爭的環境下長大，我們全都被訓練成為有著一種反對主義者心理，一種不能遷就的不服從主義者心理……簡言之，我們都是批評者和破壞者，不是建設者。」[18]

到了一九二七年年底，即列寧政變成功的僅僅十年後，史達林在克里姆林宮幾乎大權在握。

當法國共產主義者塞爾日當年十二月到克里姆林宮的套房造訪拉迪克時，他發現，這位失去名譽的政治人物正在打包，準備走人。拉迪克沒有財富，能顯示他一生事業的只有一大堆書。他憤怒地說：「我們都是絕對的白痴！當我們本來能夠為自己保留一些漂亮的戰利品時，我們沒有去弄半毛錢！今日，我們因為沒有錢而被殺死。我們以革命份子的老實著稱，但我們只不過是過分潔身自愛的知識份子蠢蛋。」[19]

那些「過分潔身自愛的知識份子蠢蛋」都已經輸了：托洛茨基被放逐到中亞；卡米涅夫被逐出黨，受到史達林警察的追捕；拉迪克被送去了西伯利亞的托博爾斯克。就連分享他們反對史達林立場的克魯普斯卡婭也成為一個造謠運動的箭靶。托洛茨基指出：「在黨機構的行伍內，他們系統性地中傷她，抹黑她，貶低她。」一個謠言是伊涅薩．阿曼德才是領袖的真愛，克魯普斯卡婭被說成是個負累，邋裡邋遢又愚蠢可笑。一度，史達林甚至喃喃說過，他可以讓「另一個人成為列寧的遺孀」。[20]幕後的威脅和霸凌讓生病的克魯普斯卡婭在一九二六年之後陷入沉默。在接下來的年月（她死於一九三九年），這個曾經不知疲倦的地下工作者和一輩子的社會主義者被封口：她對列寧因為知道得太多而受到防備。她的回憶錄甚至要在刪去托洛茨基的名字後才能出版。

季諾維也夫隨著卡米涅夫在一九三六年被槍決。他的兒子斯特凡——他小時候非常受到列寧喜愛——在一九三七年被槍決。季諾維也夫的第二任妻子和一九一七年的旅伴被放逐到最北部的一個勞改營，然後在一九三八年被槍決。他的第一任妻子——曾經以尖銳笑聲激怒列寧的奧麗加・拉維奇——被逮捕，在北極的勞改營待了二十年。所以說，年齡和性別都不足以保護一個人。殘障也是一樣。什利亞普尼科夫受到的折磨特別殘忍。一九三三年，他寫信給史達林，表示自己幾乎已經全聾，希望可以退隱到自己的安靜世界去。作為回答，史達林第二年讓他接受審判和放逐到科拉半島——世界上最冷的地方之一。他在幾個月後被召回，加以羞辱和恐嚇，然後獲釋，之後再次被逮捕和審判。他受到的折磨遠遠不是他在沙皇警察手底下受過的那些可以望其項背。一九三七年九月，不管他怎樣自稱無辜，他仍然因為被認為涉入所謂的季諾維也夫陰謀而被槍決。[21]

如果又聾又衰弱的什利亞普尼科夫都逃不過死亡，那麼蘇哈諾夫（一本孟什維克份子和俄羅斯革命最好回憶錄的作者）當然更注定是克里姆林宮的眼中釘。雖然為人總是尖刻，他留在俄羅斯參與它的未來，他曾經在塔夫利宮的階梯帶著狂喜瞥見這個未來。但他的雄心被證明是一個陷阱。蘇聯作家葉菲莫夫寫道：「我們要怎樣才能形容那些完全知道可怕災難逼近卻又不知道怎樣逃走，怎樣自救，像在一個夢魘裡面呆若木雞的人？」[22]蘇哈諾夫在一九三一年一次早期清洗中被捕。去到上烏拉爾斯克的勞改營之後，為了企圖逃避自己的命運，他告訴祕密警察，他在受審的幾個星期前曾經自願配合，出賣了很多朋友。祕密警察把他從擁擠的宿舍帶走，從此外面世界沒有人再聽過他任何消息。[23]

拉迪克的策略大體相似。被放逐到托博爾斯克讓他無法忍受，所以他在一九二九年春天寫信給史達林，表示願意接受黨的新路線，譴責托洛茨基是恐怖份子，求史達林放他回莫斯科為政府服務。史達林讀信後心情愉快，成全他的願望，自此有幾年時間，拉迪克都是史達林的阿諛奉承者和發言人。但他業已因為他口沒遮攔的風趣受到警告。莫斯科人都打趣說，每個諷刺史達林的笑話都是來自拉迪克。「大部分人的頭都會控制他們的舌頭，拉迪克卻是頭被舌頭控制。」史達林說。[24]拉迪克在一九三六年十月因為叛國罪的指控被捕，於翌年一月受審。和他一起受審的包括經濟學家索科利尼科夫——另一個列寧密封火車的車友。不尋常地，兩個人都沒有被判死刑：拉迪克是透過誣告一些從前的同志得以倖免。這種出賣讓他不用吃子彈，卻沒有能救他的命太久。拉迪克和索科利尼科夫都在各自的勞改營被打死，時間相隔只有幾天，殺他們的人把事情弄成看似意外。[25]

因為是波蘭人和生意人，有效率又仍然穿著漂亮的西裝，菲爾斯滕貝格完全不知道自己被盯上。他已經不再負責金融事務。出於當時典型的荒謬作風，他被派去管理音樂和娛樂事務，然後，在另一次洗牌之後，他又被派去管理莫斯科的馬戲團和公眾音樂會。他的「骷髏之舞」結束於一九三七年七月。當警察搜查他的公寓時，他設法寫一張便條給史達林。他把鉛筆握得太緊，以致一再把鉛筆折斷。他寫道：「一件夢魘般的悲劇事件發生了。他們今晚要逮捕我！他們業已視我為敵人！怎麼回事？怎麼會發生這種可怕的誤會？」[26]

當然不存在誤會這回事。警察從菲爾斯滕貝格的公寓沒收一批「有危害性」的書籍，包括很多這位生意人曾幫助過的同志的作品：拉迪克、托洛茨基、季諾維也夫、卡米涅夫和什利亞普尼科夫。雖然在執行逮捕的官員提筆寫報告前，這位中央銀行前行長很可能把一或兩件紀念品放入口袋中，但他們的報告還是認定，行長先生除了擁有二美元和一批古董手槍之外，沒有值得一提的有價財物。接下來的步驟是例行公事：簡短但有禮貌的盤問、毒打、含淚的申辯和在一個血漬斑斑的房間裡進行羞辱。他的折磨者比平常克制，黨不想要讓德國現金轉帳的往事曝光，但是菲爾斯滕貝格在經過十五分鐘審判後被槍決——他的妻子和兒子也是一樣。[27]他的女兒在勞改營待了多年，一直相信自己的媽媽和哥哥還活著。至於那個曾在密封火車上充當中間人的瑞士社會主義者普拉滕，他在一九一七年無法入境之後曾進出俄國多次。在為蘇俄服務了近二十年之後，他在一九三九年被捕，放逐到阿爾漢格爾斯克地區，一九四二年死在那裡。[28]

列寧的真正對手往往比較好命。在那段還有機會逃亡的短暫期間裡，臨時政府和蘇維埃執委會的好些成員逃到了法國（德國不是選項）。到了一九二〇年代，巴黎已經有了一個活躍和好議論的俄國僑界。齊赫澤和采列捷利都住在那裡，和他們從前的對手（包括李沃夫、捷列什岑科和米留科夫）一起過著流亡生活。雖然抽著長雪茄時從不討厭爭論，但這些紳士現在傾向於把閒暇時間用於為文為自己辯護。他們很多人都為俄文報紙寫稿。不過，最有決心的人卻撰寫回憶錄。米留科夫在回憶錄裡仍然痴迷於外交政策和自由改革的議題，采列捷利的回憶錄是後來到了紐約才寫，則是努力重構那個致命春天的痛苦妥協。

但論名氣，兩人都不及克倫斯基。饒富戲劇性的人生追隨他直至最後。他的內閣的大部分成員都在一九一七年十月被捕（他們先前移師到了冬宮的「白色餐廳」），但他卻乘坐一輛美國大使館的車子逃走了。[29]他原本計劃組織一次反對列寧主義者的起義，但沒有落實。在洛克哈特（現在是英國情報小組的頭子）的幫助下，他用假簽證離開俄羅斯，加入法國的俄羅斯人社群。一度備受愛戴和讚揚的他在法國起初生活低調，繼續責罵布爾什維克。他在一九四〇年希特勒的部隊逼近時第二次逃亡。他的未來是寄託在美國。

列寧始終是他的不共戴天之仇。當其他人都已不太談論密封火車之事時，他卻念茲在茲，總是後悔自己沒有足夠時間證明列寧和德國政府有所勾結。所以，怪罪列寧成為了他可以脫罪的方法，也讓他可以主張俄羅斯（不管是前線還是在大後方）本來不是注定完蛋——哪怕愈來愈多證據顯示與事實相反。雖然為這些悲劇哀痛，但他很快就適應了新大陸的生活，而他的老年愉快地結合了學術生活和小名流的生活。他出版了好幾個版本的回憶錄，又幫助編撰了一部一九一七年文件的多卷本選集。[30]他在史丹佛大學的一個教授同仁回憶說：「雖然克倫斯基有時為人冷淡，但他交了一大批學術圈朋友，喜愛參加派對，和人人都處得來，特別是女士。」[31]

根據一位俄羅斯觀察者指出，到了一九三七年，蘇聯大眾已經「徹底厭倦了政治」，只想要「不受騷擾地平靜生活」。[32]那是一個每個人以前就聽過的呼求，而成熟的蘇聯政權當然需要暴力以外的方式去勞役人民。就像托洛茨基以另一種方式說過的：「在統治者的武器庫裡沒有死刑，就無法強迫廣大群眾去為他們送死……但軍隊畢竟不能僅靠懲罰來維持。」[33]一九三〇年代的政治宣傳為自己的文類建立了標準。把所有有趣的大眾事件結合於滿懷希望的動人信息，它為公民提供了一個閃閃發光的夢，以代替個人的舒適和傳統的共同體。這個夢是假的：黨的一票領導人是沒有魅力和惡毒的小集團，但列寧總是和人民同在（至少口號是這樣說），而他不是那種會讓人民失望的人。

列寧崇拜是一個明顯的謊言。它凡事不是捏造就是簡化，把它的英雄化約為沒有說服力的石膏聖人，一位卡通化的弗拉德大叔（Uncle Vlad）。這位大叔曾讓數以萬計的人去死，他創造的系統是一個讓人窒息、殘忍和貧瘠的系統，是一個為幾十年專制而設的工作坊。但對他的崇拜全都是立基於人民和他們對混亂和另一次內戰的恐懼之間。把他的屍體永遠保存下來供人參觀的想法是經過多年緩慢發展而成，但到了一九三〇年代，他的陵墓和裡面的屍體被永久地留在紅場。

那個陵墓是對被列寧摧毀過的無數身體的一個侮辱，而他的遺體也沒有任何理由要保存，除非是證明一隻怪物毫無疑問真的是死了。雖然史達林在私底下較能這樣想事情，但對外，他利用列寧的遺體作為一件神聖遺物。到了他當權的時候，一九一七年的所有高度熱望已經褪色，但崇拜死去的列寧可以給它們打強心針。不朽的列寧讓任何感到懷疑的想法丟臉，他的神龕提醒每個人，俄羅斯人是人類邁向社會主義的先鋒。活著的時候，這個世界最偉大的布爾什維克份子曾經領導他的人民從事神聖的鬥爭；在信仰中，在他的幫助下，他們將會繼續為人類集體命運而戰，必要的時候不惜一死。為了避免分心和軟弱，就連蘇聯人民都需要有人領導，而這個湊巧是史達林的強項。

列寧崇拜維持了六十年，因為它讓一個破產的政體保持完好無缺。列寧固然死了，但他總是近在咫尺，方便又可靠。只要蘇聯帝國存在一天，則列寧的銅像雖然可能會被嘲笑，卻不會被拉倒。挖苦列寧的笑話之所以風趣，正因為他人就在那裡，就像廚房瓦斯爐那樣不能動和讓人放心。《真理報》在一九六七年四月十六日（列寧抵達芬蘭車站五十週年紀念日）寫道：「禧年到了！讓我們好好開始！」這些話沒有意義，而印著它的報紙也有可能在幾小時內就成為茅坑的衛生紙，但列寧把宇宙舉得極高，而任何改變都幾乎保證會帶來災難。透過如同變戲法的手法，歷史上最傳奇之一的革命被膨脹一倍，以強大而警醒的國家價值向人民佈道。

最危險的時刻是一九八〇年代晚期戈巴契夫宣布他的開放政策之時。接下來幾年，歷史學家撕下了蘇聯神話的每一個謊言：最先是有關古拉格，但很快就輪到一九一七年十月。在這個過程中，幾乎每一個蘇聯英雄都被揭發為一個流氓或賊。不過，列寧雖然受到了一些半心半意的攻擊，但下場比其他人好。他和伊涅薩的關係讓很多讀者分心，沒有留意那些講述他有多麼殘忍的故事。一九九〇年代初期，政府一度撤銷資助保存遺體的經費，但千禧年的臨近帶來了較好的日子和更厚的一疊鈔票。一個後期共產主義者在一九九七年四月的《真理報》寫道：「就連受僱文人都無法成功抹黑他的名字。」[34]這是另一句假話，因為研究人員已經找到了大量證據，可以證明列寧是個大規模謀殺犯。不過，對他的崇拜（還有他的木乃伊化遺體）倒真的是安全進入了後蘇聯時代。

普丁在二〇〇〇年當選總統，那之後有一陣子，俄羅斯領導人選擇聚焦在一個無可爭議的勝利（所謂的「偉大衛國戰爭」）而不是對充滿爭議的革命進行太多反省。對列寧政變的慶祝（每年十一月七日）在二〇〇五年被所謂的「民族統一日」（十一月四日）取代。後者是關於一件發生在一個被遺忘已久的世紀（十七世紀）的事件，而它的主角也和今日的任何人都無關。但隨著俄國革命百年紀念的逼近，列寧的角色明顯必須加以紀念。國家必須帶頭做這件事，以免主導權落在別人手上。於是主教們被召到克里姆林宮，歷史學家們——他們因為說了多年委婉語而下巴肉鬆垂——聚集在為他們保留的椅子上。麥克風就定位，溫暖的氣泡葡萄酒等著演講結束，一如往常，這些演講總是超過分配給它們的時間。[35]二〇一七年撥給革命一百週年紀念活動的預算多得驚人。總的來說，它要傳達的訊息是：很多人在革命中受苦受難，今日的俄羅斯人將不會忘記。

重點是要讓事情顯得平淡無味。在太溫暖的會議室裡發表的長篇演說最能夠做到這一點。[36]必須不惜一切代價把一個遙遠春天的影像（一九一七年二月彼得格勒的憤怒群眾和離開崗位的部隊）留在過去，因為它們在俄羅斯鄰國的重演業已危害到俄羅斯在波羅的海、喬治亞和烏克蘭的利益。馬提諾夫在二〇一五年的《新報》指出：「我們將會紀念羅曼諾夫王朝四百週年，緊接著是紀念十月革命一百週年。我們將會紀念『契卡』〔列寧的祕密警察〕，然後又毫不延遲地紀念政治壓迫的受害者……普丁、史達林、列寧和尼古拉二世手挽著手把俄羅斯從一個勝利帶到另一個勝利。」[37]如同以混凝土悶死早熟的嫩芽一般，慶祝活動也會在任何笨拙的好奇心能發聲前把它壓扁。就像文化部長梅金斯基所說的，二〇一七年的一系列百年紀念活動將會鼓勵大眾「明白強大國家權力對俄羅斯的重要性——這權力是受到各種不同人民的支持」。[38]

如果列寧的屍體能夠保存完好，那將不是出於偶然。要花很大功夫才能讓他保持新鮮。每年，聖誕假期不久之後，莫斯科人會看見一輛救護車穿過紅場。它是要把列寧帶去保養。在二〇一五年，隨著這位領袖一百四十五年誕辰的逼近，某個有影響力的人決定讓他換一套新西裝。在一個特殊實驗室裡，專家們脫去他的褲子、外套、舊襯衫、領帶和羊毛襪。在這些衣物下面，屍體總是穿著一件雙層的透明橡膠連身緊身衣，用以保存在皮膚上流動的防腐液體。要脫去這緊身衣需要細巧手藝，但執行的手指訓練有素，因為這件事九十多年來都要定期進行。脫掉緊身衣之後，赤裸裸的屍體必須用一系列的化學藥物浸泡，這些藥物一種比一種毒。然後一種新型的橡膠膜會套在屍體上，把防腐液體封住。做完這個之後，裁縫就可以為屍體量度尺寸。[39]

雖然已經死了，但列寧對普丁的俄國來說是一個尷尬的存在，這個俄國本身是一件人工製品，它的油光亮麗大衣底下藏著深不見底的腐爛。當前的政權以舊時代的沙皇作為仿效對象。普丁大量借用了羅曼諾夫王朝的偽拜占庭風格，而就像沙皇一樣，他大肆利用俄羅斯的極端民族主義教會。在二〇一六年一月，大概是為了測試大眾對於除去紅場上那具昂貴屍體的意向，普丁大膽指控列寧曾經透過鼓勵民族自治運動動搖俄羅斯的統一，更重要的是動搖了俄羅斯對烏克蘭的牢牢掌握（編注：二〇一六年三月十八日，原屬於烏克蘭的克里米亞半島併入俄羅斯聯邦，實則是被兼併）。他在一個科學會議中指出，那樣的觀念就像是「在我們稱為俄羅斯的大房子下放一顆原子彈，而這大房子最後垮了」。[40]這番話引來激烈抗議，導致普丁的新聞祕書匆匆出面澄清，表示總統的話只是「個人意見」。[41]列寧的屍體也許是有毒的和需要幾百萬美元來保存，但他仍然有一種讓很多俄國人著迷的魅力。

「我們感激列寧。正因為列寧，我們才能繼續擁有這一切，我們才可以存活下來。」《真理報》博物館的管理員說。我們在莫伊卡河畔一幢精美的建築，她帶我參觀《真理報》在一九一七年二月到七月的製作之處。拜國家多年來的經費支持，有大量老東西被保存下來，其中包括列寧的小辦公室（皮革面的大書桌、綠色燈罩的燈、紙張和膠木電話）和隔壁的員工室（曲木椅子、圓桌子、散落的舊報紙和更多的書）。再來是印刷室，裡面空氣流通和光線充足。很少印刷機是原物，當初印刷《真理報》的那幾部已經不存在。這房間因為鋪了瓷磚地板而總是涼快，曾經被用作肉品貯藏庫多年，但博物館的人把它恢復為一個展示印刷史之處，把它弄得很漂亮。

問題是自從一九九一年之後，來這裡參觀的人數便直直落（這是每個列寧遺址都遇到的問題）。蘇聯的解體對革命產業來說是壞消息，而近來能夠從採購和電腦螢幕抽得出時間的俄羅斯人也不多。《真理報》博物館不再被列為戶外教學的必遊景點，而外國報紙的負面政治宣傳也讓外國遊客的參觀人數銳減。為了保住工作，博物館的員工被迫適應。我的導遊和我們一面走一面說故事。「這些房間現在被稱為寬容博物館。」因為我是在一場制裁戰爭期間造訪，所以覺得這個想法讓人驚訝，而列寧也許也會感到生氣，因為「寬容」並不是他的強項。不過在俄羅斯學校的新課程裡，相關的單元是必教課程。「這個展覽向我們顯示，俄羅斯從歐洲受惠了哪些東西。」我的導遊解釋說，就在我們交談的當時，歐洲乳酪正被推土機掩埋在俄羅斯－白俄羅斯邊界附近某處。「例如那台鋼琴是英國貨，而那部打字機是一九一四年之前在德國製造。」

博物館員工不應被責怪。有創意、有活力和有熱忱，他們盡了所能讓人對這裡展出的東西感興趣。不過只要俄羅斯選民繼續迴避為政府選擇做的事負責任（這些事就像列寧主政年代做過的許多事一樣荒唐），就不會有光可以照亮一些關於過去的困難問題。太多的真相會讓人困惑，特別是當普丁的媒體策略是強烈奠基於他的安撫能力。讓列寧繼續死亡——這就是他的想法。如果人民無法在沒有列寧遺物的情況下活著，那就把一切像是核廢料那樣儲存起來，確保每個人得到平靜。在外頭套上一層橡膠薄膜可以同時保存生命之血和讓腐敗看不見。列寧火車的歷史必須被保存，但又絕不允許移動。一切都是神聖，但都不容許有所指涉。

我回憶起我參觀的第一間公寓博物館——列寧向兩個妹妹借住的公寓。那裡的其中一件展品是列寧的一張輪椅（諷刺的是它是英國製造），是一九九〇年代從莫斯科附近一間因為經費困難而要關門的博物館那兒搶救回來。它和聖彼得堡的環境顯得不協調，這特別是因為列寧在衰病之年並沒有重訪妹妹的公寓。不過，管理員很高興擁有這件物品，又自豪地把它推出來讓我摸一摸。不過之後她談到了時鐘。當我揚眉看著時鐘不會動的鐘擺時，她說：「我們無法修好它。列寧在這裡的當日它就在這裡，所以非常珍貴，不能送到修理店去。但我們又請不起一個專家登門修理。我們能做的只是把它保存在這裡。我們必須照顧好它。」那個時鐘從每一方面來看都已經停擺了，在在讓人有一種窒息感。

一度有過另一個列寧，一個既不平淡無味也沒有死去的列寧。這個人屬於希望的春季，生命是由革命界定。唯一一座還有活力的列寧紀念碑是最早的其中一座，由一個親身認識他的人所製作。那是聖彼得堡芬蘭車站外頭的塑像，是在領袖死後兩年的一九二六年豎立。雖然龐大且笨重，但這個列寧擁有本尊的所有精力。他高高站在一輛裝甲車上面，腳上是一雙瑞典皮鞋，左手插在銅背心的腋窩處，右手向前伸出——強而有力，永遠地發號施令（見彩圖39）。

鳴謝

就像列寧，我的旅程是很多朋友的功勞。如果不是霍根（Christina Haugen）在一個溼漉漉的星期日晚上出現，驅車載我到馬爾摩，我也許仍然在特瑞堡的碼頭。而她在「歷史媒體」（Historiska Media）的同事阿莫林（Lena Amuren）幫忙介紹托爾尼奧。馬茨凱維奇（Yulia Matskevich）是彼得格勒最好的東道主，尼科爾森（John Nicolson）為我在瓦西里島的「學院花園」（Academy Garden）提供華美住宿。

我在斯德哥爾摩的嚮導是沃爾克（Lars Ericson Wolke），他也帶我去了一些重要的瑞典檔案庫。我感謝耶夫勒（Gävle）瑞典鐵路博物館的恩斯特倫（Christina Engström）為我找到一些珍貴文件，包括列寧瑞典行那星期的火車時刻表。在我造訪托爾尼奧期間，托爾訥河谷博物館的人員——特別是皮克（Riikka Pykkö）——非常幫忙，又為我製作了好幾幅我使用的照片。我還要感謝聖彼得堡和附近的列寧博物館的管理員分享他們的專業知識。他們愉快而詳盡地帶我參觀，幫助我對列寧在大戰期間的生活有所了解。我從他們每一位獲益良多，也由他們而能夠多少知道列寧在今日俄羅斯的聲譽。對最初的介紹，更多的感謝是要獻給馬茨凱維奇、西德麗娜（Natalia Sidlina）和斯米爾諾娃（Aleksandra Smirnova）。

在家鄉，我獲得以下諸位的熱情支持和明智建議：貝內特（Gill Bennett）、布爾（Victoria Bull）、霍爾曼（Valerie Holman）、萊文（Sue Levene）、麥克英泰（Anne McIntyre）、米勒（Nicola Miller）、皮爾金頓（Anna Pilkington）、雷菲爾德（Donald Rayfield）、湯姆森（Ian Thomson）、沃西特（Alexandra Wachter）和懷特（Mark White）。二〇一五年十一月在赫斯特（The Hurst）參加第一屆阿馮（Arvon）歷史寫作班的學員教給我的就像我教給他們的一樣多；額外紅利是我可以跟弗朗斯（Miranda France）和米爾頓（Giles Milton）待在一起。對學院的盛情，我感謝倫敦大學的歷史研究所，特別是康納汀（David Cannadine）和高德曼（Lawrence Goldman）。我同時感謝劍橋莫德林學院的歷史與經濟中心。一如以往，我要特別感謝羅斯柴爾德（Emma Rothschild）和馬坎（Inga Huld Markan）。

斯梅勒（Jon Smele）讀過全文書稿，他半生都在研究俄羅斯革命的人。他在百忙中給予本書的即時機智的評論特別讓人動容。對歷史脈絡一個更機智和無瑕疵的掌握，我受惠於我的編輯溫德爾（Simon Winder），他從一開始就鼓勵我寫作此書。能夠與「企鵝」出版社的團隊合作是一大快事，而我特別要感謝貝德福德（Maria Bedford）、杜吉德（Richard Duguid）和詹姆斯（Peter James）對定稿的最後潤飾，感謝沃格勒（Penelope Vogler）的高明宣傳手法。我有幸得到麥凱（Cecilia Mackay）的協助，她找到很多照片，讓人愉快地總是知道什麼是可行的方式。

我們在幾位譯者把我的英文翻譯為可讀的德文、瑞典文和荷蘭文以前，幾乎還沒有安排照片。我感謝他們所有人，特別是魯爾科特（Bernd Rullkotter），還有紐約的特級經紀人金吉羅（Melissa Chinchillo）。一如以往，我感謝最足智多謀的文學經紀人羅賓森（Peter Robinson），他對我長久且愉快的支持。

本書的地圖和很多照片都是出自神奇的佩恩（Frank Payne）之手。我感謝他掌握鏡頭和螢幕的絕妙技巧。我感謝他的耐性和事業上的支持。但更重要的是，我感謝他分享他的冒險歷程：乾草堆、卡莎（grechka）、馴鹿皮手套等等。下一次我們應該在艾爾米塔什博物館（Hermitage）多待些時間。

注釋

縮寫

LCW. Lenin: Collected Works (English-language edition, 47 vols, Moscow, 1960–80)

PSS. Lenin: Polnoe sobranie sochinenii (55 vols, Moscow 195865)

TNA. The National Archives, London

VoVIL. G. N. Golikov et al. (eds), *Vospominaniia* o Vladimire Il'iche Lenine v piati tomakh (5 vols, Moscow, 1979)

引言

1. 有關這個故事和俄羅斯皇太后的專列的照片，見 http://www.historiskt.nu/normalsp/staten/sb_bd_haparanda/haparanda_station_07.html (accessed January 2016)。
2. 至少原則上是如此。在二〇一五年秋天，芬蘭人因為害怕大量新移民從哈帕蘭達湧入，斷斷續續重新恢復了邊界管制。
3. John Buchan, *Greenmantle* (London, 1916), Chapter 3

4. F. W. Heath (ed.), *Great Destiny: Sixty Years of the Memorable Events in the Life of the Man of the Century Recounted in his own Incomparable Words* (New York, 1965), pp. 388–9
5. 最嚴重的一本書是 Martin Gilbert, *Russian History Atlas* (London, 1972)，它的地圖（頁十八）顯示一條環繞波羅的海的路線（從斯德哥爾摩取道漢科到彼得格勒），所以和列寧走過的實際路線誤差超過一千六百公里。追隨 Michael Pearson (*The Sealed Train*, Newton Abbot,1975)，大部分其他歷史學家讓列寧坐上一條直到一九二〇年代才鋪設的瑞典海岸火車軌。
6. Edmund Wilson, *To the Finland Station: A Study in the Writing and Acting of History* (New York, 1940)
7. Alan Moorehead, *The Russian Revolution* (London, 1958)
8. Pearson, *Sealed Train*
9. Marcel Liebman, *Leninism under Lenin* (London, 1975), p. 22
10. 轉引自 Maksim Gorky, *Days with Lenin* (London, 1932), p. 52

第一章　黑暗力量

1. 關於霍爾受徵召與第一次任務，見 J. A. Cross, *Sir Samuel Hoare: A Political Biography* (London, 1977), pp. 39–40
2. Keith Jeffery, *MI6: The History of the Secret Intelligence Service, 1909–1949* (London, 2010), pp. 30 and 103; Samuel Hoare, *The Fourth Seal* (London, 1930), p. 31
3. Hoare, *Fourth Seal*, p. 184
4. Jeffery, *MI6*, p. 96

5. Keith Neilson, *Strategy and Supply: The Anglo-Russian Alliance*, 1914–17 (London, 1984), p. 312; Michael Smith, *Six: The Real James Bonds, 1909–1939* (London, 2011), p. 187.
6. Hoare, *Fourth Seal*, p. 30，也可見 Michael Hughes, *Inside the Enigma: British Diplomats in Russia, 1900–1939* (London, 1997), pp. 55–7
7. Hoare, *Fourth Seal*, p. 34
8. Ingvar Andersson, *A History of Sweden* (London, 1956), pp. 426–7; A. Nekludoff, *Diplomatic Reminiscences* (London, 1920), pp. 332–4
9. Hugh Brogan (ed.), *Signalling from Mars: The Letters of Arthur Ransome* (London, 1998), p. 18
10. Hoare, *Fourth Seal*, p. 40
11. 同前，pp. 277–81
12. Arthur Ransome, *The Autobiography of Arthur Ransome* (London, 1976), p. 172
13. Paul Miliukov, *Political Memoirs, 1905–17*, edited by Arthur P. Mendel (Ann Arbor, 1967), p. 342
14. Hoare, *Fourth Seal*, p. 41
15. Ransome, *Autobiography*, p. 145
16. Hoare, *Fourth Seal*, p. 43
17. Nekludoff, Reminiscences, p. 386 (he made the same journey in 1916)
18. For figures, see T. Hasegawa, *The February Revolution: Petrograd, 1917* (Seattle and London, 1981), pp. 66–70
19. Robert B. McKean, *St Petersburg between the Revolutions: Workers and Revolutionaries, June 1907–*

February 1917 (New Haven and London, 1990), p. 40

20. Meriel Buchanan, *The Dissolution of an Empire* (London, 1932), p. 5
21. Anthony Cross, 'A Corner of a Foreign Field: The British Embassy in St Petersburg, 1863–1918', in Simon Dixon (ed.), *Personality and Place in Russian Culture: Essays in Memory of Lindsey Hughes* (London, 2010), pp. 345 and 353
22. Hoare, *Fourth Seal*, p. 237
23. Robert Bruce Lockhart, *Memoirs of a British Agent* (London, 1974), p. 117
24. W. Somerset Maugham, Ashenden, or, The British Agent (London, 1928), p. 209; Mayhew，轉引自 Hughes, *Enigma*, p. 20
25. Hoare, *Fourth Seal*, p. 243
26. Alan Moorehead, *The Russian Revolution* (London, 1958), p. 183
27. Lockhart, *Memoirs*, p. 116
28. Hoare, *Fourth Seal*, p. 48
29. 同前，pp. 50–52
30. 轉引自 Jeffery, *MI6*, p. 102
31. Smith, *Six*, pp. 187–96
32. William Gerhardie, *Memoirs of a Polyglot* (London, 1990), p. 115
33. Hughes, Enigma, p. 55; Jeffery, *MI6*, p. 99
34. Smith, *Six*, p. 196

35. Ransome, *Autobiography*, p. 167
36. Hoare, *Fourth Seal*, pp. 58, 82
37. M. Paléologue, *An Ambassador's Memoirs* (London, 1923–5), vol. 3, p. 44
38. Meriel Buchanan, *Petrograd: The City of Trouble, 1914–1918* (London, 1918), p. 77
39. Miliukov, *Memoirs*, p. 362
40. Hoare, *Fourth Seal*, p. 242; Ransome, Autobiography, p. 167
41. Miliukov, *Memoirs*, p. 362
42. Hoare, *Fourth Seal*, p. 105
43. Charlotte Alston, *Russia's Greatest Enemy?: Harold Williams and the Russian Revolution* (London, 2007), p. 112
44. Miliukov, *Memoirs*, p. 334
45. Hoare, *Fourth Seal*, p. 105
46. William G. Rosenberg, *Liberals in the Russian Revolution: The Constitutional Democratic Party, 1917–1921* (Princeton, 1974), pp. 20–21
47. On Kadet demands, see Melissa Kirschke Stockdale, *Paul Miliukov and the Quest for a Liberal Russia* (Ithaca, NY, 1996), pp. 224–5
48. Miliukov, *Memoirs*, p. 317
49. 關於這些故事，見 Paléologue, *Memoirs*, vol. 3, p. 63
50. Stinton Jones, *Russia in Revolution,: By an Eye-Witness* (London, 1917), p. 60

51. Sir George William Buchanan, *My Mission to Russia and Other Diplomatic Memories* (2 vols, London, 1923), vol. 2, p. 56，引自他一九一七年二月十八日的報告。
52. Nekludoff, *Reminiscences*, p. 447; Paléologue, *Memoirs*, vol. 3, p. 46; Stockdale, Miliukov, p. 232
53. Paléologue, *Memoirs*, vol. 3, p. 111
54. 同前，p. 49
55. The National Archives (TNA) FO 371/2995 (reports by Buchanan and John F. Douglas, November and December 1916)
56. Hoare, *Fourth Seal*, p. 109
57. Buchanan, *Mission,* vol. 2, p. 41. 也可見 M. V. Rodzianko, *Krushenie imperii: gosudarstvennaia duma i fevral'skaia 1917 goda revoliutsiia* (Moscow, 1986), p. 210
58. 發言內容，見 V. D. Karpovich (ed.), *Gosudarstvennaia duma, 1906–1917: stenograficheskie otchety* (4 vols, Moscow, 1995), vol. 4, pp. 43–8
59. 轉引自 Stockdale, Miliukov, p. 236
60. Alexander Rabinowitch, *Prelude to Revolution: The Petrograd Bolsheviks and the July 1917 Uprising* (Bloomington, Ind. 1968), p. 20; Paléologue, *Memoirs*, vol. 3, p. 74; Sir Alfred Knox, *With the Russian Army, 1914–1917* (2 vols, London, 1921), vol. 2, p. 515
61. Hoare, *Fourth Seal*, pp. 117–18 (italics in original)
62. 轉引自 Jeffery, *MI6*, pp. 106–7
63. Paléologue, *Memoirs*, vol. 3, p. 135

64. Hoare, *Fourth Seal*, p. 147
65. Smith, *Six*, pp. 199–200
66. Lockhart, *Memoirs*, p. 100
67. Buchanan, *Mission,* vol. 2, p. 44; Knox, *Russian Army*, vol. 2, p. 515
68. 米爾諾勛爵的任務，見Elizabeth Greenhalgh, *The French Army and the First World War* (Cambridge, 2014), p. 181; Hoare, *Fourth Seal*, p. 201
69. Lockhart, *Memoirs*, p. 162
70. Meriel Buchanan, *Petrograd,* pp. 89–90; Hoare, *Fourth Seal*, pp. 204–5
71. Lockhart, *Memoirs*, p. 107
72. Jeffery, *MI6*, p. 104. 依照 Jeffery 的紀錄，包含霍爾本身是十八個的人。
73. Neilson, *Strategy*, p. 243
74. Lockhart, *Memoirs*, p. 163
75. Meriel Buchanan, *Petrograd,* p. 90
76. Alexander Kerensky, *The Kerensky Memoirs: Russia and History's Turning-Point* (London, 1966), p. 182
77. TNA FO 371/2995, 14 February 1917
78. TNA CAB 24/3/42, David Davies, Notes on the Political Situation, 10 March 1917

第二章　黑市

1. A. Scherer and J. Grunewald (eds), *L'Allemagne et les problèmes de la paix pendant la première guerre mondiale: Documents extraits des archives de l'Office allemand des Affaires étrangères* (3 vols, Paris, 1962–76), vol. 1, p. 37 (Bethmann-Hollweg to Ballin, 25 December 1914)
2. 相關例子見前注著作，p. 68 (Bethmann-Hollweg to Copenhagen with information for Scavenius to transmit to the tsar, 6 March 1915); p. 70 (Brockdorff-Rantzau to Bethmann-Hollweg on Scavenius' information, 10 March 1915); p. 416 (Jagow to Brockdorff-Rantzau, 26 July 1915)
3. 同前，p. 45 (Brockdorff-Rantzau to Bethmann-Hollweg, 8 January 1915)
4. 布羅克多夫－蘭察的部分見 Z. A. B. Zeman and W. B. Scharlau, *The Merchant of Revolution: The Life of Alexander Israel Helphand* (Parvus), 1867–1924 (London and New York, 1965), p. 166
5. Scherer and Grunewald, *Documents*, vol. 1, pp. 166 and 150–51
6. Rosenberg, *Liberals*, p. 11
7. George Katkov assisted by Michael Futrell, 'German Political Intervention in Russia during the First World War', in Richard Pipes (ed.), *Revolutionary Russia* (Cambridge, Mass., 1968), pp. 63–96
8. 同前，p. 71
9. Michael Futrell, *Northern Underground: Episodes of Russian Revolutionary Transport and Communications through Scandinavia and Finland, 1863–1917* (London, 1963), p. 112
10. Alfred Erich Senn, *The Russian Revolution in Switzerland, 1914–1917* (Madison, 1971), pp. 63–4
11. Wayne C. Thompson, *In the Eye of the Storm: Kurt Riezler and the Crises of Modern Germany* (Iowa

City, 1980), p. 97

12. 愛爾蘭方面見 Reinhard R. Doerries, *Prelude to the Easter Rising: Sir Roger Casement in Imperial Germany* (London, 2000). 東方部分見 A. Will: Kein Griff nach der Weltmacht: *Geheime Dienste und Propaganda im deutsch-österreichisch-turkischen Bundnis 1914–18* (Cologne, 2012)
13. 一九一四年十二月二十三日授權他們這樣做的條約從未得到愛爾蘭共和國領導階層的同意。見 Doerries, *Prelude*, p. 10。
14. 相關證據見 TNA CAB 24/143/2 (Eastern Report, 4 February 1917)
15. 例如在烏克蘭的工作團隊主要由齊默爾領導，見 Z. A. B. Zeman (ed.), *Germany and the Revolution in Russia, 1915–1918: Documents from the Archives of the German Foreign Ministry* (London, 1958), p. 1 (Document of 9 January 1915)
16. Anthony Curtis, *Somerset Maugham* (London, 1977), pp. 94–5; Jeffery, *MI6*, p. 90
17. Leon Trotsky, *My Life: An Attempt at an Autobiography* (Harmondsworth, 1984), p. 245
18. 毛姆的任務見 the commentary in Curtis, Maugham, pp. 94–5，以及在他自己的小說《間諜》中的敘述。
19. Senn, *Switzerland*, p. 14
20. Alexander Shlyapnikov, *On the Eve of 1917: Reminiscences from the Revolutionary Underground* (London and New York, 1982), pp. 47 and 120
21. Nekludoff, *Memoirs*, p. 383
22. Moorehead, *Revolution*, p. 129

23. Boris I. Nikolaevsky, *Tainye stranitsy istorii* (Moscow, 1995), pp. 271–2
24. See Lockhart, *Memoirs*, pp. 144–5; Keith Neilson, 'Joy Rides? British Intelligence and Propaganda in Russia, 1914–1917', Historical Journal, 24:4 (1981), p. 894
25. Senn, *Switzerland*, pp. 60–61 and 73
26. Fritz Platten, 'Revoliutsionery vostoka', in G. N. Golikov et al. (eds), *Vospominaniia o Vladimire Il'iche Lenine* (5 vols, Moscow, 1979; hereafter VoVIL), vol. 5, p. 90; Trotsky, *My Life*, pp. 257–\8
27. 關於日溫，見 Zeman, *Documents*, pp. 18–23 (Minister in Bern to Chancellor, 24 August 1916)
28. Nikolaevsky, *Tainye*, pp. 269–\81
29. Zeman, *Documents*, p. 1 (Berlin, 9 January 1915)
30. Zeman and Scharlau, *Merchant*, pp. 20 and 29
31. Trotsky, *My Life*, p. 172
32. Zeman and Scharlau, *Merchant*, pp. 55–8
33. Trotsky, *My Life*, p. 172
34. Zeman and Scharlau, *Merchant*, pp. 98–9
35. 同前，p. 128
36. Dmitry Volkogonov, *Lenin: Life and Legacy* (trans. Harold Shukman, London, 1994), p. 112
37. 在一九一五年一月九日萬根海姆的報告中，對於這個結果有所暗示 (Zeman, *Documents*, pp. 1–2). 對於帕爾烏斯在戰時土耳其的商業交易，見 M. Asim Karaömerlioglu, 'Helphand-Parvus and his Impact on Turkish Intellectual Life', *Middle Eastern Studies* 40:6 (November 2004), p. 158

38. Zeman, *Documents*, p. 2
39. 同前，pp. 140–52; 這份文件更新後，再次出現於一九一七年三月九日的紀錄中。更多討論見 Moorehead, *Revolution*, p. 132; Zeman and Scharlau, *Merchant*, p. 149
40. Zeman, *Documents*, p. 3 (Fröhlich to Diego von Bergen, Berlin 26 March 1915 and notes)
41. 同前，p. 4 (Rantzau, 14 August 1915)；關於七月的鉅款見前注，pp. 3–4 (Jagow to the State Secretary of the Treasury, 6 July 1915)
42. Curt von Westernhagen, *Wagner: A Biography* (Cambridge, 1981), p. 222
43. Zeman and Scharlau, *Merchant*, p. 156
44. Zeman, *Documents*, pp. 140ff (memorandum by Dr Helphand)
45. Zeman and Scharlau, *Merchant*, pp. 157–9
46. Volkogonov, *Lenin*, p. 113
47. V. I. Lenin, *Collected Works* (47 vols, Moscow, 1960–80; hereafter LCW), vol. 21 (London, 1964), pp. 421–2 (Sotsial-Demokrat, No. 48, 20 November 1915)
48. Zeman and Scharlau, *Merchant*, p. 164
49. 同前，p. 199
50. 關於他缺乏吸引力，見Futrell, *Northern Underground*, p. 193; for the flower, Pearson, *Sealed Train*, p. 101
51. W. H. Beable, *Commercial Russia* (London, 1918), p. 215
52. Futrell, *Northern Underground*, pp. 192–4

53. 同前，p. 181
54. 他在一九一六年四月加入，見 Semion Lyandres, 'The Bolsheviks' "German Gold" Revisited: An Inquiry into the 1917 Accusations', Carl Beck Papers in Russian and East European Studies, No. 1106 (February 1995), p. 22
55. Futrell, *Northern Underground*, p. 191
56. 轉引自 Volkogonov, *Lenin*, p. 114
57. 同前。
58. 帳戶地址見 Zeman and Scharlau, *Merchant*, p. 198
59. Thompson, *Riezler*, pp. 132–3
60. Futrell, *Northern Underground*, p. 145
61. Nekludoff, *Memoirs*, pp. 490–92
62. Futrell, *Northern Underground*, p. 145. Futrell 的故事是以一年後與年老的凱斯庫拉的訪談為基礎，但不同說法可見 Moorehead, *Revolution*, p. 136
63. Shlyapnikov, *On the Eve*, pp. 51–2
64. Zeman, *Documents*, p. 7 (Romberg to the Chancellor, 30 September 1915)
65. 這個中間人是凱斯庫拉。有關那份文件，見同前注，pp. 6–7 (Romberg to the Chancellor, 30 September 1915); Futrell, *Northern Underground*, p. 100
66. Zeman, *Documents*, pp. 11–\12 (Steinwachs to Diego von Bergen, enclosing letter from 'Stein' [Keskïla] of 9 January 1916)

67. 同前注，pp. 17–\18 (Steinwachs to Diego von Bergen on budget for agents, 8 May 1916); Futrell, *Northern Underground*, p. 148
68. Futrell, *Northern Underground*, pp. 17–\18

第三章　紅湖

1. Carter Elwood, 'Lenin on Holiday', *Revolutionary Russia*, 21:2 (December 2008), p. 122
2. Nadezhda Krupskaya, *Memories of Lenin* (London, 1970), p. 284
3. Ivan Babushkin，轉引自 Helen Rappaport, *Conspirator: Lenin in Exile* (London, 2009), p. 8
4. LCW, vol. 22, pp. 184–304
5. Senn, *Switzerland*, p. 151
6. Rapport, *Conspirator*, pp. 255 and 201
7. 轉引自 Volkogonov, *Lenin*, p. 83
8. See Neil Harding, *Lenin's Political Thought* (Basingstoke, 1986), vol. 1, p. 194
9. Gorky, *Days with Lenin*, p. 12; VoVIL, vol. 5, p. 69 (Feliks Kon)
10. Valeriu Marcu, 'Lenin in Zurich, a Memoir', *Foreign Affairs* 21:1 (1943), p. 550
11. 同前。
12. M. I. Vasil'ev-Iuzhin, in VoVIL, vol. 2, p. 185, 指的是一九〇五年的一場會議。
13. 轉引自 Richard Pipes, *The Russian Revolution*, 1899–1919 (London, 1990), p. 348
14. N. L. Meshcheriakov，轉引自 VoVIL, vol. 2, p. 91; Gorky, *Days with Lenin*, pp. 5 and 23

15. VoVIL, vol. 2, p. 185 (M. I. Vasil’ev-Iuzhin on Lenin in 1905)
16. 轉引自 Volkogonov, *Lenin,* p. xxxvi
17. Kharitonova, in VoVIL, vol. 2, pp. 362–3; Krupskaya, *Memories*, p. 272; Rappaport, *Conspirator*, p. 252
18. Nikolai Sukhanov, *The Russian Revolution, 1917: A Personal Record* (edited, abridged and translated by Joel Carmichael, London, 1955), p. 281
19. Marcu, ‘Lenin’, pp. 554–5
20. LCW, vol. 23, p. 81 (Military Programme of the Proletarian Revolution, September 1916)
21. Marcu, ‘Lenin’, p. 556
22. LCW, vol. 21, pp. 30–34 (The War and Russian Social-Democracy, September 1914)
23. Marcu, ‘Lenin’, p. 556
24. 轉引自 Futrell, *Northern Underground*, p. 65
25. Trotsky, *My Life*, p. 167
26. 轉引自前注著作，p. 157
27. Krupskaya, *Memories*, p. 239
28. 同前，p. 241
29. Senn, *Switzerland*, p. 33
30. 同前，p. 22
31. LCW, vol. 21, pp. 15–16；布爾什維克對於在瑞士發表文章的警告見 Krupskaya, *Memories*, p. 250

32. Volkogonov, *Lenin,* p. 79
33. Warren Lerner, *Karl Radek: The Last Internationalist* (Stanford, Calif., 1970), p. 31
34. 轉引自 Krupskaya, *Memories*, p. 252
35. 同前，p. 67
36. Rhiannon Vickers, The Labour Party and the World, vol. 1: The Evolution of Labour's Foreign Policy, 1900–1951 (Manchester, 2004), pp. 56–8
37. Merle Fainsod, *International Socialism and the World War* (Cambridge, Mass., 1935), p. 42
38. Senn, *Switzerland*, p. 21
39. Miliukov, *Memoirs*, p. 305
40. Brogan, *Signalling from Mars*, p. 15
41. Fainsod, *International Socialism*, p. 42
42. Lerner, *Radek,* p. 33
43. Fainsod, *International Socialism*, p. 50
44. LCW, vol. 21, p. 163
45. 同前，p. 192
46. 同前，p. 299
47. 同前，p. 382 ('The Defeat of Russia in the Revolutionary Crisis')
48. 同前，pp. 196–8 (Sotsial-demokrat, No. 42, 21 May 1915)
49. Trotsky, *My Life*, p. 257

50. Senn, *Switzerland*, p. 91; Rappaport, *Conspirator*, p. 247
51. Senn, *Switzerland*, p. 91
52. Fritz Platten，轉引自 VoVIL, vol. 5, p. 90
53. Senn, *Switzerland*, p. 94
54. Lerner, *Radek*, p. 13
55. 拉迪克傳記見前注，以及精采的 Jean-François Fayet, *Karl Radek: biographie politique* (Bern, 2004)。關於帕爾烏斯與研究所的傳言見 Volkogonov, *Lenin*, p. 114
56. R. C. Elwood, *Inessa Armand: Revolutionary and Feminist* (Cambridge, 1992), pp. 167–9
57. Robert Service, *Lenin: A Political Life, vol. 2: Worlds in Collision* (Basingstoke, 1991), pp. 134–6
58. VoVIL, vol. 5, p. 66, memoir by Feliks Kon
59. Marcu, 'Lenin', p. 559
60. LCW, vol. 23, p. 132 (Sotsial-demokrat, No. 56, 6 November 1916)
61. 同前，p. 79 (Military Programme of the Proletarian Revolution)
62. Service, *Lenin*, vol. 2, p. 129
63. Marcu, 'Lenin', p. 558
64. Sukhanov, *Revolution*, p. 44
65. Victoria E. Bonnell, *Roots of Rebellion: Workers' Politics and Organizations in St Petersburg and Moscow, 1900–1914* (Berkeley and London, 1983), pp. 436–7
66. A. G. Shliapnikov, *Kanun semnadtsatogo goda: semnadtsatyi god*, vol. 1 (Moscow, 1992), p. 274

67. M. A. Tsiavlovskii, *Dokumenty po istorii bol'shevizma s 1903 po 1916 god byvshego Moskovskago Okhrannago otdeleniia* (Moscow, 1918), p. ix
68. Simon Sebag Montefiore, *Young Stalin* (London, 2007), p. 229
69. Service, *Lenin,* vol. 2, p. 122
70. McKean, *St Petersburg*, p. 145;《真理報》見 R. C. Elwood, 'Lenin and Pravda, 1912–1914', *Slavic Review*, 31:2 (June 1972), pp. 355–80
71. Kerensky, *Memoirs*, pp. 134–5
72. Futrell, *Northern Underground*, p. 112，也可見 Shlyapnikov, *On the Eve*, pp. 19, 92 and 106
73. Shliapnikov, *Kanun*, vol. 1, p. 308
74. 同前，vol. 2 (Moscow, 1992), p. 22
75. Service, *Lenin,* vol. 2, p. 123
76. Shlyapnikov, *On the Eve*, p. 62
77. 組織規模見 Hasegawa, *February,* p. 117
78. A. Kondrat'ev，轉引自前注書目，p. 108
79. Paléologue, *Memoirs*, vol. 3, p. 118
80. Shliapnikov, *Kanun*, vol. 1, pp. 274–6
81. Kerensky, *Memoirs*, p. 184
82. McKean, *St Petersburg*, p. 108
83. 轉引自 Elwood, 'Lenin and Pravda', p. 364

第四章　猩紅色絲帶

1. A. I. Savenko，轉引自 Hasegawa, *February,* p. 182
2. M. V. Rodzianko, *Krushenie imperii i Gosudarstvennaia Duma i fevral'skaia 1917 goda revoliutsiia* (Moscow, 1986), p. 222
3. Sukhanov, *Revolution,* p. 5
4. Okhrana report, 轉引自 Hasegawa, *February,* p. 201
5. 同前，pp. 217 and 201
6. 同前，p. 199
7. Rabinowitch, Prelude, p. 24; Paléologue, *Memoirs*, vol. 3, p. 65; Jones, *Russia in Revolution,*, pp. 119–20
8. TNA CAB 24/143/5 (Eastern Report, 28 February 1917)
9. Shliapnikov, *Kanun*, vol. 2, p. 42; McKean, *St Petersburg*, p. 409
10. Paléologue, *Memoirs*, vol. 3, p. 213
11. Kerensky, *Memoirs*, p. 170; Buchanan, *Mission,* vol. 2, p. 51; Paléologue, *Memoirs*, vol. 3, p. 215
12. Hasegawa, *February,* p. 161
13. 同前，p. 160
14. See Shliapnikov, *Kanun*, vol. 2, p. 140
15. Knox, *Russian Army*, vol. 2, p. 516; Paléologue, *Memoirs*, vol. 3, p. 80
16. Shliapnikov, *Kanun*, vol. 2, p. 60

17. 同前，vol. 1, p. 308；也可見 Hasegawa, *February,* pp. 215–16
18. Hasegawa, *February,* pp. 217–19
19. 轉引自 D. A. Longley, 'The Mezhraionka, the Bolsheviks and International Women's Day: In Response to Michael Melancon', *Soviet Studies*, 41:4 (October 1989), p. 632
20. Shliapnikov, *Kanun*, vol. 2, p. 70
21. Knox, *Russian Army*, vol. 2, p. 527
22. Shliapnikov, *Kanun*, vol. 2, p. 78
23. See I. Iurenev, 'Mezhraionka, 1911–1917gg', Proletarskaia revoliutsiia, 1924, No. 2, p. 139
24. Hasegawa, *February,* pp. 238 and 248
25. Shliapnikov, *Kanun*, vol. 2, p. 103
26. Hasegawa, *February,* pp. 253–4
27. Knox, *Russian Army*, vol. 2, p. 528
28. Sukhanov, *Revolution,* p. 24
29. V. Iu. Cherniaev, 'Vosstanie Pavlovskogo polka 26 fevralia 1917', in O. N. Znamenskii (ed.), *Rabochii klass Rossii: ego soiuzniki i politicheskie protivniki v 1917 godu* (Leningrad, 1989), p. 156
30. F. F. Raskolnikov, *Kronstadt and Petrograd in 1917* (New York, 1982), pp. 4–7
31. Cherniaev, 'Vosstanie', pp. 157–8
32. Shliapnikov, *Kanun*, vol. 2, p. 110; Hasegawa, *February,* p. 220
33. Sukhanov, *Revolution,* p. 28

34. Cherniaev, 'Vosstanie', pp. 157–8
35. Sukhanov, *Revolution,* p. 36; Hasegawa, *February,* p. 282
36. Jones, *Russia in Revolution,*, pp. 119–20
37. Knox, *Russian Army*, vol. 2, pp. 353–4
38. Jones, *Russia in Revolution,*, p. 127
39. 同前，p. 120
40. D. A. Longley, 'The Divisions in the Bolshevik Party in March 1917', *Soviet Studies*, 24:1 (July 1972), p. 64
41. Sukhanov, *Revolution,* p. 46
42. Miliukov, *Memoirs*, p. 391
43. Hasegawa, *February,* p. 357
44. Miliukov, *Memoirs*, p. 393
45. Hasegawa, *February,* p. 355
46. Raskolnikov, *Kronstadt,* p. 11
47. Sukhanov, *Revolution,* p. 41
48. 同前，pp. 38–9
49. Kerensky, *Memoirs*, p. 232
50. Lockhart, *Memoirs*, p. 176
51. Sukhanov, *Revolution,* p. 31

52. Shliapnikov, *Kanun*, vol. 2, p. 167
53. Sukhanov, *Revolution*, p. 52
54. Kerensky, *Memoirs*, p. 232
55. Shliapnikov, *Kanun*, vol. 2, p. 135
56. Sukhanov, *Revolution*, p. 74
57. 同前，p. 98
58. Hasegawa, *February*, p. 374
59. Sukhanov, *Revolution*, pp. 103–4
60. 轉引自 Liebman, *Leninism*, p. 121
61. Sukhanov, *Revolution*, p. 171
62. 同前，pp. 104–5
63. Miliukov, *Memoirs*, p. 402
64. Sukhanov, *Revolution*, p. 145
65. Miliukov, *Memoirs*, p. 406
66. Sukhanov, *Revolution*, p. 141
67. 同前，p. 143
68. Trotsky, *My Life*, p. 300; Knox, *Russian Army*, vol. 2, p. 671
69. Buchanan, *Mission*, vol. 2, p. 70
70. Paléologue, *Memoirs*, vol. 3, p. 239

71. 臨時政府的權力見 F. A. Gaida, *Liberal'naia oppozitsiia na putiakh k vlasti: 1914–vesna 1917g.* (Moscow, 2003) 最末章的討論。
72. Sukhanov, *Revolution,* p. 148

第五章　地圖和計畫

1. Meriel Buchanan, *Petrograd,* pp. 95–8
2. TNA FO 371/2995
3. Hughes, *Enigma*, p. 88
4. TNA FO 371/2995 (cipher telegram to Buchanan, 16 March 1917)
5. 同前。
6. TNA FO 371/2996 (letter from Frank Lindley to Mr George Clark, 20 March 1917)
7. 轉引自 Vickers, *Labour Party*, vol. 1, p. 64
8. Alston, *Harold Williams*, p. 115
9. Raymond Pearson, writing in Edward Acton, Vladimir Iu. Cherniaev and William G. Rosenberg (eds), *Critical Companion to the Russian Revolution, 1914–1921* (Bloomington, Ind., 1997), p. 170
10. Miliukov, *Memoirs*, pp. 396–7
11. Hoare, *Fourth Seal*, p. 256
12. TNA CAB 24/143/8 (Eastern Report, 22 March 1917)
13. Buchanan, *Mission,* vol. 2, p. 108

14. Miliukov, *Memoirs*, p. 436
15. Paléologue, *Memoirs*, vol. 3, pp. 263–5
16. 同前，p. 269; Buchanan, *Mission*, vol. 2, p. 109
17. Paléologue, *Memoirs*, vol. 3, p. 270
18. Knox, *Russian Army*, vol. 2, p. 577；也可見 TNA CAB 24/143/8 (Eastern Report of 22 March 1917)
19. Knox, *Russian Army*, vol. 2, pp. 576–8
20. Kerensky, *Memoirs*, p. 220
21. Allan K. Wildman, *The End of the Russian Imperial Army* (Princeton, 1980), p. 260
22. TNA FO 371/2996 (telegrams from Sir George Buchanan (cipher), 9 April (27 March) 1917)
23. Kerensky, *Memoirs*, p. 243
24. 轉引自 Robert P. Browder and Alexander Kerensky (eds), The Russian Provisional Government, 1917: *Documents* (3 vols, Stanford, Calif., 1961), vol. 1, p. 157
25. Miliukov, *Memoirs*, p. 433
26. Kerensky, *Memoirs*, p. 199
27. Sukhanov, *Revolution*, p. 222
28. 同前，p. 221；清楚的摘要可見 Rex A. Wade, *The Russian Search for Peace, February–October 1917* (Stanford, Calif., 1969), p. 15
29. Sukhanov, *Revolution*, p. 218
30. 轉引自 Miliukov, *Memoirs*, p. 434

31. Izvestiia, *15 March 1917* (K narodam vsego mira)
32. Paléologue, *Memoirs*, vol. 3, p. 275
33. Izvestiia, *16 March 1917*
34. 引述自 Siefeldt 在 Futrell, *Northern Underground*, p. 154 一書中一九二四年的備忘錄。
35. Volkogonov, *Lenin,* pp. 106–7; V. V. Anikeev, Deiatel'nost' TsK RSDRP(b) v 1917 godu: khronika sobytii (Moscow, 1969), vol. 1, p. 15
36. N. K. Krupskaia, 'Iz emigratsii v Piter', in F. Platten, *Lenin iz emigratsii v Rossiiu: Sbornik* (Sostavitel' A. E. Ivanov, Moscow, 1990), p. 117
37. V. I. Lenin, *Polnoe sobranie sochinenii* (hereafter PSS), vol. 49 (Moscow, 1962), p. 346
38. See Elwood, *Inessa Armand*, p. 200
39. Senn, *Switzerland*, pp. 222–3
40. 同前，pp. 5 and 12
41. 臨時政府的宣言由路透社傳真至倫敦，以英文重製於 TNA CAB 24/143/8. On Kerensky and the early reforms, see S. V. Tiutiutkin, *Aleksandr Kerenskii: stranitsy politicheskoi biografii* (1905–1917) (Moscow, 2012)
42. Browder and Kerensky, *Documents*, vol. 2, p. 842
43. Volkogonov, *Lenin,* p. 107
44. LCW, vol. 23, pp. 297–308 (First Letter from Afar, written on 7/20 March 1917)
45. 同前，p. 292

46. 同前，p. 325 (Third Letter from Afar, 11/24 March 1917)
47. Pavel Moskovskii, *Lenin v Shvetsii* (Moscow, 1972), p. 86
48. V. I. Lenin, *Neizvestnye dokumenty*, 1891–1922 (Moscow, 1999), p. 209
49. Moskovskii, *Lenin v Shvetsii*, p. 87; Anikeev, Deiatel'nost' TsK, vol. 1, p. 19
50. Krupskaya, *Memories*, p. 288
51. Fayet*, Radek,* p. 205
52. Pearson, *Sealed Train*, p. 62
53. Jeffery, *MI6*, p. 115
54. Alexander Watson, *Ring of Steel: Germany and Austria-Hungary at War, 1914–1918* (London, 2014), p. 341
55. Lieutenant A. Bauermeister ('Agricola'), *Spies Break Through: Memoirs of a German Secret Service Officer* (London, 1934), p. 123
56. Scherer and Grunewald, *Documents*, vol. 2, p. 46 (note from Lucius to Foreign Ministry, 9/22 March 1917)
57. Knox, *Russian Army*, vol. 2, pp. 600–601；也可看斯塔滕的報告，見 Iu. G. Fel'shtinskii (ed.), B. I. Nikolaevskii: tainye stranitsy istorii (Moscow, 1995), p. 285
58. 見Zeman, *Documents*, p. 25 (Minister in Copenhagen to Foreign Ministry, 21 March 1917); Volkogonov, *Lenin,* p. 120
59. Zeman, *Documents*, pp. 25–6 (State Secretary to Foreign Ministry Liaison Officer at General

Headquarters, Berlin, 23 March 1917)

60. Volkogonov, *Lenin,* p. 119

61. Futrell, *Northern Underground*, p. 157

62. VoVIL, vol. 5, p. 380

63. Zeman, *Documents*, p. 34 (Minister in Bern to Foreign Ministry, 3 April 1917)

64. Volkogonov, *Lenin,* p 120

65. 龍伯格的通信見 Scherer and Grunewald, *Documents*, vol. 2, pp. 72 and 78

66. 這些項目在一九一七年四月五日被送去批准 (Minister in Bern to the Chancellor, 5 April 1917) 並重現於 Zeman, *Documents*, pp. 38–9. 也可見 Fürstenberg's account, VoVIL, vol. 5, pp. 380–81

67. Zeman, *Documents*, p. 31 (Minister in Copenhagen to Foreign Ministry, 2 April 1917)

68. Anthony D'Agostino, *The Rise of Global Powers: International Politics in the Era of the World Wars* (Cambridge, 2012), p. 93

69. Senn, *Switzerland*, p. 227

70. Zeman, *Documents*, p. 41 (Minister in Bern to the Foreign Ministry, 8 April 1917; dispatched 9 April)

71. N. Krutikova, *Na krutom povorote* (Moscow, 1965), pp. 53–61; Zeman, *Documents*, pp. 39–41 (Documents relating to the final plans, 6–8 April 1917)

72. A. V. Maskuliia, *Mikhail Grigorevich Tskhakaia* (Moscow, 1968), p. 124

73. Lenin, *Neizvestnye dokumenty*, p. 211 ‥也可見 Carter Elwood, *The Non-Geometric Lenin: Essays on the Development of the Bolshevik Party, 1910–1914* (London and New York, 2011), p. 116

74. LCW, vol. 23, pp. 371–3 (Farewell Letter to the Swiss Workers, read on 26 March/8 April 1917)
75. Kharitonova's account is in VoVIL, vol. 2, p. 368
76. 切結書的副本印於 Platten, *Lenin iz emigratsii*, p. 148
77. Platten, *Lenin iz emigratsii*, p. 58
78. Rappaport, *Conspirator*, p. 270

第六章　密封火車

1. Pearson, *Sealed Train*, pp. 81–2
2. Karl Radek, 'V plombirovannom vagone', in Platten, *Lenin iz emigratsii*, p. 129
3. Fritz Platten, 'K istorii vozvrashcheniia v Rossiiu v 1917 godu russkikh emigrantov, zhivshikh v Shveitsarii', in Platten, *Lenin iz emigratsii*, p. 56
4. Radek, 'V plombirovannom vagone', pp. 129–30
5. 同前，p. 130
6. Sokolnikov，轉引自 Pearson, *Sealed Train*, p. 94
7. E. Usievich, 'Iz vospominanii o V. I. Lenine', in Platten, *Lenin iz emigratsii*, p. 149
8. Platten, 'K istorii', p. 57; Radek, 'V plombirovannom vagone', pp. 130–31. On Radek's pre-war record, see Lerner, *Radek,* pp. 13–21
9. 逃兵議題見 Wildman, *Imperial Army,* p. 235
10. TNA CAB 24/11/77, p. 2 (Knox to Director of Military Intelligence, 15 April 1917); Sukhanov,

Revolution, pp. 170–71

11. I. G. Tsereteli, *Vospominaniia* o fevral'skoi revoliutsii, vol. 1 (Paris, 1963), p. 15
12. 同前，p. 24
13. 這也是官方指令，由羅江科在二月二十八日發出。不過人在伊爾庫茨克的采列捷利也許還沒有聽說。有關鐵路運輸的「布勃利科夫電報」，見 Wildman, *Imperial Army*, p. 207
14. Tsereteli, *Vospominaniia*, vol. 1, p. 24
15. 同前，p. 23
16. 同前，p. 30；也見 Izvestiia, 16/29 March 1917
17. Tsereteli, *Vospominaniia*, vol. 1, p. 31; Izvestiia, 17/30 March 1917
18. Usievich, 'Iz vospominanii', p. 150
19. 討論見 Service, *Lenin*, vol. 2, p. 152
20. Pearson, *Sealed Train*, p. 102
21. Platten, 'K istorii', p. 58; Radek, 'V plombirovannom vagone', p. 131. Radek's instinct was not wrong. See Zeman, *Documents*, p. 44 (memorandum by Ow-Wachendorf, Berlin, 11 April 1917)
22. 指控出現於 Pearson, *Sealed Train*, p. 103
23. Zeman, *Documents*, p. 45 (memorandum by Ow-Wachendorf, 11 April 1917)
24. Jeffery, *MI6*, p. 108. 也可見 TNA KV 2/585 (reports of 13 and 21 April 1917)
25. Maugham, *Ashenden*, p. 120
26. Trotsky, *My Life*, pp. 290–91

27. Jeffery, *MI6*, p. 108
28. 凱斯庫拉與霍華德的討論紀錄於一則來自斯德哥爾摩的照會，TNA KV 2/585 (19 May 1917)
29. Zeman, *Documents*, p. 45 (memorandum by Ow-Wachendorf, Berlin, 12 April 1917)
30. Platten, 'K istorii', p. 59
31. Radek, 'V plombirovannom vagone', p. 131; Maskuliia, Tskhakaya, p. 124
32. Otto Grimlund, 'Na perevale', in VoVIL, vol. 5, p. 93; Izvestiia, 13 September 1963
33. 背景見 Ingvar Andersson, A History of Sweden (London, 1956), pp. 417–19
34. Zeman, *Documents*, p. 62 (Minister in Stockholm to State Secretary, 15 June 1917)
35. Grimlund, 'Na perevale', VoVIL, vol. 5, p. 94

第七章　群龍無首

1. Pravda, No. 16, 23 March 1917
2. TNA FO 317/2996 (Lindley's report for 1–16 April 1917)
3. 轉引自 Harvey Pitcher, *Witnesses of the Russian Revolution* (London, 2001), p. 70
4. Sukhanov, *Revolution*, p. 246; Leon Trotsky, *The History of the Russian Revolution* (London, 1934), p. 345
5. TNA FO 317/2996 (report of 16 April 1917)；日記轉引自 Pitcher, Witnesses, p. 71
6. Meriel Buchanan, *Petrograd*, p. 113
7. TNA FO 317/2996 (report of 16 April 1917)

8. Buchanan, *Mission,* vol. 2, p. 107; Paléologue, *Memoirs*, vol. 3, p. 285
9. Tsereteli, *Vospominaniia*, vol. 1, p. 59
10. Knox, *Russian Army*, vol. 2, p. 575
11. Wade, *Search for Peace*, pp. 22–4
12. Browder and Kerensky, *Documents*, vol. 2, p. 1043 (Miliukov's interview of 23 March 1917)
13. TNA FO 371/2996 (Buchanan's report to the Foreign Office, 8 April 1917)
14. Tsereteli, *Vospominaniia*, vol. 1, p. 60
15. TNA FO 371/2996 (Buchanan's report to the Foreign Office, 8 April 1917)
16. TNA FO 371/2996 (Buchanan telegram of 9 April 1917)
17. W. H. Roobol, *Tsereteli: A Democrat in the Russian Revolution* (The Hague, 1976), pp. 96–7
18. This was Sukhanov's own account. Sukhanov, *Revolution,* p. 240；也可見 Tsereteli, *Vospominaniia*, vol. 1, p. 45
19. Sukhanov, *Revolution,* pp. 247–8
20. Miliukov, *Memoirs*, p. 442
21. Text in Browder and Kerensky, *Documents*, vol. 2, p. 1045；也可見 Tsereteli, vol. 1, p. 69; Kerensky, Catastrophe, p. 245
22. Tsereteli, *Vospominaniia*, vol. 1, p. 72; Sukhanov, *Revolution,* p. 251
23. Sukhanov, *Revolution,* p. 253
24. V. B. Stankevich，轉引自 Roobol, *Tsereteli*, pp. 94–5

25. Knox, *Russian Army*, vol. 2, p. 569
26. 轉引自 Neilson, *Strategy*, p. 269
27. 轉引自 Liebman, *Leninism*, p. 125
28. TNA FO 371/2996 (telegram en clair praising the Petrograd Garrison for its pro-war resolution of 10 April 1917)
29. Browder and Kerensky, *Documents*, vol. 2, p. 860；也可見 Wildman, *Imperial Army*, p. 254
30. 見阿列克謝耶夫的信件與前面的報告，轉引自 N. E. Kakurin, Razlozhenie armii v 1917 godu (Moscow and Leningrad, 1925), pp. 25–33
31. TNA CAB 24/10/89
32. TNA CAB 24/12/35
33. TNA FO 371/2996; TNA CAB 24/11/77
34. Bernard Pares, My Russian *Memoirs* (London, 1931), p. 442
35. Knox, *Russian Army*, vol. 2, p. 582
36. Kakurin, Razlozhenie, p. 33；也可見 Wildman, *Imperial Army*, p. 333
37. TNA CAB 24/11/77；也可見 Wildman, *Imperial Army*, p. 309
38. Wildman, *Imperial Army*, pp. 235, 347 and 365–6; TNA CAB 24/15/1 (report from Northern Front, 18 April/1 May 1917)
39. Watson, *Ring of Steel*, p. 462
40. TNA CAB 24/11/29 (report by Knox, 10/23 April 1917)

41. Browder and Kerensky, *Documents*, vol. 2, pp. 526–7
42. Kakurin, Razlozhenie, p. 49
43. 鄉村的氣氛，見 Orlando Figes, *A People's Tragedy: The Russian Revolution, 1891–1924* (London, 1996), pp. 363–5
44. Raskolnikov, *Kronstadt,* pp. 22–3
45. Trotsky, *My Life*, p. 181
46. Raskolnikov, *Kronstadt,* p. 26
47. Pravda, No. 1, 5 March 1917, p. 1
48. Sukhanov, *Revolution,* p. 224
49. Longley, 'Divisions', p. 63
50. 同前，pp. 68–9
51. 同前，p. 68
52. Sukhanov, *Revolution,* p. 226
53. Pravda, No. 9, 15 March 1917, pp. 2–3. Also 轉引自 Browder and Kerensky, *Documents*, vol. 2, p. 868, 此處作者被認為是史達林。
54. Shliapnikov, *Kanun*, vol. 2, pp. 448–52
55. 同前，p. 443
56. Paléologue, *Memoirs*, vol. 3, p. 297
57. TNA CAB 24/143/9 (report of note from Balfour to Buchanan)

58. Sukhanov, *Revolution,* p. 259
59. 同前，p. 261
60. Lockhart, *Memoirs*, p. 120
61. Buchanan, *Mission,* vol. 2, p. 116
62. 同前，p. 132; Harold Williams，轉引自 Pitcher, *Witnesses*, pp. 82–3
63. Sukhanov, *Revolution,* p. 263
64. Paléologue, *Memoirs*, vol. 3, p. 299
65. Rowland Smith，轉引自 Jennifer Siegel, *For Peace and Money: International Finance and the Making and Unmaking of the Triple Entente* (Oxford, 2014), p. 165

第八章　列寧在拉普蘭

1. 祕密警察的報告記載於一九一七年四月十六日。National Archives, Stockholm, State Police Bureau for the Supervision of Foreigners in the Realm, vol. E3:2, VPM 1916–1917. 感謝 Lars Ericson Wolke 教授提供我這份報告的影本。
2. Bradshaw's Continental Railway Guide and General Handbook (London, 1913), p. 1042
3. Ström, VoVIL, vol. 5, p. 100
4. Futrell, *Northern Underground*, p. 155, citing the Swedish daily Politiken
5. 斯特倫的回憶錄用了這句話。不過，列寧在一九一七年四月有沒有說過這句話並不清楚。
6. Ström, VoVIL, vol. 5, p. 102

7. Grimlund, in VoVIL, vol. 5, p. 94
8. 帕爾烏斯要求接近列寧，見 Zeman, *Documents*, p. 42 (Minister in Copenhagen to German Foreign Ministry, 9 April 1917)
9. Zeman and Scharlau, *Merchant*, p. 217
10. 見下述，pp. 254–7
11. 感謝瑞典國家鐵路博物館的恩斯特倫提供一份列寧旅行當週的火車時刻表。這時刻表的時間不只和旅程參與者的回憶錄吻合，還證明了列寧唯一有可能採取的路線。
12. Anikeev, *Deiatel'nost' TsK*, vol. 1, p. 97
13. Hugo Sillen's account in VoVIL, vol. 5, p. 97
14. Pavel Moskovskii, *Lenin v Shvetsii* (Moscow, 1972), p. 131
15. 火車的相關會議紀錄仍留在莫斯科共產黨的重要檔案裡。這些內容引述自 Moskovskii, Shvetsii, p. 133. On Borbjerg, see Brockdorff-Rantzau's telegram to Berlin, 13 April 1917, in Zeman, *Documents*, pp. 45–6. 這位丹麥人最終有抵達俄羅斯，雖然他的任務沒有成功。
16. Boris Nikitin, *The Fatal Years: Fresh Revelations on a Chapter of Underground History* (London, 1938), p. 27
17. Platten, *Lenin iz emigratsii*, p. 153 (account by Usievich)
18. 瑞典與德國都懷疑這個事實。見 Zeman, *Documents*, p. 70 (State Secretary Kuhlmann to Foreign Ministry Liaison Officer at General Headquarters, 29 September 1917)
19. 來自托納城市博物館的資訊。

20. For a photograph (also showing the Alatornio church), see http://commons.wikimedia.org/wiki/File:Tornio-Haparanda-ilmarata.JPG
21. A fact confirmed by Boris Nikitin. See Nikitin, Fatal Years, p. 113
22. Zinoviev, writing in Platten, *Lenin iz emigratsii*, p. 124
23. TNA FO 371/2996 (Lindley's report, forwarded by Buchanan on 1 April 1917)
24. 同前。
25. 在尼韋勒攻擊期間戰時內閣與俄羅斯的支持，見 TNA CAB 23/2/40; Buchanan, *Mission,* vol. 2, p. 109
26. TNA CAB 23/2/40 (on the artillery). 戰時借貸見 Browder and Kerensky, *Documents*, vol. 2, p. 1053 (Lansing to Ambassador Francis, 8/21 April 1917)
27. TNA FO 371/2996
28. 同前。
29. 早期的印象見 Rappaport, Conspirator, p. 61
30. TNA CAB 24/146/12
31. TNA FO 371/2995
32. 一九一七年四月十六日伯恩的德國官員呈外交部，轉引自 Zeman, *Documents*, p. 49
33. This, at least, is the version in A. M. Sovokin, 'Mif o "nemetskikh millionakh"', Voprosy istorii KPSS, No. 4, April 1991, p. 70
34. 報告轉引自 TNA KV 2/265 (18 June 1917)

35. Platten, *Lenin iz emigratsii*, p. 60
36. 一九一八年十二月四日紐約時報，p. 7
37. Nikitin, *Fatal Years*, p. 54；阿利的責任見 TNA CAB 24/3/37
38. Gerhardie, *Memoirs*, p. 130；也可見 Rappaport, Conspirator, pp. 275–6
39. https://www.thegazette.co.uk/London/issue/31843/supplement/3999
40. Rabinowitch, Prelude, p. 36；也可見 Elwood, The Non-Geometric Lenin, p. 55
41. 見上述，p. 134
42. Platten, *Lenin iz emigratsii*, p. 124
43. Lenin, *Neizvestnye dokumenty*, p. 190 (Lenin and Krupskaya to Malinovsky, August 1916)
44. Pravda, No. 20, 29 March 1917
45. Nikitin, *Fatal Years*, p. 28
46. Raskolnikov, *Kronstadt,* p. 68
47. 同前，p. 71
48. A. M. Afanas'ev, 'Vstrecha na stantsii Beloostrov', in *VoVIL*, vol. 2, p. 388; Raskolnikov, *Kronstadt,* p. 70
49. Raskolnikov, *Kronstadt,* p. 71
50. Anikeev, Deiatel'nost' TsK, vol. 1, p. 57
51. Sukhanov, *Revolution,* p. 270
52. 同前，p. 269

第九章　從芬蘭車站開始

1. E. D. Stasova, in VoVIL, vol. 2, p. 409
2. Sukhanov, *Revolution,* p. 272
3. 同前，p. 273
4. Trotsky, *Revolution,* p. 311
5. Sukhanov, *Revolution,* p. 273
6. 同前，p. 274
7. 同前。
8. 同前，p. 275
9. Pares, My Russian *Memoirs*, p. 235
10. Sukhanov, *Revolution,* p. 210；關於煤，見 Paléologue, *Memoirs*, vol. 3, pp. 229–30
11. Woytinsky，轉引自 Rabinowitch, Prelude, p. 38; Sukhanov, *Revolution,* p. 276; Raskolnikov, *Kronstadt,* p. 74 (who notes that Lenin did get that tea in the end)
12. Trotsky, *Revolution,* p. 312；也可見 Raskolnikov, *Kronstadt,* p. 76
13. Sukhanov, *Revolution,* p. 280
14. Trotsky, *Revolution,* p. 319
15. Translation courtesy of Liebman, *Leninism*, pp. 129–30
16. Sukhanov, *Revolution,* p. 281; Lenin，轉引自 Liebman, Leninism, p. 130
17. Sukhanov, *Revolution,* p. 288

18. 轉引自 Liebman, Leninism, p. 129
19. Sukhanov, *Revolution,* p. 288
20. Liebman, *Leninism*, pp. 130–31
21. 會議細節見 Anikeev, Deiatel'nost' TsK, vol. 1, pp. 57–60; Liebman, Leninism, pp. 131–2
22. Rabinowitch, Prelude, p. 40; Sukhanov, *Revolution,* pp. 286–7
23. 索引引述出自 the text in LCW, vol. 24, pp. 21–6
24. 同前，pp. 32–3 (Notes in defence of the April Theses)
25. 同前。
26. Rech', 5/18 April 1917，轉引自 Browder and Kerensky, *Documents*, vol. 2, p. 1093
27. Pravda, No. 24, 5/18 April 1917
28. Browder and Kerensky, *Documents*, vol. 2, pp. 1094–5
29. Paléologue, *Memoirs*, vol. 3, p. 302
30. Sukhanov, *Revolution,* pp. 286–7; Service, *Lenin,* vol. 2, p. 166
31. Volkogonov, *Lenin,* p. 129
32. Pravda, No. 27, April 1917，轉引自 LCW, vol. 24, p. 50
33. LCW, vol. 24, pp. 50–51 (reply to Comrade Kamenev)
34. Sukhanov, *Revolution,* p. 290
35. Liebman, *Leninism*, p. 158
36. Nikitin, *Fatal Years*, p. 25

37. Trotsky, *Revolution,* p. 339
38. Pravda, No. 33, 15 April 1917, 'Against the Riot-Mongers'，轉引自 LCW, vol. 24, p. 127
39. Trotsky, *Revolution,* p. 347
40. I. Sinanoglou (ed.), 'Journal de Russie d'Albert Thomas, 22 avril–19 juin 1917', Cahiers du Monde Russe et Soviétique, 14:1–2 (1973), p. 123
41. 討論見 Wade, Search for Peace, pp. 34–5; Rosenberg, Liberals, p. 105
42. Tsereteli, *Vospominaniia*, vol. 1, p. 85
43. V. D. Medlin and S. L. Parsons (eds), V. D. *Nabokov and the Russian Provisional Government, 1917* (New Haven, 1976), p. 122
44. Stockdale, Miliukov, p. 254
45. Browder and Kerensky, *Documents*, vol. 2, p. 1098; Wade, Search for Peace, p. 38; Miliukov, *Memoirs*, p. 446; Tsereteli, *Vospominaniia*, vol. 1, p. 86
46. LCW, vol. 24, p. 183, 'Bankruptcy?', published in Pravda, No. 36, 20 April/3 May 1917
47. G. A. Solomon, Vblizi vozhdia: Svet i teni. Lenin i ego sem'ia (Paris 1931: reissued Moscow, 1993), p. 45
48. See Miliukov, *Memoirs*, p. 448
49. Tsereteli, *Vospominaniia*, vol. 1, p. 97
50. Miliukov, *Memoirs*, p. 448
51. LCW, vol. 24, pp. 190–91, 'The Provisional Government's Note', published in Pravda, No. 37, 21

April/4 May 1917
52. Buchanan, *Mission,* vol. 2, pp. 124–5
53. Rosenberg, Liberals, p. 107
54. Buchanan, *Mission,* vol. 2, p. 117
55. Paléologue, *Memoirs*, vol. 3, p. 321
56. Gerhardie, *Memoirs*, p. 130
57. Service, *Lenin,* vol. 2, p. 171
58. Liebman, Leninism, pp. 132–4; Service, *Lenin,* vol. 2, pp. 171–7
59. LCW, vol. 24, pp. 137–8 (The Soldiers and the Land, Soldatskaia pravda, No. 1, 15 April 1917)
60. Zeman, *Documents*, p. 51 (Foreign Ministry Liaison Officer at the Imperial Court to the Foreign Ministry, 21 April 1917)

第十章　黃金

1. Nikitin, *Fatal Years*, p. 273
2. Kerensky, *Catastrophe*, p. 127
3. LCW, vol. 24, p. 270 (Resolution on the War)
4. 摘要見 Lyandres, 'Inquiry', pp. 1–10
5. Nikitin, Fatal Years, p. 33
6. Sukhanov, *Revolution,* pp. 362–3

7. TNA CAB 24/15/36
8. 一九一七年五月十二日克倫斯基給陸軍與海軍的演說，見 Browder and Kerensky, *Documents*, vol. 1, p. 936
9. Trotsky, *My Life*, p. 323
10. Knox, *Russian Army*, vol. 2, p. 606
11. TNA CAB 24/15/20；也可見傳回的勞工代表的報告，見 TNA CAB 24/3/56, June 1917
12. TNA CAB 24/15/20
13. Trotsky, *My Life*, p. 323
14. Lyandres, 'Inquiry', p. 11
15. TNA KV 2/585 ('Lenin Nikola'), and 也可見 Trotsky, *My Life*, p. 314
16. Nikitin, *Fatal Years*, pp. 109–10；也可見 Katkov assisted by Futrell, 'German Political Intervention in Russia', p. 74
17. Trotsky, *My Life*, p. 295
18. TNA KV 2/585 (telegram from Sir E. Howard to London, 16 April 1917)
19. Report filed in TNA KV 2/585
20. These extracts are all preserved in TNA KV 2/585
21. Cited by Trotsky, *My Life*, p. 315
22. 對列寧確切行動，從彼得格勒到 Razliv，甚至到赫爾辛基，有興趣的人可以找 T. P. Bondarevskaia and others (compilers), *Lenin v Peterburge-Petrograde: Mesta zhizni i deiatel'nosti v*

gorode i okrestnostiakh 1890–1920 (Leningrad, 1977), pp. 279–89 and 359

23. 文件與其歷史見 George F. Kennan, 'The Sisson *Documents*', *Journal of Modern History*, 28:2 (June 1956), pp. 130–54
24. Volkogonov's 'proof' gets a new airing, for instance, in Sean McMeekin's otherwise so careful History's Greatest Heist: The Looting of Russia by the Bolsheviks (New Haven, 2009), p. 102
25. Volkogonov*, Lenin,* p. 121
26. Kennan, 'Sisson', p. 138
27. Zeman and Scharlau, *Merchant*, p. 254
28. Nikitin, *Fatal Years*, p. 55
29. 來自彼得格勒知識份子的報告，一九一七年八月二十日，TNA KV 2/585
30. Telegram 17，轉引自 Lyandres, 'Inquiry', p. 41
31. Trotsky, *My Life*, p. 312
32. TNA KV 2/585
33. Figures from Anikeev (Deiatel'nost' TsK, vol. 1)，轉引自 Sovokin, 'Mif o "nemetskikh millionakh"', p. 75
34. Keith Neilson, 'Joy Rides? British Intelligence and Propaganda in Russia, 1914–1917', *Historical Journal* 24:4 (1981), p. 895
35. Zeman and Scharlau, *Merchant*, p. 219
36. TNA CAB 24/11/29 (23 April 1917)

37. A. G. Latyshev, 'Nemetskoe zoloto dlia Lenina', in his Rassekrechennyi Lenin (Moscow, 1996), p. 97，也可見 H. Schurer, 'Karl Moor – German Agent and Friend of Lenin', *Journal of Contemporary History* 5:2 (1970), pp. 131–52
38. Lyandres, 'Inquiry', p. 104，也可見 Iu. G. Fel'shtinskii, *Germaniia i revoliutsiia v Rossii, 1915–1918: sbornik dokumentov* (Moscow, 2013), p. 304
39. Memorandum by the Military Attaché of the Legation in Bern, 9 May 1917，轉引自Zeman, *Documents*, p. 55
40. Sinanoglou, 'Journal de Russie', p. 94
41. TNA FO 295/105
42. Curtis, Maugham, pp. 109–12
43. 轉引自 Neilson, 'Joy Rides?', p. 902
44. Zeman, *Documents*, p. 94 (State Secretary Kuhlmann to the Foreign Ministry Liaison Officer, 3 December 1917)
45. Lyandres, 'Inquiry', p. 103
46. See Zeman and Scharlau, *Merchant*, p. 220, and also, for example, Helena M. Stone, 'Another Look at the Sisson Forgeries and their Background', *Soviet Studies*, 37:1 (January 1985), p. 92
47. Lyandres, 'Inquiry', pp. 66–7 (telegram of April 1917)
48. A point made in Michael Pearson, *Sealed Train*, p. 148
49. 英國對一九一七年柏林「bread strike」罷工的回應，見 TNA CAB 24/146/12. 一般情況則見

Watson, Ring of Steel, pp. 341–5, 477–9

50. LCW, vol. 24, p. 270 (Resolution on the War)
51. 一九一七年七月二十三日蘭塞姆寫給母親的信，轉引自 Brogan, Signalling from Mars, p. 49
52. TNA CAB 24/3/56 (report of labour delegation, June 1917)
53. W. H. Beable, *Commercial Russia* (London, 1918), pp. 162–5
54. Trotsky, *My Life*, p. 322
55. Paléologue, *Memoirs*, vol. 3, p. 304
56. Trotsky, *My Life*, p. 411

第十一章　同行旅人

1. Pravda, No. 105, 16 April 1937
2. 有好幾份不同的名單存在。蘇維埃的一份列出三十四個名字，臨時政府的一份只有二十九個大人的名字和出生日期。另外瑞典和瑞士各有一份。有關臨時政府的名單和它後來的用途，見 V. A. Posse, *Vospominaniia*, 1905–1917gg. (Petrograd, 1923), p. 124. 感謝 Dr Robert Henderson 為我提供這個額外資訊。
3. Zeman, *Documents*, pp. 128–33 (Minister in Moscow to Foreign Ministry, 16 May 1918; State Secretary to Minister in Moscow, 18 May 1918; Minister in Moscow to Foreign Ministry, 3 June 1918; State Secretary of the Foreign Ministry to State Secretary of the Treasury, enclosure of 5 June 1918)
4. Zeman, *Documents*, pp. 112–13 (Deputy State Secretary to Minister in Stockholm, 4 January 1918)

5. Zeman, *Documents*, pp. 120–21 and 126–7 (Minister in Moscow to the Chancellor, 30 April 1918; Minister in Moscow to the Chancellor, 16 May 1918)
6. 轉引自 Pitcher, *Witnesses*, p. 118
7. Harold Williams, 'The Furnace of Democracy'，轉引自 Alston, Williams, p. 131
8. http://www.theguardian.com/world/2009/oct/13/benito-mussolini-recruited-mi5-italy (accessed 25 July 2015)
9. Zeman and Scharlau, *Merchant*, p. 271
10. 同前，p. 266
11. 轉引自同前，p. 267
12. Karl Radek, Portrety (Letchworth, 1979), p. 127
13. Gorky, *Days with Lenin*, p. 34. 閔採爾（c. 1489-1525）是一個日耳曼布道家和馬丁路德的批評者，他煽動的叛亂導致數以萬計的農民死亡。他在一五二五年被處決。
14. V. Aleksandrovich, 'Sev'，轉引自 Mark D. Steinberg and Vladimir M. Khrustalev, *The Fall of the Romanovs: Political Dreams and Personal Struggles in a Time of Revolution* (New Haven and London, 1995), p. 282
15. McMeekin, *Heist*, pp. 21 and 91
16. 一個辛辣的評述見 Izvestiia Tsentral'nogo Komiteta KPSS, 1989, No. 10, pp. 60–63
17. Raskolnikov, *Kronstadt*, p. 345
18. [B. Nicolaevsky], *The Letter of an Old Bolshevik: A Key to the Moscow Trials* (Woking, 1938), p. 70

19. Victor Serge, *Memoirs of a Revolutionary* (Oxford, 1980), p. 228
20. Robert H. McNeal, *Bride of the Revolution: Krupskaya and Lenin* (London, 1973), p. 259
21. Izvestiia Tsentral'nogo Komiteta KPSS, 1989, No. 10, pp. 71–5
22. 轉引自 Roy Medvedev, *Let History Judge* (New York, 1989), p. 631
23. Ante Ciliga, *The Russian Enigma* (London, 1979), p. 227
24. Lerner, *Radek,* p. 154
25. Fayet, *Radek,* p. 719
26. Volkogonov, *Lenin,* p. 127
27. Lyandres, 'Inquiry', p. 22
28. Platten, *Lenin iz emigratsii*, note, p. 157
29. Kerensky, *The Catastrophe*, p. 322
30. Browder and Kerensky's three-volume classic, Documents. For a review, see Boris Elkin, 'The Kerensky Government and its Fate', Slavic Review, 23:4 (December 1964), pp. 717–36
31. http://alumni.stanford.edu/get/page/magazine/article/?article_id=38883 (accessed 23 July 2015)
32. [Nicolaevsky], Letter of an Old Bolshevik, p. 13
33. Trotsky, *My Life*, p. 427
34. Pravda, No. 15, 18 April 1997
35. 關於這個事件與一些重要人物的照片，我參考的是莫斯科革命博物館的網站。http://www.sovrhistory.ru/events/action/5562e87845bc1d0f74adceb4

36. 漫畫見 http://vm.sovrhistory.ru/sovremennoy-istorii-rossii/specproekt-semnadcatiy-god/#/; 一九一七年事件相關的短篇演說，參見 http://vm.sovrhistory.ru/sovremennoy-istorii-rossii/interaktivniy-urok/1917/10，有照片和剪輯可欣賞。二〇一六年採訪莫斯科國家歷史博物館館長，是對列寧問題含糊其詞的代表，見 http://www.kommersant.ru/doc/2922745 (accessed March 2016)
37. Novaia gazeta, 25 March 2015, 'Biudzhet na revoliutsionnoe primirenie'
38. 轉引自前注書籍。
39. http://www.scientificamerican.com/article/lenin-s-body-improves-with-age1/
40. http://grani.ru/Politics/Russia/President/m.247897.html (accessed January 2016)
41. 見 Igor Chubais 對此議題的討論 http://www.svoboda.org/content/transcript/27504159.html (accessed January 2016)

圖片來源

所有圖片均取得授權。有任何疏失都請不吝聯繫。

1. 霍爾，攝於一九一七年。(Cambridge University Library, Manuscripts and University Archives (MS Templewood III:1). Reproduced by kind permission of the Syndics of Cambridge University Library)
2. 諾克斯少將。(Photo: Hulton Archive/Getty Images)
3. 喬治・布坎南爵士，Walter Stoneman 攝於一九一八年。(Copyright © National Portrait Gallery, London)
4. 帕萊奧洛格。(Copyright © Bibliothèque nationale, Paris)
5. 彼得格勒的街壘，一九一七年二月二十七日（三月十二日）攝於里特尼大街。(Photograph: adoc-photos/Lebrecht Collection)
6. 一九一七年二月「杜馬」的臨時執行委員會。(Library of Congress Prints and Photographics Division, Washington, DC)

7. 革命群眾在塔夫利宮前面。一九一七年三月一日（十四日）。(Photograph: Photo12/UIG/Getty Images)
8. 塔夫利宮今日的樣貌。(Photograph: Frank Payne)
9. 彼得格勒的士兵和水手正在塔夫利宮聆聽羅江科演講。(Photograph: Photo12/Alamy)
10. 彼得格勒市民在一九一七年三月二十三日為革命死難者舉行的肅穆葬禮。(Photograph: Sputnik/akg-images)
11. 格爾方德（他更為人知的名字是帕爾烏斯），攝於一九〇六年。(Photograph: Ullstein bild/Getty Images)
12. 齊默爾曼，攝於和平的最後幾年。(Photograph: Popperfoto/Getty Images)
13. 普拉滕，攝於約一九二〇年。(Schweizerisches Sozialarchiv [Sozarch_F_Fb-0004-41])
14. 拉迪克，攝於柏林，一九一九年十二月。(Photograph: akg-images)
15. 列寧和他太太克魯普斯卡婭。(Photograph: Kharbine-Tapabor)
16. 蘇黎世的鏡巷。列寧在二月革命期間居住於此。(Photograph: Frank Payne)
17. 一九一七年四月九日（三月二十七日）交給德國總參謀部的俄國旅人名單。(Photograph: akg-images)
18. 列寧在斯德哥爾摩，一九一七年三月三十一日（四月十三日）。(Labour Movement Archives and Library, Huddinge, Sweden. Photograph: Axel Malmström)
19. 瑞典和芬蘭之間的托爾訥河，Mia Green 攝於一九一五年。(Museum of the Torne Valley, Finland)
20. 在第一次世界大戰期間等著從哈帕蘭達－托爾尼奧轉運的木桶。(Reproduction photographer

Reino Kainulainen; Museum of the Torne Valley, Finland)

21. 第一次世界大戰期間在托爾尼奧國際郵局的布袋。(Photographer Einar Reuter; Museum of the Torne Valley, Finland)

22. 在密封火車前往彼得格勒途中的列寧。這是蘇聯藝術家瓦西里耶夫（P. V. Vasiliev，一八九九～一九七五）的浪漫化作品。(Photograph: De Agostini/Getty Images)

23. 第一次世紀大戰期間的托爾尼奧海關。(Photographer Mia Green; Museum of the Torne Valley, Finland)

24. 一九一七年四月列寧抵達芬蘭車站的情景，索科洛夫（一八七五～一九五三）所畫。(Photograph: Frank Payne; Alliluev Apartment-Museum, St Petersburg.)

25. 一九一〇年代的芬蘭車站。(Photograph: Chronicle/Alamy)

26. 列寧一九一七年四月三日至四日（十六日至十七日）在瑪蒂爾德・克謝辛斯卡婭府邸陽台演講的情景，柳比莫夫（一八七九～一九五五）所畫。(Photograph: Frank Payne; Museum of Political History, St Petersburg)

27. 克謝辛斯卡婭府邸和它的陽台今日的樣子。(Photograph: Frank Payne)

28. 聖彼得堡葉利扎羅夫公寓博物館船艄形狀的起居室。(Photograph: Frank Payne)

29. 一九一七年的克倫斯基。(Photograph: UIG/akg-images)

30. 偽裝成英國人的死神：德國諷刺雜誌《砰砰》一九一七年四月八日號的封面。(Photograph: copyright © Universitätsbibliothek Heidelberg)

31. 列寧一九一七年五月在彼得格勒的普季洛夫工廠對工人演講的情景，布羅德斯基（一八八三～

一九三九）所繪。(Photograph: Bettmann/Getty Images)

32. 一九一七年五月一日，彼得格勒。(Photograph: akg-images)

33. 列寧一九一七年四到七月，在《真理報》報社的辦公室。(Photograph: Frank Payne; Museum of the Press, St Petersburg)

34. 芬蘭蒸汽火車頭二九三號，攝於一九六一年。(Photograph: Sputnik/Topfoto)

35. 普拉滕對密封火車之旅的回憶錄（一九二四）。(private collection)

36. 薩斯尼茨的紀念館。一九一二年的太后車廂。(Photograph: copyright © K. Henning Kurth)

37. 雕塑家阿尼庫辛聖彼得堡紀念工作室中丟棄的石膏頭像模型。(Photograph: Frank Payne)

38. 裸體的列寧，雕塑家阿尼庫辛聖彼得堡紀念工作室中的石膏模型。(Photograph: Frank Payne)

39. 聖彼得堡芬蘭車站外頭的列寧銅像，一九二六年由葉夫謝耶夫製作。(Photograph: Frank Payne)

延伸閱讀

論到英國，霍爾爵士是個很好的切入點，特別是想了解當時情報背景和革命局勢的話。他自己的著作 *The Fourth Seal* (London, 1930) 仍然是經典。可作為補充的是 J. A. Cross, *Sir Samuel Hoare: A Political Biography* (London, 1977)。在英國的情報工作方面，最好的著作是 Keith Jeffery, *MI6: The History of the Secret Intelligence Service, 1909-1949* (London, 2010)，它對二十世紀早期情況的說明尤為詳盡。其他有用的作品包括 Michael Smith, *Six: The Real James Bonds, 1909-1939* (London, 2011) 和 Keith Nielson, *Strategy and Supply:The Anglo-Russian Alliance, 1914-17* (London, 1984)。

喬治・布坎南爵士的回憶錄（*My Mission to Russia and Other Diplomatic Memories*, 2 vols, London, 1923）書如其人：冷靜、爽脆和無疵可尋。帕萊奧洛格的 *An Ambassador's Memoirs* (3 vols, London, 1923-5) 讓人可以一窺法國的外交政策和這位大使對每一個人的觀感。更有娛樂性的是 Robert Bruce Lockhart's *Memoirs of a British Agent* (London, 1974) 和 Arthur Ransome's

Autobiography of Arthur Ransome (London, 1976)——可作為它們的補充的是 Hugh Brogan's *Signalling from Mars: The Letters of Arthur Ransome* (London, 1998)。諾克斯爵士也寫了一部回憶錄 *With the Russian Army, 1914-1917* (2 vols, London, 1921)，追溯他哀嘆的衰敗過程。有關斯堪地那維亞，見 Lord Esmé Howard's *Theatre of Life* (2 vols, London, 1935-6) 的第二冊。有關英國在俄國的外交努力，一個很好的導論是 Michael Hughes, *Inside the Enigma: British Diplomats in Russia,1900-1939* (London, 1997)。

對於俄國的政治改革，入門讀物是 William J. Rosenberg, *Liberals in the Russian Revolution: The Constitutional Democratic Party, 1917-1921* (Princeton, 1974)。米留科夫自己著有 *Political Memoirs* (edited by Arthur P. Mendel, Ann Arbor, 1967)。論這個時期俄國政治的著作相當浩瀚，有興趣的讀者可以參考 J. D. Smele, *The Russian Revolution and Civil War: An Annotated Bibliography* (London, 2003)。

有關大戰前和大戰期間俄國人的地下世界，相關著作一樣龐大。帕爾烏斯在 Z. A. B. Zeman and W. B. Scharlau, *The Merchant of Revolution: The Life of Alexander Israel Helphand (Parvus),1867-1924* (London, 1965) 書中得到精采素描。有關菲爾斯滕貝格，除 Michael Futrell's *Northern Underground: Episodes of Russian Revolutionary Transport and Communication through Scandinavia and Finland, 1863-1917* (London, 1963) 的最後幾章，英語的資料來源不多。Alfred Erich Senn 在 *The Russian Revolution in Switzerland, 1914-1917* (Madison, 1971) 檢視了俄羅斯流亡

者的社群，而 Israel Getzler 的 biography of Yuly Martov (Cambridge, 1967) 對這個社群的孟什維克部分特別有同理心。

德國的政策見 Z. A. B. Zeman (ed.), *Germany and the Revolution in Russia, 1915-1918: Documents from the Archives of the German Foreign Ministry* (London, 1958)。這書是用德國相關檔案庫剩下來的文件彙編而成（德國外交部在二戰前發生火災，而柏林在一九四五年又被夷為平地）。最有可讀性的敘事是 Alan Moorehead, *The Russian Revolution* (London, 1958)——這書是受《生活雜誌》委託而寫，目的是證明列寧接受德國金錢援助。研究德國的俄羅斯政策的較近期著作有 Wayne C. Thompson, *In the Eye of the Storm: Kurt Riezler and the Crises of Modern Germany* (Iowa City,1980)。

列寧的傳記多到數不清。一本不錯的導讀是 Robert Service's *Lenin: A Biography* (London, 2000)，它濃縮了作者較早前三冊列寧傳的主題。Dmitry Volkogonov 寫的列寧傳參考了祕密文件，但仍然瑕疵多多，被 Harold Shukman 英譯為 *Lenin: Life and Legacy* (London, 1994)。列寧的粉絲都應該一讀這位偉大領袖四十七冊的全集 *Collected Works*，但那些知道少一點也能滿足的讀者也許會愛讀 Marcel Liebman's *Leninism under Lenin* (London, 1975) 或 Neil Harding's *Lenin's Political Thought: Theory and Practice in the Democratic and Socialist Revolutions* (Basingstoke, 1977 and 1981)。一本較近期的有注釋選集是 Slavoj Žižek, *Revolution at the Gates: A Selection of Writings from February to October 1917* (London, 2002)。對於列寧在歐洲的生活，一部具有可讀性的著作

是 Helen Rappaport, *Conspirator: Lenin in Exile* (London, 2009)。

克魯普斯卡婭寫的 *Memories of Lenin* (London, 1970) 對於布爾什維克領袖的看法較為感情用事，但仍然因為包含很多只有她能夠知道的小事情而重要。克魯普斯卡婭自己是一部有同理心傳記的主角：Robert H. McNeal's, *Bride of the Revolution* (London, 1973)。R. C. Elwood 寫的 *Inessa Armand: Revolutionary and Feminist* (Cambridge, 1992) 非常優秀，但相關的蘇聯檔案庫到了它寫完後才對外開放。為彌補這個缺陷，Elwood 發表了一系列文章，後來合為一冊出版：*The Non-Geometric Lenin: Essays on the Development of the Bolshevik Party, 1910-1914* (London and New York, 2011)。拉迪克在 Warren Lerner's, *Karl Radek: The Last Internationalist* (Stanford, Calif., 1970) 粉墨登場。其他列寧的同行旅人還沒有英語傳記，但 Alexander Shlyapnikov 兩冊以俄文寫成的自傳有一個刪節的英語版本：*On the Eve of 1917: Reminiscences from the Revolutionary Underground* (London and New York, 1982)。

研究俄國二月革命的精采著作很多。最詳細的研究仍然是 Tsuyoshi Hasegawa, *The February Revolution: Petrograd, 1917* (Seattle and London, 1981)。Richard Pipes (*The Russian Revolution, 1899-1919*, New York and London, 1990) 和 Orlando Figes (*A People's Tragedy: The Russian Revolution, 1891-1924*, London, 1996) 都從很多不同角度涵蓋整個階段。最扣人心弦的目擊記載是 Nikolai Sukhanov's *The Russian Revolution, 1917: A Personal Record* (edited, abridged and translated by Joel Carmichael, London, 1955)。

列寧的旅程是 Michael Pearson's *The Sealed Train* (Newton Abbot, 1975) 的主題，Edmund Wilson 則把這旅程用作他論革命份子思考方式的引子：*To the Finland Station: A Study in the Writing and Acting of History* (New York, 1941)。除了什利亞普尼科夫的回憶錄外，其他目擊記述皆尚無英譯本，但布爾什維克在俄國的故事可見於 Alexander Rabinowitch, *Prelude to Revolution: The Petrograd Bolsheviks and the July 1917 Uprising* (Bloomington, Ind., 1968)。

有關俄羅斯的戰爭，一本經典著作是 Norman Stone, *The Eastern Front, 1914-1917* (London, 1975)。軍隊政治在以下兩部著作受到檢視：Allan K. Wildman, *The End of the Russian Imperial Army* (Princeton, 1980) 和 Joshua A. Sanborn, *Imperial Apocalypse: The Great War and the Destruction of the Russian Empire* (Oxford, 2014)。有關德國在整場大戰中的處境，見 Alexander Watson, *Ring of Steel: Germany and Austria-Hungary at War, 1914-1918* (London, 2014)；有關法國，見 Elizabeth Greenhalgh, *The French Army and the First World War* (Cambridge, 2014)。Rex A. Wade, *The Russian Search for Peace, February-October 1917* (Stanford, Calif., 1968) 檢視了和平追求的重重挫折。不過，更色彩豐富的記述來自「快腿」本人：A. Kerensky, *The Catastrophe: Kerensky's Own Story of the Russian Revolution* (New York, 1927) 和 *The Kerensky Memoirs: Russia and History's Turning-Point* (London, 1966)。

對布爾什維克在一九一七年七月之後的命運有無數的記述，但他們是屬於另一些故事和不同種類的書目。對於那個春天的濃烈氣氛，當英國還自以為擁有所有王牌時，我能夠推薦的書很少比以下兩本更有趣：John Buchan's *Greenmantle* (London, 1916) 和 W. Somerset Maugham's semi-autobiographical *Ashenden, or, The British Agent* (London, 1928)。

索引

文獻、影片

人物

四畫

五畫

六畫

七畫

八畫

九畫

十一畫

十二畫

十三畫

十四畫

十五畫

十六畫

地點、建築

五畫

六畫

七畫

八畫

九畫

十畫

十一畫

十二畫

十三畫

十四畫

十五畫

十六畫

十七畫

十八畫

十九畫

二十畫

其他

一至四畫

六至十畫

十一畫